国家出版基金项目
NATIONAL PUBLICATION FOUNDATION

大国攻坚·反贫困社会工作丛书

丛书主编　向德平

西部农村反贫困社会工作案例研究

高万红　等　著

華東理工大學出版社
EAST CHINA UNIVERSITY OF SCIENCE AND TECHNOLOGY PRESS
·上海·

图书在版编目(CIP)数据

西部农村反贫困社会工作案例研究 /高万红等著
. — 上海：华东理工大学出版社，2023.7(2024.12 重印)
(大国攻坚·反贫困社会工作丛书 / 向德平主编)
ISBN 978-7-5628-7114-9

Ⅰ.①西… Ⅱ.①高… Ⅲ.①扶贫—社会工作—研究—西南地区②扶贫—社会工作—研究—西北地区 Ⅳ.①F127

中国国家版本馆 CIP 数据核字(2023)第 138136 号

内 容 提 要

我国西部地区具有地域辽阔、自然条件复杂、多民族聚居、欠发达地区多等特点，反贫困的任务重、难度大。本书收录的十个案例是高校教师带领学生在西部农村地区开展反贫困社会工作研究的成果。案例包括西部反贫困社会工作路径研究和反贫困社会工作行动两大方面，以儿童、家庭、社区为服务对象，围绕儿童保护与发展、农村社会工作者培养、易地扶贫搬迁安置社区社会治理等问题，运用社会治理、社会网络与社会支持、增能理论、抗逆力理论等开展调查研究和社会工作服务，并在服务的基础上提出社会工作如何更好地参与乡村振兴的对策建议。本书可作为高校社会工作专业人才培养和社会工作者继续教育培训的教学参考。

策划编辑 / 刘　军
责任编辑 / 章斯纯
责任校对 / 孟媛利
装帧设计 / 王　翔
出版发行 / 华东理工大学出版社有限公司
地址：上海市梅陇路 130 号，200237
电话：021-64250306
网址：www.ecustpress.cn
邮箱：zongbianban@ecustpress.cn
印　　刷 / 上海中华商务联合印刷有限公司
开　　本 / 710 mm×1000 mm　1/16
印　　张 / 19.25
字　　数 / 226 千字
版　　次 / 2023 年 7 月第 1 版
印　　次 / 2024 年 12 月第 2 次
定　　价 / 90.00 元

编委会名单

丛书总序

我国以脱贫攻坚为标志的国家级重大反贫困行动，于2020年年底取得了预期成果，绝对贫困总体上被消除。脱贫攻坚可以说是中国乃至世界反贫困史上的一件大事，值得书写一笔。社会工作作为一种专业力量参与其中，并发挥了重要作用，其实践和经验值得总结。由向德平教授主编的“大国攻坚·反贫困社会工作丛书”在这方面做了开创性的工作，值得我们称赞。

一、社会工作参与反贫困是一项重大的专业实践

（一）反贫困是社会工作的一项核心任务

社会工作自产生之日起，就与反贫困结下了不解之缘。不是社会工作“贪恋”反贫困，而是贫困给贫困群体带来了巨大的痛苦。社会工作作为一种以帮助困难群体缓解困难、追求社会公正与社会进步为己任的专业，理应把反贫困的责任放在自己的肩上。在世界社会工作反贫困历史上，发达国家的社会工作参与反贫困基本上是通过实施社会救助和社会慈善的方式进行的，并形成了社会工作的著名模式。第二次世界大战以后，发展中国家的反贫困主要面向农村展开，经济开发、社区发展成为其主要模式，20世纪50年代联合国倡导的社区发展原则正是社会工作参与反贫困所应遵循的。20世纪80年代以后出现的发展型社会工作，一方面与发展中国家的政府、社会工作者、发展工作者的实践有关，另一方面也受产生于发达国家的社会投资

等理论的影响。这些实践取得了一定的成绩，也为后来发展中国家的反贫困提供了借鉴和参照。

我国作为经济社会政策和发展项目的反贫困工作是从20世纪80年代中期开始的，最初是经济开发，接着是扶贫攻坚，主要是发展经济，由政府部门、国有大中型企业和贫困农户承担主要责任。2015年，我国开始实施脱贫攻坚工程，中央明确要求形成由专项扶贫、行业扶贫和社会扶贫互为补充的大扶贫格局，做到扶贫开发与经济社会发展相互促进，不但注重产业脱贫，而且加强教育等多层面脱贫；要求坚持群众主体，激发内生动力，注重扶贫扶智，增强贫困人口自我发展的能力，同时实施扶贫志愿者行动计划和社会工作专业人才服务贫困地区计划。这样，社会工作力量作为脱贫攻坚的有机组成部分，有了“特殊”的实践机会，也能够更有针对性地参与反贫困行动。2017年，《民政部 财政部 国务院扶贫办关于支持社会工作专业力量参与脱贫攻坚的指导意见》（以下简称《意见》）要求中国社会工作教育协会发挥推动作用，进行教育扶贫。同时，我国开始实施社会工作服务机构“牵手计划”，从发达地区选择专业性强的社会工作服务机构，与贫困地区社会工作服务机构等进行结对。社会工作教育界积极响应政府部门的号召，组织、动员和支持各社会工作院系参与这一具有历史意义的反贫困行动。各类群体参与脱贫攻坚成为中国社会工作重建以来，规模最大、时间较长、有组织、有目标要求的集体性行动。

（二）社会工作参与脱贫攻坚取得了积极成果

按照民政部等部门的《意见》，中国社会工作教育协会参与脱贫攻坚是教育扶贫，其主要任务如下：高校社会工作专业院系要与贫困地区合作建立社会工作专业培训、教师实践和学生实习实训基地，帮助贫困地区培养社会工作专业人才；高校社会工作专业教师到贫困地区开展专业督导，引导社会工作专业在校生到贫困地区进行社会实践；支持鼓励社会工作专业毕业生到贫困地区就业。在中国社会工作教育协会的组织动员下，各社会工作院系秉持专业精神、发挥主观能动性，组织师生、链接资源、深入贫困地区，开展了多项服务，较好地完成了《意见》提出的任务，并尽己所能地为贫困地区的居民做贡献，在脱贫攻坚中取得了不少开创性成果。社会工作教育界支持了贫困地区的脱贫工作，促进了贫困地区社会工作人才和专业力量的发展，也获得了参与反贫困的直接经验，使我们感受到了当地干部群众和派驻的扶贫干部在反贫困中表现出来的坚韧不拔的精神。同时，参与脱贫攻坚也成为各社会工作院系坚持理论联系实际、开展实践教学、在实践中培养学生、在比较中进行研究的重要场域，因而参与者的收获是丰硕的。

对于参与脱贫攻坚，中国社会工作教育协会领导班子给予了高度重视，设计行动计划、动员组织力量，推动了整个工作向前发展。中国社会工作教育协会还建立了反贫困社会工作专业委员会，在贯彻落实协会的总体部署、推动整个活动发展方面发挥了积极作用。作为反贫困社会工作专业委员会的负责人，向德平教授和他主持的反贫困研究机构积极配合、主动工作，有力地推动了中国社会工作教育协会工作的开展。

二、社会工作界参与反贫困是理论与实践比较、互动和提升的过程

（一）社会工作教育界参与反贫困是理论与服务实践的互动过程

社会工作教育界参与反贫困的特点是，一批批具有深厚社会工作理论

与知识积累的高校教师和研究生、高年级本科生开展实践活动，这同时也是他们走出课堂和校门开展社会工作服务的过程。在一定意义上，它是理论指导实践的过程，也是实践检验书本知识和理论的过程。反贫困工作是在自然环境复杂、文化传统多样的贫困地区展开的，社会文化因素深深地影响着反贫困行动的开展。在上述经济、政治、社会、文化背景下开展的反贫困，必然比书本上介绍的复杂得多。社会工作界参与反贫困，必然会遇到上述复杂因素的影响，会遇到许多亟待解决的“中国式”问题。这是一个不断比较、选择、实践和反思的过程。对社会工作教育界来说，这是一系列挑战，也是在克服困难中不断成长的过程。

（二）书写经验是反贫困理论和实践成果的延伸

社会工作者的基本品格是奉献和共享发展成果，同时社会工作教育界又有改进教育、传播知识、贡献社会的责任。从这个角度来说，将参与反贫困的经验和思考写出来，是十分有意义的事情。向德平教授主编的这套书正是此种努力的体现。该丛书组织了国内社会工作界20多位专家学者，基于社会工作实践，总结反贫困的相关模式和经验，生产社会工作知识，价值显而易见。

该丛书以实践为基础，兼顾了反贫困知识和实践的完整性。它是多视角、全方位和具有整体性的。其主要视角包括社区为本视角、抗逆力视角、内生动力视角、资产建设视角、金融服务视角、可行能力建设视角、赋权视角、贫困治理视角、心理弹性和生涯辅导视角等。它关注的服务对象主要包括儿童、老年、妇女、残疾人及西部农村中的弱势群体。该丛书既介绍既有的社会工作理论，也介绍中国特色的社会工作实践。基于本土实践，它介绍了社会工作参与反贫困模式的多样化和经验的多元化，反映了中国反贫困的经验及社会工作参与反贫困的机制，阐明了专业社会工作是如何发挥专业优势、实现服务效能的。

该丛书也是系列教材，体现了从理论到实践、从实践到知识的转化过程。这里包含了对反贫困知识和理论的选择，包括在实践中对社会工作知识的运用和反思，也包括基于实践的知识建构，还包括不同类型和不同层次的建议。该丛书内容丰富，有借鉴、有创新，可指导实践，也为反贫困研究提供了参考框架，是反贫困领域的学术力作，是社会工作本土化的重要成果。

三、在乡村振兴中更好地运用和发展社会工作参与反贫困的经验

到2020年年底，我国在总体上消灭了绝对贫困，但是相对贫困还会长期存在。中国共产党第十九届中央委员会第五次全体会议提出“实现巩固拓展脱贫攻坚成果同乡村振兴有效衔接”，我国巩固脱贫成果和反贫困的任务依然是十分繁重的。在走向乡村振兴、实现共同富裕的进程中，已经取得的反贫困经验在一定程度上依然有效，这与相对贫困现象在地域、群体、经济状况、社会生态和文化上的连续性密切相关。当然，相对贫困也有自身的特点，贫困群体有了以往反贫困的经验，有了相对好的经济基础和社会生活条件，他们摆脱贫困的内在动力和能力也有所增强。但是我们也要看到，在新的国际国内形势下，面对不断加剧的市场化竞争，相对贫困群体的生存压力不会减少，反贫困的发展性要求会更加突出。我国已经进入社会主义现代化建设的新阶段，要贯彻新的发展理念，构建以国内大循环为主体、国内国

际双循环相互促进的新发展格局，其中乡村全面振兴、遏制返贫现象发生、实现共同富裕任务艰巨。在这种背景下，社会工作者在参与脱贫攻坚中获得的经验仍然有重要的参考价值。我们也期待社会工作者群体在参与乡村振兴和解决相对贫困问题方面取得新的成果。

把论文写在祖国大地上，中国社会工作教育界以自己的实际行动在认真践行。

王思斌
北京大学社会学系

主 编 序

打赢脱贫攻坚战，是实现中华民族伟大复兴的底线要求，是贫困地区与全国一起全面建成小康社会的关键之举，是实现国家长治久安的重要保障。

我国扶贫开发进入精准扶贫、精准脱贫的新阶段。精准扶贫战略贵在精准，精准与专业具有同构性，只有调动专业的力量参与精准扶贫，才能进一步提升精准识别、精准帮扶、精准管理的精准度，才能更专业地解决贫困人口在脱贫过程中的个性问题与发展问题。社会工作参与脱贫攻坚具有重要的意义，在反贫困工作中扮演着重要的角色。

社会工作作为专业力量参与脱贫攻坚，将专业队伍、专业方法、专业力量运用到脱贫攻坚的工作中，发挥了不可替代的专业优势和人才优势，提升了反贫困工作的专业性。事实上，社会工作起源于贫民救济或慈善事业，其发展的历史就是人们与贫困做斗争的历史。社会工作的专业方法、理念正是人们在与贫困及相关社会问题做斗争的实践中逐步形成和发展起来的，因此，社会工作参与脱贫攻坚具有深厚的历史基础和重大的现实意义。社会工作参与脱贫攻坚是社会扶贫的重要组成部分。作为精准扶贫的专业力量，社会工作通过需求评估，精准识别贫困人口及其致贫原因；通过资源整合，动员与协调各方扶贫力量和扶贫资源；通过提升扶贫对象的能力，激发和提升扶贫对象的内生动力和可行能力。社会工作参与脱贫攻坚，有助于提高反贫困工作的精准性和可持续性，实现由“输血型”扶贫向“造血型”扶贫、救助型扶贫向发展型扶贫的转变。

党中央、国务院十分重视社会工作专业人才服务贫困地区的工作,《中共中央 国务院关于打赢脱贫攻坚战的决定》(中发〔2015〕34 号)、《中华人民共和国国民经济和社会发展第十三个五年规划纲要》和《国务院关于印发“十三五”脱贫攻坚规划的通知》(国发〔2016〕64 号)对实施社会工作专业人才服务贫困地区计划、支持专业社会工作和志愿服务力量参与脱贫攻坚提出了明确的要求。为贯彻落实党中央、国务院的决策部署,支持社会工作专业力量参与脱贫攻坚工作,《民政部 财政部 国务院扶贫办关于支持社会工作专业力量参与脱贫攻坚的指导意见》发布,民政部办公厅、国务院扶贫办综合司出台了《社会工作教育对口扶贫计划实施方案》。

为落实《民政部 财政部 国务院扶贫办关于支持社会工作专业力量参与脱贫攻坚的指导意见》的精神,贯彻实施民政部、国务院扶贫办联合制定的《社会工作教育对口扶贫计划实施方案》,深入推进教育扶贫工作,全国社会工作专业学位研究生教育指导委员会和中国社会工作教育协会积极实施“社会工作教育对口扶贫计划”,组织全国 200 多所高校参与社会工作教育对口扶贫工作。在反贫困社会工作实践中,社会工作教育和实践工作者积极探索,积累了较丰富的实务经验,总结了一批典型案例,产出了一系列理论成果。本丛书是中国社会工作参与反贫困成果的系统呈现。

2019 年 3 月 16 日,中国社会工作教育协会反贫困社会工作专业委员会与华东理工大学出版社在武汉举行“大国攻坚 · 反贫困社会工作丛书”启动仪式。来自十几所高校的 20 余名作者代表参加了会议。会议研讨、确定了本套丛书的写作框架和主要内容。

本丛书是在全国社会工作专业学位研究生教育指导委员会、中国社会工作教育协会的指导下，由中国社会工作教育协会反贫困社会工作专业委员会具体组织完成的。王思斌教授、阮曾媛琪教授、谢立中教授、蔡禾教授、关信平教授、马凤芝教授、彭华民教授全力支持反贫困社会工作专业委员会的工作，指导本丛书的编写。

中国社会工作教育协会前任会长徐永祥教授高度重视本丛书的编写工作，为丛书的编写和出版提供了巨大的支持。本丛书寄托了全体社会工作同仁对徐永祥教授的深沉怀念！

感谢所有关心、支持本丛书的专家和同仁！

向德平
华中科技大学社会学系

目　　录

CONTENTS

导言　西部反贫困社会工作行动

一、问题的提出

脱贫攻坚战略实施以来，我国减贫事业取得了举世瞩目的成就。但由于受到自然环境、要素禀赋等条件的约束，西部地区贫困问题一直是脱贫攻坚的重点和难点。全国14个集中连片特困地区中涉及西部的有12个，作为脱贫攻坚主战场的“三区三州”①深度贫困地区也在西部。② 面对贫困这一长期制约西部农村地区发展的“顽疾”，从20世纪50年代开始，我国政府通过提供大量的转移支付、专项扶持、财政、税收等优惠政策，以及定点扶贫、东西部协作扶贫、对口支援扶贫等方式，不断推进西部农村地区的贫困治理工作。2021年2月25日，习近平总书记在全国脱贫攻坚总结表彰大会上宣布：“我国脱贫攻坚战取得了全面胜利，现行标准下9 899万农村贫困人口全

① 《民政部关于推进深度贫困地区民政领域脱贫攻坚工作的意见》(2018)中说明，“三区三州”指西藏、四省(青海、四川、甘肃、云南)藏区、南疆四地州和四川凉山州、云南怒江州、甘肃临夏州。

② 郑景丽、沈洋、周鹏飞：《西部地区农村信息化建设的反贫困效应研究——基于CFPS2018的实证分析》，《西北人口》2021年第2期。

部脱贫，832 个贫困县全部摘帽，12.8 万个贫困村全部出列，区域性整体贫困得到解决，完成了消除绝对贫困的艰巨任务。”①在我国扶贫工作取得如此重大成就的同时，西部农村地区反贫困治理依然面临挑战。一方面，深度贫困地区脱贫摘帽后是否“稳得住、能发展”是西部农村发展面临的主要问题；另一方面，西部农村地区内源性反贫困动力不足的问题依然突出。由于中华人民共和国成立后国家主导的扶贫工作强调国家和政府的主体责任，弱化了西部农村地区群众的主体性和能动性，部分贫困群体形成了“等靠要”的被动消极态度，容易造成“干部干，群众看”的现象。②

贫困问题不仅仅是经济问题，更是一个社会问题。西部农村的发展主要依靠“外援”是无法彻底摆脱贫困的，只有形成多方参与、多元互动、外助内应的局面，才是西部农村地区反贫困治理和乡村振兴的出路所在。社会工作专业秉持的“助人自助”的核心价值理念恰恰契合了当前农村地区反贫困治理中“外助内应”的需求。因此，探索专业社会工作在当前西部农村反贫困治理中的角色、功能和路径，更好地参与西部农村反贫困治理，对西部农村发展、民族地区发展及社会工作自身的发展都有重要的现实意义。

二、文献综述

（一）对贫困的三种认知逻辑

贫困问题是困扰人类社会发展的重大国际性议题，反贫困治理不仅仅关乎人类的基本生存，而且关乎人类社会未来的发展。尽管贫困是一个被

---

① 习近平：《在全国脱贫攻坚总结表彰大会上的讲话》，《共产党员》2021 年第 6 期。

② 卫小将：《精准扶贫与主体性塑造：再认识与再反思》，《中国行政管理》2018 年第 4 期。

大众所熟知的概念，但不同时期、不同学科对贫困的认知有着非常大的差异。从认识论的角度出发，学者卫小将提出了理解贫困的三个视角：实证主义视角、批判主义视角和社会建构视角。① 这三个视角基本囊括了对贫困的不同认知逻辑。

当前，被学者们广泛接受的对贫困概念的界定是基于实证主义范式的，这一视角下的贫困是一个客观存在，并且可以通过对不同指标的观测来进行测量。随着人们对贫困认识的不断深入，贫困的概念逐步从单纯的经济收入缺乏扩展到更多的社会议题中。例如在《哥本哈根宣言和行动纲领》中，贫困被描述为一种缺少或者被严重剥夺人的基本需要的状态，这些需要包含粮食、健康、住房、教育等。基于这样一种缺乏视角，众多经济学者发展出不同的测量贫困的指标，尤其是用于贫困线标准的制定。美国经济学家库桑斯基(Qusanski)在1965年提出的使用最低食物支出除以恩格尔系数来划定贫困线的方式成为很多国家和组织广泛使用的贫困测量方式。② 不过，库桑斯基提出的贫困线所代表的是一种绝对的贫困状态。在西方发达国家，虽然绝对贫困已经几乎不见踪迹，但相对贫困依然存在，表现为贫困者尽管拥有收入，这些收入可以满足其基本生活，但是其无法享有社会上绝大多数人所能享有的平均生活状态，也就是说他们处于一种相对剥夺状态。相对剥夺由此成为相对贫困概念提出的理论基础。③ 尽管在实证主义视角

---

① 卫小将：《精准扶贫与主体性塑造：再认识与再反思》，《中国行政管理》2018年第4期。

② 苏礼和：《新中国成立以来中国共产党扶贫思想与实践研究》，博士学位论文，福建师范大学，2017。

③ 杨国涛、周慧洁、李芸霞：《贫困概念的内涵、演进与发展述评》，《宁夏大学学报(人文社会科学版)》2012年第6期。

下贫困的概念有很多发展，包括从最初的物质导向到后来的社会导向，从绝对贫困的理解到相对贫困的认识，但这一视角下的贫困都具有一定的个人化倾向，强调个人或家庭在收入、居住条件、教育等方面的缺乏。① 有学者认为，这一视角有一种社会达尔文主义倾向，即社会中的弱者由于缺乏能力、素质、训练、道德及资产而成为贫困者。②

批判主义视角下的贫困概念是相对实证主义范式的概念而言的，两者的共同基础是认为贫困是一种普遍的客观存在，但两者之间最根本性的不同在于批判视角下的贫困是基于集体和社会结构视角来界定的，诺贝尔经济学奖获得者阿马蒂亚·森（Amartya Sen）提出的潜在能力贫困理论就是其中最具有代表性的。阿马蒂亚·森基于对新发展观的理解，认为贫困不仅仅是指收入上的匮乏，更应该被看作对人基本潜在能力的剥夺。③ 因此，在阿马蒂亚·森看来，无论是绝对贫困还是相对贫困，其本质都是权利和能力被剥夺的结果。④ 权利的缺乏既指向个体层面是否具有支配相应资源的能力，也指向社会制度结构层面是否具有获取支配能力的机会。20 世纪 70 年代，欧洲开始使用“社会排斥”来替代贫困的概念，将人权、参与社会决策等非物质的要素纳入对贫困的考察，这背后所体现的就是从能力视角对贫困本质的认识。西方学者所说的“丰裕中的贫困”，本质上不是一种供给不

---

① Federica Misturelli and Claire Heffernan, “What is Poverty? A Diachronic Exploration of the Discourse on Poverty from the 1970s to the 2000s,” *The European Journal of Development Research* 4(2008): 666 - 684.

② 郑杭生、李棉管：《中国扶贫历程中的个人与社会——社会互构论的诠释理路》，《教学与研究》2009 年第 6 期。

③ 施锦芳：《国际社会的贫困理论与减贫战略研究》，《财经问题研究》2010 年第 3 期。

④ 马新文：《阿玛蒂亚·森的权利贫困理论与方法述评》，《国外社会科学》2008 年第 2 期。

足，而是权利不足。①

社会建构主义视角与前两种认识视角不同，其并不认为贫困是一种客观存在，而是资本主义和文明社会的建构②，人类学家和社会学家对这种充满反身性的认识具有重要贡献。马歇尔·萨林斯（Marshall Sullins）在对非洲西南部布须曼人的研究中提出，布须曼民族生活在一种原始社会共同体的集体狩猎、互助环境中，在物质需求可以获得满足的同时还能够继续享受足够的闲暇，这被描述为原初丰裕社会。原初丰裕社会并不存在现代社会意义上的贫困，因为在这样的社会中人与人的联系是在增加社会的富裕，而在现代社会中，人与人的交流却带来了区分性的匮乏。③ 从人与人的关系来理解贫困时，贫困成为现代社会所特有的产物。在现代消费社会中，贫困是一种被资本所建构的符号，这种建构的目的是打造一个持续消费的逻辑，以实现资本的利益最大化。④社会建构的视角代表了贫困者的主体觉醒和反思，是一种非常具有解放性的认识。

（二）贫困的归因和反贫困治理的路径

贫困从来不是静态的，对贫困的理解也必然随着社会历史的发展而变化。造成贫困的原因不是恒久不变的，会随着主体行动的改变和环境的变

---

① 钱宁：《农村发展中的新贫困与社区能力建设：社会工作的视角》，《思想战线》2007年第1期。

②④ 卫小将：《精准扶贫与主体性塑造：再认识与再反思》，《中国行政管理》2018年第4期。

③ 王宏涛：《西方人类学视角下贫困问题研究反思》，《北方民族大学学报（哲学社会科学版）》2017第3期。

迁而不断变化。① 最初人们对贫困的认识局限在收入的匮乏，对贫困的溯源集中在为什么会出现收入匮乏的问题上。在探讨该议题时，呈现了“个体—社会”二元对立的观点。一方面，个体主义者倾向于认为贫困者本人是造成贫困的根源，将内化的个人道德品质、文化水平视为致贫因素，甚至将贫困者看作社会越轨者；另一方面，社会结构范式则倾向于个人之外的外部环境归因，包括自然条件、历史发展、社会政策及不同的社会制度安排，基于此，某些地区或者某些人群更容易遭受贫困问题的困扰。在西方的发展历史中，个人化的归因长期存在于社会中，因此个人成为贫困问题的责任主体。随着工业革命的发展，贫困问题的公共性开始出现，尤其是在第二次世界大战后，福利国家的发展代表了西方社会贫困问题的责任主体由个人向国家转变。然而，由于20世纪70年代福利国家的庞大财政支出带来的压力，个人的责任主体性观点再次被重视。在贫困责任主体再次转变为个人的过程中，个人、家庭（群体）的主体性被赋予了更多内涵。② 基于“受援性自立”的扶贫逻辑，国家、第三部门等外在力量的反贫困介入目的锁定在激发贫困人口本身的潜力。③ 以多元参与的模式，考察经济、社会、文化、政治等多因素，形成对贫困的综合治理，打破过去单一的介入模式，是当前国际反贫困治理

① 郑杭生、李棉管：《中国扶贫历程中的个人与社会——社会互构论的诠释理路》，《教学与研究》2009年第6期。

② 钱宁、王肖静：《主体性赋权策略下的少数民族地区妇女扶贫研究——以云南省三个苗族村寨为例》，《社会工作》2020年第2期。

③ 何得桂：《中国贫困治理的三维理论认知：底色、特色和亮色》，《甘肃社会科学》2020年第3期。

的趋势。[①]

基于人们对贫困的不同认知逻辑和贫困归因，反贫困策略的实践也出现了不同的侧重。最初对贫困的理解非常强调收入的缺乏及由此带来的生活基本需求的难以满足，因此在早期的反贫困治理中，提高经济收入成为核心，由此产生了最直接的经济救济。从英国的《伊丽莎白济贫法》开始，对贫困人群提供直接的经济援助成为社会福利的重要内容，其中包括不同配比的经济援助，以及通过发展公共事业为贫困者提供就业机会等。阿马蒂亚·森的能力贫困概念将贫困的原因归结为个人能力的缺乏，并将这种缺乏视作一种制度性和结构性的作用结果，因此在贫困治理中，教育和人力资源的改善成为反贫困的关键。[②] 另一位诺贝尔奖获得者穆罕默德·尤努斯（Muhammad Yunus）的小额信贷模式也成为发展中国家反贫困治理的重要经验，其核心是在为贫困者提供创业启动资金的同时，促进其自立和能力建设。

基于不同的反贫困实践主体，反贫困的视角也出现了较为明显的差异。由国家主导和计划的自上而下的反贫困实践能够强力保障资源供给，但容易忽视地方情境和对贫困人口的能力建设，从而导致对贫困人口干预的一刀切，甚至在扶贫过程中给贫困人口带来新的问题和困扰。[③] 强调贫困者主体积极性的自下而上的参与式扶贫模式，则更为注重地方性知识，基于在地

---

① 冯朝睿：《中西比较视野下的反贫困治理研究述评》，《昆明理工大学学报（社会科学版）》2019 年第 3 期。

② 蔡荣鑫：《国外贫困理论发展述评》，《经济学家》2000 年第 2 期。

③ 蒋国河：《社会工作与农村反贫困：本土化实践与理论反思》，中国社会出版社，2017，第 10 页。

的情境、需求和特殊性，进行以在地者为主体的贫困发展实践。自下而上的模式更重视地区的特殊性和贫困主体的个别化、差别化，而且有利于实现贫困主体内源性的发展，但是在社会组织或社区掌握的资源不足时，资源整合能力的欠缺可能会制约该模式的实践效果。①

（三）西部地区反贫困治理的发展与建构

西部地区由于受多种因素制约，形成了贫困人口多、贫困程度深、脱贫任务重和返贫可能性大等多重困境。如果根据社会经济发展某方面的短缺来划分贫困，可以区分为收入贫困、素质贫困、能力贫困、资源贫困、生态贫困和文化贫困②。在中科院地理研究所划定的集中连片贫困区域中，西部地区占比极高。这些地区的贫困被归入区域型贫困或者资源制约型贫困，其贫困的原因是资金、交通、能源等基础设施的落后，或者是土地和其他自然资源匮乏、生态脆弱等问题造成的自然资源开发利用的不足。③ 一直以来，西部地区的贫困归因中资源的稀缺问题是比较突出的。自 20 世纪 80 年代以来，国家在财政税收政策上对西部地区进行了一定程度的政策倾斜，在《国家八七扶贫攻坚计划》确定的国家重点扶贫县中，有 43.4%都在西部农村地区。中央财政专项扶贫资金规模从 1980 年的 8 亿元增加到了 2018 年的 1 060.95 亿元。同时，政府主导并广泛动员社会力量参与西部地区扶贫攻坚，鼓励、支持和协助各类企业、社会组织及个人参与扶贫攻坚的行动。习近平总书记提出："坚持专项扶贫、行业扶贫、社会扶贫等多方力量、多种

① 蒋国河：《社会工作与农村反贫困：本土化实践与理论反思》，中国社会出版社，2017，第 10 页。
② 沈红：《中国贫困研究的社会学评述》，《社会学研究》2000 年第 2 期。
③ 郭来喜、姜德华：《中国贫困地区环境类型研究》，《地理研究》1995 年第 2 期。

举措有机结合和互为支撑的'三位一体'大扶贫格局。"由于社会主义制度的优越性，政府通过广泛的社会资源调动，形成了对贫困地区的强大外援支持。①

除了资源制约，西部地区最为突出的贫困特殊性还体现在文化差异上。人的行为差异往往是由文化认知引发的，文化差异带来的主体认识差异，使得部分西部地区居民的扶贫责任主体意识不强，缺少内生动力，甚至产生懈怠、推脱的现象，造成了西部地区的扶贫存在不连续性及返贫风险较高等情况。对贫困主体而言，长期处于贫困状态使其产生了特定的应对方式和行为习惯，这被称为"贫困文化"。人类学家通过贫困文化研究发现，由于社会资源的不平等分配，贫困被强加在一部分社会成员身上，由此形成了一种贫困亚文化。在贫困家庭中，儿童早期的社会化受贫困亚文化的影响，其形成了对摆脱贫困的无力感、强烈的边缘感和依附感。② 尤其是从原始社会直接过渡到现代社会的"直过民族"，贫困文化对其思想观念的影响根深蒂固。③习近平总书记强调"扶贫先扶志"，在《摆脱贫困》中他说道："地方贫困，观念不能'贫困'。'安贫乐道'，'穷自在'，'等、靠、要'，怨天尤人，等等，这些观念全应在扫荡之列。弱鸟可望先飞，至贫可能先富，但能否实现'先飞''先富'，首先要看我们头脑里有无这种意识。"④扶贫如果不先扶志，不从思想观

① 苏礼和：《新中国成立以来中国共产党扶贫思想与实践研究》，博士学位论文，福建师范大学，2017。

② 王建民：《扶贫开发与少数民族文化——以少数民族主体性讨论为核心》，《民族研究》2012 年第 3 期。

③ 汪三贵、胡骏、徐伍达：《民族地区脱贫攻坚"志智双扶"问题研究》，《华南师范大学学报(社会科学版)》2019 年第 6 期。

④ 习近平：《摆脱贫困》，福建人民出版社，2014，第 2 页。

念上激发贫困主体的斗志和信心，那么扶贫最终会流于形式，无法真正促进西部地区的经济社会发展。

此外，随着中国城市化和工业化的推进，社会安置方式的变迁和文化冲突的发生也需要在反贫困治理中引起高度重视。西部地区零星出现以文化保护和文化资本作为反贫困治理手段的实践，虽然取得了一定的成绩，但是由于缺乏持续性的人才输入和连续稳定的财政及政策支持，这些实践还没有得到系统规范的评估和推广，甚至某些地区还出现了因为本土文化过分商业化而带来的对文化和信仰的冲击等现象。

(四) 社会工作参与西部地区农村反贫困治理

1. 必要性

社会工作与扶贫有天然的联系，它产生于对贫困人口的救济。作为一种专业的助人活动，社会工作具有非常鲜明的价值观，尊重人在生理、情感、社会、审美和精神等方面的天赋潜能及权利，尊重人的自我决定，强调人的自我实现，通过资源链接、倡导社会公平正义、个人优势挖掘的“外援”方式，促进个人实现能够解决问题和进行自我决定的“自助”①，这与费孝通先生在民族农村地区反贫困治理中提出的“外助内应”完全契合，与“扶贫先扶志”的论断相匹配。民族地区的贫困问题更为多元和复杂，单纯的物质援助无法彻底消除返贫风险。②③ 一些学者认为，在应对深度贫困和新型贫困带来

① 东波、颜宪源：《农村社会工作介入农村反人文贫困的可能性探讨》，《西北农林科技大学学报(社会科学版)》2010 年第 4 期。

② 朱霞梅：《反贫困的理论与实践研究——基于人的发展视角》，博士学位论文，复旦大学，2010。

③ 张曦：《连片特困地区参与式扶贫绩效评价》，博士学位论文，湘潭大学，2013。

的贫困风险时，既要依赖制度创新和政策支持，以实现更多的资源链接，也需要通过积极调动在地者的主体性，增权赋能，依托内源性的发展彻底摆脱贫困问题。①② 在这样一个融合了宏观政策倡导和微观个体增能的系统实践工程中，以社会工作的专业价值、理念和服务手法介入西部地区反贫困治理契合了当下深度贫困地区及新型贫困的内在要求。③ 此外，社会工作者所具有的文化敏感性能够在西部地区充分利用文化因素巩固扶贫效果。文化作为一种非常重要的社会再生产机制，对社会经济发展有着至关重要的影响。西部地区的扶贫工作，必须将文化放在中轴位置，形成开放式的反贫困治理体系，纳入多元化的反贫困治理主体。④ 理解和尊重西部地区的文化，挖掘其文化中的优势元素，实现对在地群众的增能是社会工作在反贫困治理中区别于其他专业力量的重要特征。

2. 理论视角

改革开放后，最早关于社会工作介入西部地区反贫困治理的论文是云南大学钱宁教授发表在《思想战线》上的《农村发展中的新贫困与社区能力建设：社会工作的视角》。该文从内源发展能力缺失的新贫困范式出发，探讨社会工作理论和方法如何从人本身改变及社区资源利用角度介入民族地区农村社区的贫困问题。⑤ 2010 年后，反贫困议题成为社会工作的主要内

① 王曙光：《中国的贫困与反贫困》，《农村经济》2011 年第 3 期。

② 曾小溪、胡骏、汪三贵：《普遍性和特殊性视角下老、少、边地区贫困治理研究》，《湖南行政学院学报》2017 年第 5 期。

③ 李迎生、徐向文：《社会工作助力精准扶贫：功能定位与实践探索》，《学海》2016 年第 4 期。

④ 谢新松：《文化的社会治理功能研究》，博士学位论文，云南大学，2013。

⑤ 钱宁：《农村发展中的新贫困与社区能力建设：社会工作的视角》，《思想战线》2007 年第 1 期。

容，不同的研究者将社会工作介入西部地区农村反贫困治理的理论视角聚焦到多元文化、优势与增能、发展型社会工作三个视角。

(1) 多元文化视角

多元文化视角认为，人们的日常生活处境是文化的、历史的，社会工作者需要把对文化历史的分析和社会权力的分析结合起来，才能理解服务使用者的真实处境。① 多元文化主义兴起于20世纪60年代的西方，英国学者卡什莫尔·埃利斯(Cashmore Ellis)将多元文化主义的核心观念解释为“不同民族或文化在一个多元社会中和谐共存”，他强调这种和谐共存在意识形态层面意味着不同的民族文化得到相互承认，在国家政策层面意味着倡导不同民族之间的共存、平等的民族关系。② 多元文化视角的社会工作介入就是在尊重和保护民族文化的基础上，根据当地的真实需要，运用民族传统文化资源来开展民族社会工作，促进民族地区的经济和文化共同繁荣，实现各民族之间的团结稳定。③

(2) 优势与增能视角

优势视角最初由美国学者丹尼斯·萨勒贝(Dennis Saleebey)提出，其是传统“问题视角”的革命性飞跃，反对将人问题化和标签化。萨勒贝认为，多次将人问题化从长久来看会消弭个人自我改变的信心，形成个人问题的恶性循环。因此，优势视角选择将问题搁置，然后充分挖掘服务对象的各种优

---

① 童敏：《社会工作理论：历史环境下社会服务实践者的声音和智慧》，社会科学文献出版社，2019，第718页。

② 高永久、高永辉：《民族社会学视角下的西方多元文化主义研究》，《中南民族大学学报(人文社会科学版)》2010年第3期。

③ 李林凤：《民族社会工作初探》，博士学位论文，兰州大学，2013。

势以调动个体的内在主动性。该视角把反贫困治理的解决之道放回到当地群众本身，强调从当地群众的生活责任和他们个人所拥有的改变能力出发，把贫困人群看作有能力改变自己命运的人，而社会工作者的角色是帮助服务对象挖掘和运用自身所拥有的资源及能力。①

基于阿马蒂亚·森的权利贫困观和能力贫困观，为贫困主体赋权增能是抵抗贫困的主要着力点，而赋权增能在社会工作视角下的内涵和外延相比于经济学的视角更为丰富及全面，因此增能理论成为众多社会工作背景的反贫困实践者所选择的重要理论框架。② 贫困所代表的社会排斥和权利剥夺背后是公民身份的丧失，从个体层面、社会层面和政治层面对贫困者的重新赋权是恢复公民身份的重要过程。③ 增能视角的社会工作把社会结构引入社会工作的介入范畴，将优势视角中对个体和社区优势资源的挖掘作为增能的重要手段，通过平等对话，实现贫困人群的意识水平提升，让个人应对环境的能力、自我方向感和自信心等都得到提高，同时能够对实践进行反思，对现实进行建构，重新理解和命名社会现实。④ 西部地区反贫困增能社会工作应围绕以下三个方面开展：一是发展西部地区群众更为积极和强烈的自我意识；二是通过更多的对话，赋予西部群众对其所处社会环境的批判性理解能力；三是为西部群众链接能够实现目标的资源、策略和能力。

---

① 童敏：《社会工作理论：历史环境下社会服务实践者的声音和智慧》，社会科学文献出版社，2019，第 586 页。

② 程萍：《社会工作介入农村精准扶贫：阿马蒂亚·森的赋权增能视角》，《社会工作》2016 年第 5 期。

③ 靳继东，潘洪阳：《贫困与赋权：基于公民身份的贫困治理制度机理探析》，《吉林大学社会科学学报》2012 年第 2 期。

④ 童敏：《社会工作理论：历史环境下社会服务实践者的声音和智慧》，社会科学文献出版社，2019，第 627 页。

(3) 发展型社会工作视角

传统社会工作中,个人辅导和群体工作在应对发展中国家广泛存在的贫困问题时无法胜任对问题的整体干预,发展型社会工作是一个基于发展中国家贫困和社会问题提出的社会工作模式。美国社会工作者詹姆斯·米奇利(James Midgley)在20世纪80年代首先提出了发展型社会工作模式。① 该模式强调以社会为建设基础,通过聚焦生计议题,发展社会支持网络,协助服务对象参与到生产性活动中,采取社会投资策略,把投资和社会工作服务结合在一起,尤其是对服务对象的能力投资,包括工作能力培训、小额信贷、成人教育等形式,在运用政府资源满足服务对象的基本生活需求的同时激发服务对象的生活改变意愿和目标。② 在脱贫攻坚取得决定性胜利后,西部地区的温饱问题已经基本得到解决,但是在后续的乡村振兴中,如何在西部社区环境和社会脉络中提高社区成员的内源性动力和能力成为新的课题。发展性社会工作以生计为焦点,以在地情境为实践场域,为社会工作者提供了更为广阔的工作空间和更为有效的工作着力点。

3. 实践模式

我国社会工作介入西部地区反贫困实践的时间较短,积累的经验较为有限,而且多数社会工作实践都是以有形或无形的方式嵌入其他主体(如政府)的扶贫实践中。以政府为主导的模式是我国反贫困治理的突出特色,在政府主导、多方参与的扶贫实践中,社会工作开始显现出专业优势。西部地

① 童敏:《社会工作理论:历史环境下社会服务实践者的声音和智慧》,社会科学文献出版社,2019,第834页。

② 向荣、陆德泉、陈韦帆:《发展型社会工作对深化精准扶贫的助力策略分析》,《贵州民族大学学报(哲学社会科学版)》2018年第3期。

区的反贫困治理是在整个中国农村反贫困工作的框架下，结合西部地区的实际情况进行的实践工作。目前，社会工作介入的西部地区反贫困实践呈现出三种模式：高校实践型、政府支持型和民间组织实践型。三种实践模式的责任主体分别是高校社会工作教师和学生、当地政府（尤其是省级民政部门，县、乡政府及有关部门）及民间组织。

高校实践型案例中最为知名的是中山大学张和清教授团队与香港理工大学古学斌教授团队在云南师宗县壮族地区开展的以农村社区发展能力建设模式为核心的探索，并基于该实践产生了"绿寨模式"。该模式以发展型社会工作为思路，将生计项目作为切入点，挖掘民族文化和社区优势，强化在地者的主体角色，链接公平贸易平台，协助妇女的刺绣作品走出村落，与城市链接。① 项目从设计到实施都由高校教师带领高校学生完成，该实践项目完整地探索了社区发展的能力建设模式，打通了高校社会工作教师走进农村社区的途径；高校教师通过专业性探索，系统地将反贫困实践工作上升为理论模式，影响了之后众多的少数民族农村社区发展项目。该项目很好地融合了在地知识，运用多重工作手法，以贫困妇女作为主要干预对象，实现了对贫困妇女的主体赋权和内源性动力发展。学者主导型实践尽管具有天然的理论和专业性优势，但是在调动资源层面存在很多限制。如果没有当地政府的支持和协助，高校实践便难以开展。绿寨项目在进入农村时，由于获得了当地政府的支持和协助，为高校学者发挥专业性提供了平台和可能性。

① 张和清、杨锡聪、古学斌：《优势视角下的农村社会工作——以能力建设和资产建立为核心的农村社会工作实践模式》，《社会学研究》2008 年第 6 期。

政府支持型的社会工作以财政支持、人才培养和职业体系建设为核心。该模式中最具代表性的是2012年中组部、民政部印发的《边远贫困地区、边疆民族地区和革命老区人才支持计划社会工作专业人才专项计划实施方案》(以下简称"三区"计划),该计划提出,从2012年到2020年,在全国有关省(自治区、直辖市)每年引导1 000名社会工作专业人才到"三区"工作或提供服务,每年支持"三区"培养500名社会工作人员,推动"三区"社会工作专业人才队伍建设,发展"三区"社会工作事业,逐步实现社会工作服务均等化目标。① 在"三区"计划的支持下,西部各省开展了农村社会工作和民族社会工作人才培训计划,政府通过购买服务的方式,招募专业社会工作人才(包括高校教师和学生)到西部地区开展社会工作,并培养本土社会工作人才,孵化本土社会工作机构。从多地的"三区"计划项目总结中可见,针对留守儿童、留守妇女和留守老人开展的社会教育、就业和生计培训与老年关怀服务成为专业社工参与西部地区反贫困治理的主要内容。此外,有些组织和机构开展了一些社区发展项目,如参与基础设施的建设,在服务中融合了社会工作多元文化和赋权增能的视角。尽管有了政策和财政支持,但多地的"三区"计划项目开展仍遇到瓶颈,问题集中体现在服务的有效性、可持续性和社工本身的专业能力上。② 政府主导型的社会工作实践模式的社会动员力量最大,但也容易流于形式,可能造成服务的有效性和可持续性受到影响。③

① 卢露、蓝慧颖:《社会工作介入民族地区社会治理研究——兼论广西"三区"计划的成效与不足》,《学理论》2020年第5期。

② 刘伟、赵秀琴:《专业社工参与农村基层治理研究——基于广西实施民政部"三区计划"的思考》,《中央民族大学学报(哲学社会科学版)》2015年第6期。

③ 张和荣:《少数民族地区农村社会工作实践模式研究——基于三种实践案例的比较分析》,博士学位论文,西北农林科技大学,2016。

民间组织主导的反贫困治理模式主要是综合性的地区发展模式和增能取向的参与式扶贫模式。香港"小母牛"作为民间组织参与农村地区扶贫的典范，从2001年起至2019年6月底，向贫困地区投入约2.71亿人民币用于反贫困治理，先后资助了全国14个省、自治区、直辖市的贫困村镇的扶贫工作。[①]"小母牛"最初采取的反贫困模式也是基于传统的项目扶持，通过资金和技术的支持，以发展畜牧养殖为基础，为贫困家庭增收。2008年后，"小母牛"开始转向以农户参与为主，强调农户的自我参与和以畜牧养殖为抓手，综合进行乡村建设的参与式扶贫模式。同时，通过在畜牧养殖中进一步打通城乡市场、培育品牌的方式，让贫困户在脱贫过程中的主动性持续被激发，由此扶贫不仅扶持了经济增收能力，还提高了贫困者的自我价值感，促进了反贫困过程中的内生动力。民间组织由于资金、人员和资源调动的灵活性，通常成为创新实践的领头羊。而且民间组织与高校在专业技术层面也有着深度合作，部分有政府背景的民间组织在获得政府支持方面也更为容易，从而奠定了实践不同扶贫理论模式的基础。然而，由于民间组织本身的发展良莠不齐，受外界资助的影响较大，因此也造成其反贫困实践一致性和连贯性的不足。

三、本书内容简介

本书集结了社会工作参与西部地区反贫困治理的十个案例，从研究方法看，这些案例分为调查研究型案例和实践研究（含行动研究）型案例两类。

① 程晖：《"礼品"在73 992户贫困家庭间传递——香港小母牛坚持20年的扶贫故事》，《中国经济导报》2019年9月26日。

其中五个调查研究型案例主要针对西部农村地区反贫困治理中普遍存在的群众主体性缺乏、内生动力不足、政策支持不足、贫困的代际传递及基层儿童服务人员能力不足等现实问题开展了深入的实证调查，并从社会工作视角提出了应对这类问题的对策和建议。另外五个实践研究型案例是高校师生在政府支持下参与西部地区反贫困治理的实践（或行动）研究，内容涉及社会工作者到曾经深度贫困的"三州"（甘肃临夏州、四川凉山州和云南怒江州）中的易地扶贫搬迁社区、农村社区开展的调查和社会工作服务案例。在这些案例中，阻断贫困代际传递的云南农村儿童家庭服务、农村困境和留守儿童心理健康服务、提升贵州农村儿童文化自信的服务及湖南农村社会工作人才培养的行动研究为主要内容。这些案例从侧面反映了我国西部地区反贫困的复杂性和专业社会工作参与反贫困治理的优势、挑战及未来发展的方向，并从中可以看到中国社会工作教育者和行动者在贫困治理中的责任担当及行动能力。

如何破解西部地区群众反贫困的主体性缺失问题是扶贫攻坚中的一大难点。第一章认为，由于受外部生存环境和以往扶贫工作的某些理念、方法等的影响，西部地区贫困群众的主体性在精准扶贫工作中被有意或无意地消解了，建议通过倡导对贫困社区和民众增能的方式，在促进个体增能、团体增能和社区增能的基础上塑造贫困群众的主体性。

易地扶贫搬迁是我国深度贫困地区反贫困的主要策略，如何让易地搬迁群众进入新居住地后"留得住、能发展"，第二章和第三章做出了回答。第二章以四川凉山地区彝族自发搬迁地的宝乡为田野考察点，调研了自发移民脱贫的凉山彝族在嵌入汉族农村社区后的社会网机制及其治理问题。研究发现，村庄一定程度上的空心化、治理体系弱化，为凉山彝族的自发移民奠定了基础，也降低了自发移民适应本地生活制度和管理方式的难度。在彝族自发移民的过程中，社会网中的“弱联结”在早期的迁移实践中发挥了关键作用，而在后续迁入过程中，“强联结”则起到了重要作用。迁入的彝族居民面临一定的适应、持续发展方面的困境，要突破这种状况，地方政府部门需要转变思维模式，吸纳本土精英和嵌入精英，激发内源性发展力量，强调自组织建设，在专业社会组织的配合下，以需求为导向开展综合化、专业化、本土化服务，完善治理结构，才能达到善治的最终目标。第三章以云南怒江州泸水市三个易地搬迁社区的社会工作服务为例，阐述了社会工作在易地搬迁社区中开展的服务及角色冲突，认为社会工作在移民搬迁社区服务中有其自身的独特优势，在理念上提倡“助人自助”，在场景中倡导“优势视角”，在策略上注重“兜底保障”，在方法上讲求“专业艺术”，能够从伦理、社会、政策、心理层面入手，分级分类，全面融入易地扶贫搬迁社区的治理与发展进程，打通国家宏观政策与群众需求之间的“最后一米”，以整合的社会工作服务帮助解决脱贫地区“社区融入”“反贫困”“个体救助”“内生动力缺乏”等复杂而具体的问题。

党和国家高度重视农村儿童的保护工作。2019 年民政部联合十部门制定出台了《关于进一步健全农村留守儿童和困境儿童关爱服务体系的意见》，提出了加强基层儿童工作队伍建设的总体要求，同时将基层儿童保护和服务体系纳入基层政府及社区管理、公共服务的职能。基层儿童工作员的胜任力是基层儿童保护体系建立和完善的关键环节，直接影响了基层儿童保护与发展的工作成效。第四章以云南省四个地区为例，通过问卷和深度访谈法，对基层儿童工作员胜任力及其培训需求进行调研，提出：基层儿童工作员的胜任力发展需要进一步加强队伍的激励、监督与考核，并分步实施培训；专岗专设，提升职业和心理建设能力；整合及重视在地资源的利用，实现不同地域之间的“牵手”帮扶；鼓励社会力量的参与，促进各具特色的儿童保护服务和机制发展；采取有效措施让妇女进基层“两委”，助力基层儿童工作员畅通履职。

20 世纪中期，纳克斯(Nax)提出了“贫困恶性循环理论”，认为贫困具有代际传递的重要特点，切断深度贫困地区的贫困代际传递是反贫困治理的重要目标。近年来，这一理论日益受到关注。贫困会对儿童的身体健康、学业成绩、认知能力、情感和行为等产生深刻影响，进而影响其后的教育、健康、市场机会等，最终可能导致贫困的代际转移。帮助儿童脱离贫困，对贫困代际传递进行阻隔将直接关系我国减贫工作的长期成效。因此，在脱贫攻坚与乡村振兴相衔接的大背景下，西部地区贫困农村儿童发展和保护的问题就值得深入探讨。第五、八、九、十章都是关于西部农村地区儿童反贫困的社会工作研究。

第五章通过问卷调查与焦点小组访谈，探索了云南省 X 县农村贫困形成的原因和儿童的权利状况，针对贫困儿童部分权利受损的情况，提出了社会工作阻断贫困代际传递的对策：通过教育阻隔贫困文化；加强资源供给，构建儿童保护网；去标签化，通过参与及合作拓展儿童优势的介入策略和方案，回应儿童的现实需求，更有效地阻隔贫困的代际传递。

社会工作要更好地参与反贫困治理，关键在于培养一支高质量的农村社会工作专业人才队伍，在乡村振兴背景下，农村社会工作人才培育非常重要。第六章依据教育行动研究理论，对长沙民政职业技术学院社会工作专业在湘西农村开展了20年的农村社会工作服务和农村社会工作人才培养实践进行了总结。第六章依据农村反贫困实践点面临的内部和外部因素，将农村反贫困实务过程划分为文化自信、资产为本、社区为本综合服务、文化保育等四个阶段，阐述了每个阶段农村社会工作人才培养的目标、任务和实践教育策略，为乡村振兴中农村社会工作人才培养提供了有益的借鉴。

对西部农村深度欠发达地区如何发展，第七章通过对甘肃临夏州政府扶贫的调研，在全面介绍政府扶贫的优势及面临的问题的基础上，提出了社会工作对政府扶贫的“补位”作用，并以临夏州东乡县教育扶贫和积石山县W村驻点帮扶社工实践为对象，从宏观、中观和微观三个层面介绍社会工作介入甘肃省临夏州精准扶贫的实践过程，以生动的实例说明社会工作介入甘肃省精准扶贫的必要性、可行性及存在的不足。

第八章以云南省某县的Y小学为研究地点，首先，通过实地调查阐述了当地儿童保护中存在的主要问题和儿童心理健康状况，以生态系统理论为指导，从困境儿童所处的微观、中观、宏观三个系统对其问题的成因进行具体分析。其次，以Y小学的10名困境儿童和40名普通儿童为主要服务对象，以抗逆力理论和社会支持理论为指导，通过整合的社会工作服务提升其心理健康水平；在社会工作行动研究的基础上，提出构建多方协同的困境儿童保护体系的对策建议。

第九章以Y社工机构在贵州开展的“H营地·L村苗寨亲子游学营”项目为例，阐述了通过“儿童发展营地”项目提升贫困农村儿童文化自信的社会工作行动。一方面，项目在深入挖掘L村内在村落各项文化资源的基础上打造个性化的深度体验内容，带动当地村民（包括儿童）参与活动内容挖掘、活动带领、乡村文化展示等环节，以此提升其能力，促进其对本村落文化自信的重建，增加个人及其家庭的收入，培养更有能力的在地化乡村建设者。另一方面，以服务学习、体验学习为基本思路，策划并招募城市家庭和儿童（尤其是5～10岁的儿童）参与“儿童发展营地”活动，在走进L村与当地儿童及村民的互动中，发展多元乡村理解，助力城乡儿童共同成长，实现城乡融合发展。乡村儿童文化自信的提升为乡村文化传承和延续提供了最强有力的基础，在中国乡村传统文化一定程度式微的当下，重建乡村文化自信、保护乡村文化是乡村经济和社会发展的前提与基础。在当地的反贫困服务工作中，社会工作者运用自己的专业知识、技能和理念，在城乡融合的路径下，助力乡村儿童文化自信的提升，促进儿童发展。

促进农村地区0～3岁儿童的早期发展是阻断贫困代际传递的有效途径，提升家长的教育能力是社会工作促进儿童早期发展的主要措施。第十章通过实地调研发现，西部农村地区家长教育能力处于传统与现代衔接的断层地带，具体表现为家庭教育忽视幼儿自主性，家长的教育知识不足、获取知识的途径单一，教育方法中溺爱型与干涉型教育占主体地位等问题。这一章在社会工作理论方法指导下，尝试运用亲子阅读活动的方法提升家长的教育能力，旨在探索社会工作在提升西部民族农村地区家长教育能力方面的有效路径。研究发现，亲子阅读有利于西部农村地区家长提升自身教育能力，具体表现为：家长育儿观念在亲子阅读的互动仪式中得到转变，亲子阅读过程中“符号间的互动”能有效增加家长育儿的知识和方法，亲子阅读空间营造可为家长创设教育能力提升的场域。

上编

西部反贫困的路径研究

第一章　西部地区精准扶贫中群众的主体性塑造

——基于增能理论视角

一、引言

西部地区精准扶贫是我国当前扶贫工作的重点和难点。习近平总书记强调，全面实现小康，少数民族一个都不能少，一个都不能掉队，要以时不我待的担当精神，创新工作思路，加大扶持力度，因地制宜，精准发力，确保如期啃下少数民族脱贫这块“硬骨头”，确保各族群众如期实现全面小康。西部地区由于自然条件恶劣，基础设施建设较为薄弱，区域经济发展落差较大，产业发展水平滞后，扶贫成本较高，脱贫难度大，是我国精准脱贫攻坚战略的重点。近年来，随着我国精准脱贫攻坚进程的加快，我国西部地区脱贫取得重要进展，贫困发生率逐年降低。① 截至 2019 年 11 月底，西部地区农村贫困人口为 119 万人，比上年减少 484 万人；减贫速度不断加快，推动了农

① 王志章、杨志红：《西部地区脱贫攻坚与乡村振兴战略的融合之路——基于 10 省 85 村 1 143 户的微观调查数据》，《吉首大学学报(社会科学版)》2020 年第 2 期。

村贫困人口的大幅下降;农村贫困发生率从4%下降到0.79%。然而,当前我国西部地区精准扶贫工作仍然面临诸多挑战,如在扶贫工作中将部分贫困群众客体化、边缘化,没有将他们置于扶贫工作的中心位置,没能充分激发他们的主体性,导致贫困群众在脱贫攻坚过程中的参与度不足、积极性不高,将参与精准扶贫工作视为配合政府的行为①,并且导致某些困难群众“等靠要”思想严重,甚至出现争当贫困户的现象。同时,部分西部贫困地区的群众缺乏对生产要素的掌握和调控权力,没有发展的决策权就无法对发展计划的制订和策略的选择产生实际影响,同样导致他们在精准扶贫工作中缺乏主体性,无法全身心参与扶贫开发工作进程。以当前少数民族特色村寨和民族文化旅游为主体的精准扶贫开发模式为例,在此案例中,由于在民族特色文化产业开发过程中,少数民族群众和民族文化并非作为表达及展示的主体,扶贫项目开发和运营方以外来旅游者对异域文化的想象来对民族特色文旅项目进行塑造及建构,导致民族特色村寨和文化产品的同质化,民族文化在被诠释的过程中失去了部分话语权,这在一定程度上影响了民族群众参与扶贫工作的主动性和创造性。西部地区部分贫困社区和贫困群体主体性的缺乏不但影响了当前我国针对西部贫困地区精准扶贫的效率,增加了国家扶贫成本,放大了国家和政府在扶贫过程中的责任及负担,弱化了贫困群众在扶贫过程中的义务和责任,而且有可能造成贫困群众反贫困能力缺乏,从而提高了返贫风险,最终影响精准扶贫的效果。因此,精准扶贫不能仅强调国家的责任,还要充分发挥贫困群众的主体性与能动性。

① 谷联磊、马华:《精准扶贫工作过程中的困境及化解路径分析》,《中国农村研究》2016年第2期。

费孝通教授指出，民族地区贫困问题是发展性问题，关键在于协助民族地区贫困群众寻找自身优势①，重建他们的民族自觉和民族自立的主动性，首要问题在于培育他们的内在活力②。同样，习近平总书记也强调"扶贫先要扶志""弱鸟可望先飞，至贫可能先富，但能否实现'先飞''先富'，首先要看我们头脑里有无这种意识"。在扶贫工作中，我们要发挥西部地区自身的优势，培育贫困群众的内在活力。同时，我们应认识到提升贫困群众脱贫动力和积极性的根本在于激发贫困群众的主体性，帮助他们从"要我脱贫"向"我要脱贫"转变，积极探索自我脱贫的模式和路径。由此，如何塑造和激发贫困群众的主体性成为精准扶贫工作过程中的关键性议题，而以主张增强权能、提倡主体复归和社会参与为主要宗旨的增能理论为激发西部地区贫困群众的主体性提供了理论视角和策略导向。

二、主体性的内涵及其在西部地区精准扶贫过程中的意义

主体性具有丰富的内涵和现实意义。主体性既体现了在改造自然和社会实践过程中行为主体展现出的主动性、创造性、自主性和目的性，同时也表现了行为主体对个人能力的觉知，而在实践活动中体验到的自我效能感进一步促进并激发了个体的自信心和意志力。在精准扶贫工作中，贫困社区和群众的主体性同样能提升脱贫攻坚进程的效率与质量，是精准扶贫工作的根本保证和价值归宿。

---

① 费孝通：《费孝通文集（第十一卷）》，群言出版社，1999，第61—62页。

② 费孝通、鹤见和子等：《农村振兴和小城镇问题——中日学者共同研究》，江苏人民出版社，1991，第33页。

（一）主体性的含义

主体性是马克思主义哲学的重要概念。正如马克思所指出的，“作为认识世界和改造世界的主体，是现实的人和现实的人类”，具体而言，主体是指“有头脑、能思维的从事社会实践活动和认识活动的个人和社会集团”。客体指的是“实践和认识活动所指向的对象”①。因此，主体性可以被理解为“在主客体相互作用的实践中表现出来的自主性、能动性、创造性、目的性等主体的规定性”②。在西部地区精准扶贫工作中，贫困群众主体性具有五个层面的含义。首先，主体性指的是在脱贫或减贫中贫困群众能够处于主体地位、发挥主体作用，能够参与贫困项目、方案的制订、选择，并能够自主决定脱贫的形式、内容和具体方式。其次，主体性指的是在扶贫工作中贫困群众主体意识的觉醒，这种主体意识的觉醒使贫困群众能够认识到自身贫困的现状，激发自身改变的内驱力，从而形成强大的反贫困合力。再次，主体性意味着在精准扶贫过程中扶贫对象的自主性，即扶贫对象在借助外部资源（或者在外部力量协助下）进行自主创业或参与扶贫过程中展现出的自我意识和独立人格。又次，主体性还意味着扶贫对象的能动性，是指他们能对自身的情感意识和实践活动自觉地进行调控，并不单纯受制于外界或他人的影响，且不听从于某种命运的摆布。③ 最后，主体性意味着创造性，指的是扶贫对象在扶贫过程中能够发挥自身潜能，创造性地发展适合自身能力、拥有资源的扶贫项目或者脱贫形式。

---

① 本书编写组：《马克思主义基本原理概论》，高等教育出版社，2015，第 6 页。

② 李为善、刘奔：《主体性和哲学基本问题》，中央文献出版社，2002，第 4 页。

③ 张志胜：《精准扶贫领域贫困农民主体性的缺失与重塑——基于精神扶贫视角》，《西北农林科技大学学报（社会科学版）》2018 年第 3 期。

强调西部地区精准扶贫工作中扶贫对象的主体性的目的在于体现精准扶贫的价值内涵，即“共同富裕”。只有在精准扶贫工作中真正体现贫困群众的主体性，才能提高民众对精准扶贫工作的参与度、获得感，同时降低我国精准扶贫的工作成本，提高精准扶贫的工作成效，防止“返贫”问题的产生。

（二）主体性在西部地区精准扶贫过程中的意义

第一，西部地区贫困群众在扶贫工作中的主体性能有效推动扶贫工作的开展，加速脱贫进程。根据马克思主义哲学原理，内因是事物变化发展的主要动力，外因是事物变化发展的条件。在精准扶贫工作中，贫困群体彻底脱贫既需要外部资源的输入和支持，又需要发挥贫困群众自身脱贫的动力。在长期的生产和生活过程中，西部地区贫困群众积累了丰富的生活经验和生产技能，如传统的畜牧种植知识、防灾避灾农业技术、手工建筑技能等，这些在地的知识和经验在一定程度上帮助贫困群众有效应对了自然环境及社会生活等各方面的挑战。换句话说，西部地区贫困群众本身蕴含着脱贫的内生动力和相应的技能与资源。诺贝尔和平奖得主尤努斯指出，穷人是值得信赖和尊敬的，反贫困要尊重穷人的主体性，并进行适度的制度改良。[①]一方面，激发贫困群众主体性能够促进他们积极参与扶贫开发和项目运作，避免在扶贫场域中缺席或者处于“悬浮式”参与状态，提高现有扶贫资源的利用效率并减少国家资源投入，进一步降低扶贫工作成本；另一方面，激发

① Richard Simmons and Johnston Birchall, “The Role of Co-operatives in Poverty Reduction: Network Perspectives,” *The Journal of Socio-Economics* 37, no. 6 (2008): 2131 - 2140. 转引自张志胜：《精准扶贫领域贫困农民主体性的缺失与重塑——基于精神扶贫视角》，《西北农林科技大学学报(社会科学版)》2018 年第 3 期。

贫困群众的主体性有助于在脱贫攻坚过程中开发更具有文化相关性和本土适应性的扶贫计划及项目类型。如上所述，贫困群众在长期的生产和生活过程中积累了丰富的知识与经验，这些知识和经验与外部的扶贫力量相比更具有在地特色，加之他们本身对周围生活生产环境、气候特征、地质地貌等更加了解和熟悉，因而对适合当地发展的扶贫项目更有话语权和选择权。而激发贫困群众的主体性不仅能提升他们对改善自身贫困处境的自信心和心理动力，同时强调从贫困群众视角检视和考察扶贫项目的可行性及本土适用性，主张贫困群众拥有扶贫项目立项和选择过程中的参与权及决策权，以及以平等的身份参与市场、政府及其他外界扶贫力量的对话。由此，激发贫困群众主体性有助于精准扶贫工作"质"与"量"的双重提升，加速推进脱贫攻坚进程。

第二，贫困群众主体性是精准扶贫工作的根本保证和价值归宿。精准扶贫是习近平总书记"以人民为中心的发展思想"的生动体现。"以人民为中心的发展思想"强调发展为了人民、发展依靠人民、发展成果由人民共享，体现了人民群众在发展过程中的主体地位。从精准扶贫的内涵来看，精准扶贫的主要价值依归便是重视并发挥贫困群众在扶贫工作过程中的主体性和主体地位。习近平总书记将精准扶贫的内涵总结为："对象要精准、项目安排要精准、资金使用要精准、措施到位要精准、因村派人要精准、脱贫成效要精准。"①精准扶贫工作"六个精准"的要求便是聚焦于真正的贫困群体和扶贫对象，在保证资源输入方向、扶贫计划安排与贫困群众更加适切的基础上，体现贫困群众的主体性和主导地位。

① 汪三贵：《习近平精准扶贫思想的关键内涵》，《人民论坛》2017 年第 30 期。

第三,激发贫困群众主体性能有效提高其反贫困能力。反贫困能力是指贫困群众在反贫困过程中应具备的心理动力、知识技能、机会选择等能力。根据阿马蒂亚·森的能力贫困理论,贫困对象不仅仅是在食物获取、经济状况、生活水平等方面落后于某种标准,同时他们还缺少获取和享有正常生活的可行能力,这些能力“不仅是那些能避免夭折,保持良好的健康状况,能受到教育及其他这样的基本要求,还有各种各样的社会成就,包括——如亚当·斯密(Adam Smith)所强调的——能够在公共场合出现而不害羞,并能参与社交活动”①。具体而言,这些能力主要包括维持健康生活水平的能力(免于遭受营养不良、过早死亡等)、识字能力、社交能力、政治参与能力等,这些能力对于贫困对象的反贫困和防止返贫具有重要影响。贫困群众反贫困能力的提升与主体性的激发存在密切联系。主体性意味着贫困群众能够自觉、能动和创造性地参与到扶贫进程中,是主体觉醒能力、主体实践能力和主体改变能力的基础,而主体觉醒能力、主体实践能力与主体改变能力是贫困群众反贫困能力的主要构成要素。由此言之,激发贫困对象主体性是提升贫困个体的反贫困能力的重要基础。

三、西部贫困地区精准扶贫过程中群众主体性缺失的原因

西部贫困地区精准扶贫工作既需要国家、各级政府的物质和人力资源投入,通过多元化扶贫途径与策略帮助贫困地区和贫困人口实现脱贫;同时又需要激发贫困社区和群众的主体性,使其通过对扶贫工作的全面参与提高自身反贫困能力,提高反贫困工作的效率和质量。在精准扶贫工作中,激

① 阿马蒂亚·森:《评估不平等和贫困的概念性挑战》,《经济学》2003 年第 2 期。

发贫困对象的主体性、促进其能力发展的重要性不言而喻，特别是部分西部贫困地区属于深度贫困地区，相比其他贫困地区而言扶贫难度更大，面临的问题也更为复杂，单纯依赖外界资源输入无法从根本上改变当地的贫困现状，需要通过激发贫困地区群众脱贫的自信心和勇气及脱贫的主动性和创造性、提高贫困群众自我发展能力等策略推进脱贫攻坚进程。然而，当前西部地区的部分贫困群众由于受外部生存环境与以往扶贫工作的某些理念、方法等的影响，其主体性被有意或无意地消解了。

第一，部分西部地区恶劣的自然条件和落后的区位经济发展现状造成贫困对象主体性的缺失。西部地区多为自然条件严酷、生态环境脆弱的地区，如交通基础设施建设薄弱的高山地区（如武陵山区、滇西山区），或者气候条件恶劣的高寒地区（如西藏、青海），或者生态环境极为脆弱的石漠化、沙漠化地区（如新疆南疆地区）等。[①] 由于自然环境较为恶劣、基础设施建设落后、经济主体发育不良等问题，民族贫困地区扶贫、脱贫的任务极为艰巨。长期生活在这种极端环境下，西部群众的主体意识的觉醒和发挥空间受到了极大限制。行为约束理论认为，自然环境对个体心理状态和心理结构会产生较大影响。[②] 过多或不愉快的环境刺激有可能限制我们的信息加工能力，使我们在一定程度上丧失对环境的控制感（perceived control），为此个体会采取一系列的措施试图重新获取对环境的控制感。然而，当个体屡次尝试却最终失败后，丧失控制感的后果便是习得性无助（learned helpless）。换句话说，当试图重新获取控制感的反复努力失败后，个体开始认为自己的行动对

① 张丽君、吴本健、王润球等：《中国少数民族地区扶贫进展报告（2016）》，中国经济出版社，2017，第 14 页。

② 朱建军、吴建平：《生态环境心理研究》，中央编译出版社，2009，第 57 页。

改变当前的处境无济于事，内心充满无助感，因此会选择消极被动的策略来适应环境，放弃改变不利处境的信心和意志。而重新获取控制感则会有效提升个人的能力和内心希望，同时会进一步促使个体为改变周围环境而继续努力。由于受恶劣的自然条件和经济发展滞后等因素的影响，西部地区民众接受教育的条件、寻找工作机会及接收外界信息的能力等受到极大限制。因此，西部地区贫困群众自身文化水平不高、生产技能和设施有限，改变自身贫困处境的能力不足。这些因素导致西部地区贫困群众缺乏有效控制外部环境的能力，控制感的丧失使其只能被动接受外部环境的限制，维持一种较为落后的小农生产经营状态，久而久之在心理方面普遍会产生习得性无助感，从而使得主体觉醒能力、主体实践能力及主体改变能力难以有效发挥。受此影响，在当前精准扶贫与乡村振兴有效衔接工作的推进过程中，西部地区贫困群众主动脱贫的积极性难以被有效唤起，主体性也难以表达与体现。

第二，发展主义视角下政府主导和行政动员的精准扶贫模式可能导致在扶贫工作中对服务对象主体性的忽略。发展主义既是一种意识形态，同时也是一种话语建制，发展主义认为经济增长是社会发展的前提条件，发展经济能够实现生活水平的提高，促进社会的进步。[①] 发展主义视角认为贫困产生的主要原因是经济发展滞后，经济增长能够大幅度降低贫困发生的概率并最终解决贫困问题。发展主义忽视了群众的生计实践模式和本土性知

① 张良广：《基于"贫困"与"反贫困"的话语省思——理解前提下的贫困救助》，载高鉴国、黄智雄主编：《社会福利研究（第3辑）》，中国社会出版社，2012。

识，将发展锁定在工业、技术与生产上。[①] 发展主义视角采取“问题导向”和“需求导向”的策略，将贫困产生的原因视为物质资源匮乏、经济主体发育不全、基础设施薄弱、贫困人口有形资本和无形资本缺失等。针对以上问题，发展主义强调发挥国家、政府的作用，由国家制定具体的扶贫开发和减贫战略，通过行政动员的方式协调扶贫资源，集中实施扶贫干预行动。发展主义将贫困对象和贫困问题视为“客体”，可以通过扶贫主体系统的扶贫战略和外部干预加以解决，遵循的是一种“施—受”的逻辑框架，并将“反贫困”工作视为一项宏大和系统的工程，以国家和社会组织为主体，旨在通过一系列的政策、手段援助和改造社会，进而消除贫困。[②] 这种由国家和政府主导的扶贫战略具有制度性、规范性、高效性、持续性和保障性等特点，有助于从整体上推动国家的脱贫进程。然而秉持发展主义视角的政府主导型扶贫战略的弊端在于单纯强调政府和行政力量在扶贫过程中的主导作用，有可能忽略对贫困群众内在主体性的唤起。面对国家主导的扶贫开发战略，贫困群众无法充分行使对扶贫决策制定的参与权和决定权，导致其参与扶贫工作的主动性和创造性受限。当前在某些基层精准扶贫工作中存在的“干部干，群众看”“干部着急、群众不急”“靠着墙根晒太阳，等着别人送小康”“等靠要”的思想意识和问题便是在扶贫工作中贫困对象主体性发挥不足导致的。

第三，缺乏视角、标签化导致扶贫对象主体性的缺失。所谓缺乏视角

---

① 葛忠明：《“他者”的身份：农民和残疾人的社会建构》，山东人民出版社，2015，第136—147页。

② 卫小将：《精准扶贫与主体性塑造：再认识与再反思》，《中国行政管理》2018年第4期。

(lack perspective),是指看问题总是关注不足和缺陷。在这种视角指导下的扶贫工作往往将注意力放在如贫困地区人口素质较低(教育落后等)、自然资源匮乏(耕地不足等)、地理位置偏僻(交通不便等)、生产技术落后(耕作方式传统等)等问题上。[①] 缺乏视角下的扶贫策略在根本上着眼于通过"问题聚焦"的方式来看待贫困地区和贫困群众面临的社会现实及生活状态。从"问题聚焦"视角出发,作为扶贫主导力量的政府和参与扶贫的社会组织试图通过改变贫困地区经济主体发育不足、基础设施建设薄弱、生产技能和防风险能力落后等问题,最终实现贫困地区的完全脱贫。在此过程中,贫困群众本身的主体性、优势、能力和资产等被忽视,原本作为扶贫与脱贫主体的贫困群众被"客体化"了。由此带来的影响是,贫困群众在扶贫工作中被边缘化,他们对扶贫工作的参与度降低,同时也增加了政府和其他扶贫团队的负担,引发了扶贫对象的福利依赖问题。此外,当前扶贫开发工作在某种程度上将贫困对象"标签化"了,即按照某种贫困"标准"给他们贴上"贫困"标签。面对这样的标签化行为,贫困对象往往缺乏澄清与辩解的能力和机会。这种标签化对贫困对象"具有蚕食效应,重复多次之后,将会改变自己对自己的看法和周围人对他们的看法。长远来看,这些变化融入了个人对他们的自我认同(越来越没有自信心)"[②]。标签化使得扶贫群众形成了自身贫困、缺乏能力、生存条件差、生产技能落后等自我形象,忽视了自身原有的

① 张和清、杨锡聪、古学斌:《优势视角下的农村社会工作——以能力建设和资产建立为核心的农村社会工作实践模式》,《社会学研究》2008 年第 6 期,第 174—193 页。

② Dennis Saleebey, "The Strengths Perspective in Social Work Practice: Extensions and Cautions," *Social Work* 41, no.3(1996): 296 - 305. 转引自张和清、杨锡聪、古学斌:《优势视角下的农村社会工作——以能力建设和资产建立为核心的农村社会工作实践模式》,《社会学研究》2008 年第 6 期,第 174—193 页。

生产知识和生存优势条件，从而进一步造成贫困群众缺乏改善贫困处境的自我效能感和行动能力。

在当前的扶贫工作中，作为扶贫主体的政府、事业单位、社会组织等机构和部门相对于贫困对象而言处于更加具有优势的地位。乔里·齐美尔（Georg Simmel）指出，在任何社会互动的情势中，人与人之间都可能有优位之势（superordination）和劣位之势（subordination）这类不同境地的区别。在他看来，这种具有位势之优劣的社会关系形式就是“支配”（domination）。① 爱德华·希尔斯（Edward Shils）也指出，在所有社会的结构中都存在一个中心的区域，这个中心区域以各种方式对生活在周边区域的人们施以影响。在“为权力话语而斗争”这种新的意识形态的影响下，这些处于优势位置者往往能够在公共政策的形成与执行过程中居于主导地位。② 在精准扶贫工作中，中央提出“六个精准”“五个一批”，本质上是为了“真扶贫”“扶真贫”，促进脱贫工作扎实有效开展。然而在扶贫过程中，部分贫困群众往往没有能力和渠道影响扶贫政策的制定及扶贫项目的选择，他们只能在现有的扶贫政策制定和项目实施的权力格局下被动地参与扶贫工作，这种无权状态和地位不平等问题在很大程度上影响了贫困群众参与扶贫的积极性和主动性。

---

① Georg Simmel, *The Sociology of Georg Simmel*, trans. Kurt H. Wolff(Glencoe, Illinois: The Free Press, 1960), pp. 181 - 189. 转引自邓正来：《中国法律哲学当下基本使命的前提性分析——作为历史性条件的世界结构》，《法学研究》2006 年第 5 期。

② Edward Shils, *Center and Periphery*(Chicago: University of Chicago Press, 1975), p. 3.

四、增能理论视角下发展扶贫对象主体性的策略

(一) 增能理论视角

在管理学、社会学、心理学、社会工作等专业领域,“增能”(empowerment)是一个重要的理论概念和实践策略。自20世纪70年代末以来,“增能”一词在英语国家的学者和社会工作者中得到广泛应用,涉及社会服务、心理治疗、公共卫生、成人扫盲和社区发展等领域,同时在政治和商业领域也逐步得到重视。因此,有关增能的研究自20世纪90年代开始便大量出现。然而,由于增能概念本身多向度和多层面的特质,从学术研究、社会服务、修辞等角度对其进行界定都具有不同含义,有学者甚至指出任何对增能概念的定义都会导致增能的僵化和公式化,认为增能概念与不同社会文化背景、经济和权力结构及个体对增加权能的认知等存在密切关系。[①] 因此,学术界目前尚缺乏关于增能的权威和决定性定义。

从学术研究溯源角度而言,增能概念的起源和灵感来源可以追溯到女权主义、弗洛伊德(Freud)精神分析学、神学、黑人权力运动和甘地主义等不同领域[②],并且社会工作领域的先驱者早在19世纪90年代就进行了增能和赋权实践。[③] 虽然19世纪末至20世纪中期,有关增能的实践在社会工作实

① Marc A. Zimmerman, “Taking Aim on Empowerment Research: On the Distinction Between Individual and Psychological Conceptions,” *American Journal of Community Psychology* 18, no. 1(1990): 169 - 177.

② Barbara Levy Simon, *The Empowerment Tradition in American Social Work: A History* (New York: Columbia University Press, 1994).

③ R. Parsons, “Evaluation of Empowerment Practice,” in *Empowerment in Social Work Practice: A Sourcebook*, ed. L. M. Gutierrez, R. J. Parsons, & E. O. Cox (Pacific Grove, CA: Brooks/Cole, 1998), pp. 204 - 218.

务和心理学领域得到发展，但是相关学者和社会工作实务从业人员尚未对该概念进行明确定义。直到 1976 年，学者巴巴拉 · 所罗门(Barbara Solomon)在其《黑人增能：受压迫社区的社会工作》一书中首次对“增能”概念进行了界定和说明。[①] 此后，增能概念和衍生的社会工作服务方法与介入模式被广泛应用于残疾人、儿童、少数族裔群体的社会工作服务中。

增能作为一个被广泛运用的概念，不同学者从多种角度对其进行了界定，通过对有关界定的梳理，我们大致能够厘清增能概念的基本内涵。学者佩奇 · 纳内特(Page Nanette)等认为，增能是一个多维度的社会过程，通过培养人们的自我能力(实施能力)，使他们能够对其认为重要的问题采取行动，进而改善他们的生活条件、社区和社会环境。在此定义中，增能首先是一个多维度、社会性的过程，不但包括社会维度、心理维度，还包含经济和其他维度，并且增能也发生在个人、群体、社区等各个层面；其次，增能是一个社会过程，意味着它发生在与他人的关系中，同时它并不是固定的某个阶段，而是在不断地发展和变化，在此过程中，增能的程度、方向和不同层面随着增能工作本身的推动而发展。[②] 有学者进一步指出，增能应该以社区为中心，在增能过程中社区成员针对共同关心的问题进行有益、持续的互动，并且能够均衡地占有和控制社区资源，同时社区成员之间相互尊重、彼此关怀，共同推动社区问题的解决。在个人层面，增能意味着能够使其掌控自己的生活，对自己面临的问题和所处的社会环境具有批判性的理解，并可以民

① Barbara Bryant Solomon, *Black Empowerment: Social Work in Oppressed Communities* (New York: Columbia University Press, 1976), pp. 79 - 91.

② Nanette Page and Cheryl E. Czuba, “Empowerment: What Is It,” *Journal of Extension* 37, no. 5(1999): 3 - 9.

主地参与社区生活。[①] 以上定义基本上涵盖了增能在个人、群体和社区等层面的不同内涵。同时，随着增能概念在不同学科、实务领域的发展，其内涵也在不断演变。

20世纪90年代末以来，增能概念在扶贫领域得到广泛运用，主要聚焦于贫困群体的增能和在减贫过程中的作用。瑞士发展与合作署（Swiss Agency for Development and Cooperation）将增能定义为一个“解放”过程，增能确保弱势群体有权行使其权利、获得资源，并使其能够积极参与塑造社区和制定决策的过程。据此有学者指出，增能概念应强调维护贫困群体的自尊自信和提升其分析问题与开发自己潜在解决方案的能力，扩大贫困群体的选择和行动自由，提高个体对影响其生活的资源与相关决策的控制能力和参与度。随着人们有能力进行真正的选择，他们便对其生活资源、环境和相关政策过程获得了更多的控制。在此意义上，增能也可以被界定为使人们能够自己行动，以实现自己定义目标的过程。[②] 除了以上界定之外，还有许多学者从心理增能、追求社会正义价值观等视角对增能概念进行阐释。正如学者罗伯特·亚当斯（Robert Adams）指出的，增能的含义随着时代及社会政策的变化而不断地流变，虽然目前无法对增能的概念进行明确的定义，不过在操作层面对其界定仍然是可能的。[③] 在操作层面，可以将增能的

① Julian Rappaport, “Terms of Empowerment / Exemplars of Prevention: Toward a Theory for Community Psychology,” *American Journal of Community Psychology* 15, no. 2(1987): 121－148.

② Nanette Page and Cheryl E. Czuba, “Empowerment: What Is It,” *Journal of Extension* 37, no. 5(1999): 3－9.

③ R. Adams, *Empowerment, Participation and Social Work* (New York, NY: Palgrave Macmillan, 2008), pp. 18－19.

对象和主体分为自我增能、个体增能、团体增能、组织增能及社区增能等,不同层次和领域的增能都彼此关联并同时包含其他领域和层次的增能,而且每一层次的增能都自成体系。

增能理论认为个体具有改善自我处境和解决自身面临问题的潜能,然而由于社会结构性因素和个人障碍等原因,个体处于无权状态,从而影响了他们改善自身处境的意志和能力。因此,增能的主旨是通过减少社会和个人障碍对于个体掌握和行使权力的影响,增强个体运用权力的能力与自信;同时增能理论也主张从某些个体和群体身上转移权力,帮助个体获得对自己生活的决定权和行动权。[①] 增能理论强调案主在自身情境脉络(contextualization)中理解当前面临的问题和生活境遇[②],通过外部支持辨识能够满足自身需求和问题解决要求的多种可能选择,在与其他具有同质性问题的对象的沟通合作中,增强案主的团体归属感及合作解决群体共同问题的能力。此外,增能理论注重对个人自我效能感、自我意识、自尊等心理动力要素的培育[③],包括个人如何看待自己,以及对自身在特定领域实现特定结果的能力的认知;强调地方性知识特别是个人具备的知识和技能在解决个人及社区存在问题过程中所发挥的作用[④]。增能理论认为,应提高案

① 马尔科姆 ·派恩:《现代社会工作理论》,冯亚丽、叶鹏飞等译,中国人民大学出版社,2008,第 295 页。

② Stephen M. Rose, "Advocacy/Empowerment: An Approach to Clinical Practice for Social Work," *Journal of Sociology & Social Welfare* 17, no. 2(1990): 41 - 51.

③ Judith A. B. Lee, *The Empowerment Approach to Social Work Practice: Building the Beloved Community* (New York: Columbia University Press, 2001).

④ Mary Ellen Kondrat, "Concept, Act, and Interest in Professional Practice: Implications of an Empowerment Perspective," *Social Service Review* 69, no. 3 (1995): 405 - 428.

主对自身所处社会和自然环境的批判性认识与理解，增强案主对资源和相关选择进行辨识的意识及运用资源和进行选择的能力（如决策、问题解决、领导能力等）①，在利用掌握的资源和权力的基础上，争取更多的资源和话语权。从增能的过程来看，增能既包括案主心理层面的赋权与增能，增强案主挑战压迫性因素的意识与能力，使其能够掌控并主导自己的生活；同时也强调个体界定自己的需要并且根据自身的生活情境和社会文化脉络决定相应的解决方案，在外界帮助及激发个体潜能的基础上使自身获得相应的资源和权力，并通过对权力的运用使资源和权力得以再生。总体而言，增能理论既重视对个体的心理赋权，提高案主的自尊、自信心和自我效能感，同时也强调个体在解决其面临问题的各种方案和行动中的参与；主张通过积极增能的方式增强个体对自身生活和处境的掌握及控制，通过对相关问题解决策略和方案的参与②彰显个体在解决问题过程中的主导地位，从而改变案主的无权和边缘状态，消除被标签化的各种负面评价和认识；通过实施有针对性的帮助，协助个体更加有效地解决自身面临的问题。由此言之，增能与激发贫困群众在扶贫过程中的主体性具有密切的契合性。

（二）增能视角下激发西部群众主体性的策略

在精准扶贫过程中，国家主导的反贫困战略通过对物质资本和基础设

---

① Marc A. Zimmerman, "Psychological Empowerment: Issues and Illustrations," *American Journal of Community Psychology* 23, no. 5 (1995): 581 - 599.

② 学者基弗(Kieffer)认为，参与在案主增能过程中有着重要影响。他指出：参与者的参与时间越长，他们越能了解；他们越了解，就越有动力继续行动；他们越是继续行动，就越能积极主动；他们越积极主动，他们的技能和参与效果就越能得到提高；他们越能感觉到自己的技能和参与效果得到提高，就越有可能继续下去。由此，通过案主的不断参与，增能在提高案主权能的同时，进一步提升案主的自我效能感，从而增强案主的自尊和自信。

施投资，在很大程度上缓解了贫困地区基础设施不完善等问题，为更高水平的扶贫开发奠定了基础。当前，在已有的反贫困成绩基础上，精准扶贫战略不仅要注重改善西部地区和西部群众在经济发展、生活条件等方面的现实困境，同时更需要聚焦于激发贫困社区和贫困群众的主体性，提高精准扶贫的质量，防止出现“越扶越贫”的恶性循环。鉴于此，下文将结合增能理论，从个体增能、团体增能和社区增能等角度探索贫困群众主体性的塑造策略。

1. 个体层面的增能

个体层面增能主要采取多种策略激发贫困群众的主体性意识，增强其改变自身处境的信心和能力。长期的贫困处境和恶劣的自然条件极大限制了贫困民众的主体性意识，导致贫困民众产生强烈的宿命感、自卑感及习得性无助感，使他们缺乏自我改变的意志和动力，自愿接受当前的贫困状态。从叙事角度而言，贫困处境及贫困群众对自身问题的阐释和认知，成为其生命中的主流叙事，这种叙事影响了民众对当下贫困生活状态的理解和认识。从心理动力视角而言，贫困的主流叙事压制了贫困民众构建其他叙事的可能性。受此影响，他们往往认为过去的生活状态是“贫穷”，未来的生活将是现在生活的继续，“贫穷”的事实将随时间轴不断延续下去。当下只是过去和未来之间的过渡，如果过去和未来的“贫穷”状态没有发生变化，那么当下也只是维持“贫穷”状态而已。改变贫困的主流叙事增强了“改变”的可能性，提供了激发贫困群众主体性的手段。当前，民族学、人类学中通行的口述历史的方法为构建新的可能性提供了方法与途径。[①] 调查发现，多数民族

① 尹新瑞、刘金玲：《社会工作介入民族地区精准扶贫治理的优势与方略》，《理论导刊》2020 年第 4 期。

村寨都有着悠久的历史文化积淀，在村寨历史上形成了各自的村落祖先传说[①]，有自己崇拜的“祖先”和“主神”[②]。通过口述历史的方式，贫困群众回忆起村落历史上的英雄事迹，这些传说中的英雄事迹为贫困群众提供了某种心理动力，能够协助其重新构建对过去生活的阐释。口述村史、个人生活史等方法能够增强个体对本民族、社区历史及个人生命历程的了解，提高西部群众的社区集体意识和对个人的自我肯定，培养西部群众的乐观主义精神，使他们相信参与精准扶贫和相应的技术培训等工作会产生具有建设性的成果。例如，在对云南省师宗县少数民族社区“绿寨”村的扶贫过程中，扶贫工作者通过叙事和口述历史的方式，帮助村民了解自身所具有的优势与资源，重建村庄集体记忆，提高贫困群众对村寨面临问题的认识，加强其对社区和自身所拥有资源的了解，提高贫困群众的自信心[③]；发动村民开展传统手工艺品的生产和销售，通过村民的广泛参与，提高民众的集体意识与合作精神。

个体增能的方式可以提高西部群众自我改变的内驱力。扶贫主体在对贫困群众的个体增能的过程中，要充分认识到“贫困”不是其固有的内部属性，而是外在的可以改变的事实，因而要摆脱对贫困群众的刻板印象和标签化认知。同时，应注意了解贫困群众蕴含的优势与能力，特别是他们在长期贫困处境中积累的生活经验和生产技术，这在本民族的减贫、发展和应对新

① 王晴锋：《村落社会的集体记忆与有机团结之耦合关系——以绥宁上堡侗寨为例》，《原生态民族文化学刊》2016 年第 4 期。

② 国家民委政策法规司：《少数民族宗教信仰与禁忌》，民族出版社，2007。

③ 武汉大学中国国际扶贫中心：《中国反贫困发展报告（2016）社会组织参与扶贫专题》，华中科技大学出版社，2016，第 64—76 页。

挑战中能够发挥积极和正面的作用。少数民族传统生态知识、农牧业知识技术及多元文化都具有深厚的智慧与合理性，它们是贫困群众摆脱贫困处境的潜在资源。因此，要在精准扶贫过程中因地制宜，精准发展特色产业。一方面，挖掘村寨社区原有的种植技术和生产经验，在此基础上通过对贫困群众有针对性的技术培训，大力发展特色种养产业；另一方面，针对民族文化的历时性、民族性、特需性、多样性①等特点，以市场为导向发展各类民族特色文化产品。在挖掘原有生产技能的基础上对民众进行技术培训，通过对个体进行知识和技术增能的方式，提高他们开发民族特色文化产品的能力。

2. 团体增能与服务对象主体性的建构

团体增能主要依托由处境相同并寻求互助的成员组成的团体，在这种团体中鼓励团体成员直接管理并主导团体内部事务，提升成员对自身面临问题和所处环境的反思与批判意识，在此基础上通过构建互助合作网络提升成员的社会资本及生存与发展能力。在民族贫困地区，贫困群众的生活环境、面临的问题及贫困原因等具有较强的同质性，因此引导贫困群众互助合作，构建社会支持网络，有助于贫困群众整体脱贫及提升他们的抗风险能力。同时，少数民族群众较强的家族意识和联系较为紧密的宗教信仰团体②，为贫困个体提升生存和发展能力提供了互助网络及社会资本，增强了贫困群众应对各种风险的能力。具体而言，在西部地区精准扶贫工作中，通过鼓励贫困群众互助合作形成脱贫自助小组，团体中相似的贫困处境和生

① 贾银忠：《中国少数民族文化产业发展概论》，民族出版社，2012，第77—79页。
② 齐德舜：《唃厮啰家族世系史》，民族出版社，2011。

活体验使他们有着共同的心理特征、话语结构和目标期待，这种同质性有助于团体成员之间进一步形成牢固的情感纽带和团结机制。概言之，团体赋权就是利用团体的整体协作和激励作用促进贫困群众互助、包容、互惠和发展。近年来，在西部地区扶贫工作中逐步形成了多种类型的互助组织，如妇女手工刺绣小组、妇女编织合作小组、留守妇女互助小组、残疾人互助小组等。通过外部资源协助和鼓励成员参与的方式，互助团体可以培养贫困群众的脱贫能力、互助意识，并通过充分发挥团体成员对团体达成目标、实施项目类型等的决策权来增强成员权能。团体互助小组不仅有助于缓解贫困群众的客体性贫困，而且能够提高贫困群众对个体生活和环境的掌控感及自信心，从而激发其主体性。同时，西部群众互助团体等组织形式将原子化的贫困个体组织起来，使其以团体的形式参与到扶贫工作中，有助于发挥西部群众在扶贫项目策划和实施过程中的决策权，在一定程度上避免了贫困群众利益处于无人代表的状态。

此外，西部地区精准扶贫工作也可借鉴国外成熟的团体扶贫形式。例如，印度扶贫工作中广泛存在妇女自助小组，该小组通过给予妇女小额贷款的方式为她们提供有效的经济支持，在此基础上提高妇女的收入并提供就业机会，使妇女成为扶贫工作的民主参与者、决策者和受益者，使她们作为有尊严的成员并充分理解自己的权利、角色、特权和责任，实现自己无法实现的目标，从而激发女性的主体性、群体意识、归属感和自信心。类似的经济增能妇女互助小组还包括安哥拉妇女节俭合作社（Women Thrift Cooperatives）、印度农村妇女儿童发展项目（Women and Children Development Program in Rural Areas）等。

3. 社区增能与激发西部群众主体性

以社区为中心的增能是社区民众通过获取与控制有价值的资源掌控自己生活的过程,在此过程中民众能够获得对社区资源的掌控权和分配权,并通过对社区项目的民主参与提高自身在项目运作过程中的话语权。精准扶贫工作通过社区增能的方式激发和调动贫困群众的积极性与主动性,在社区扶贫项目选择和实施的过程中应通过多种途径及渠道动员、鼓励贫困群众参与到扶贫项目、扶贫方案的选择、设计和实施过程中。具体而言,可以借鉴社区自主发展模式(Community-Driven Development, CDD),通过对社区及居民的赋权、增能,激发民众和社区的主体性,提高社区发展能力,促进社区整体脱贫。社区自主发展模式指的是通过社区增能方式,政府或者外界其他团体将资源控制权及决策权赋予社区成员及其组织。社区成员及组织与需求响应支持机构(Demand-responsive Support Organizations)(包括地方政府、私营部门、非政府组织和中央政府机构及服务提供商)建立伙伴关系,充分发挥社区成员的主动性、创造性,促进他们的自我组织、自我决策、自我管理和自我监督,在此基础上推动社区的整体协调发展。社区自主发展模式强调改变过去自上而下的发展理念①,主张采取以社区为基础的参与式发展方法,通过对贫穷社区及成员直接赋权的方式将决策地点从中央和地方政府机构转移到社区,促进参与的民主化,同时在项目运行过程中,通过对贫困民众的赋权、增能引导他们采取集体行动的方式建立明确的监

① Aniruddha Dasgupta and Victoria A. Beard, "Community Driven Development, Collective Action and Elite Capture in Indonesia," *Development & Change*, 38, no. 2 (2007): 229-249.

督和问责机制，防止增能过程虚化和精英捕获[①]问题。

从具体运行过程来看，社区自主发展模式强调将一般项目经费或其他各种资源直接赋予贫困社区成员及组织，使其成为全体居民的共有资产。在此过程中，村党支部委员会和村民委员会主要承担领导与监督责任，但不直接接触经费。同时，通过居民代表会议选出的决策、执行和监督等职能小组负责项目的运行。在扶贫项目选择和方案制订过程中，由居民提出备选项目，通过集体商议的方式对备选项目进行评议和选择。项目确定后，由执行小组负责按照项目方案，通过规范招标的形式进行具体的项目运行。[②] 在项目运行过程中，监督小组负责对决策和执行小组的工作进行监督。在社区自主发展模式框架下，政府在推动精准扶贫的过程中应充分信任社区居民的自我组织和自我发展能力，改变将贫困群众及其拥有的资源和优势标签化的倾向。将资源和决策权赋予社区成员，一方面可以改变精准扶贫项目不匹配、资源浪费等问题；另一方面，直接对贫困群众赋权可以提高群众对扶贫工作的积极性和主动性，在提高扶贫效率的同时降低扶贫的成本。总之，在西部地区的精准扶贫工作中应注重采取多元的扶贫策略激发贫困社区和群众的主体性，在设置扶贫方案和项目时应具备包容性的人文视角及文化视野，真正激发少数民族贫困社区、贫困群众的主体性，促进他们从被动脱贫向“我要减贫”“自我发展”转化。

---

① 精英捕获(elites capture)指的是为大众利益而转移的资源被少数几个群体(通常是政治和/或经济实力较强的群体)侵占，而牺牲了经济和/或政治影响力较小的群体的利益。

② 张小军、雷李洪：《乡村社区自主发展的中国经验——走向共同体的乡村自治》，《江苏社会科学》2018 年第 3 期。

第二章　凉山自发移民的社会网机制及服务型治理①

一、引言

（一）自发移民与易地扶贫搬迁

在我国的社会流动中，有一种较为特殊的人口流动现象，即相对落后地区的少数民族自发迁移到相对发达、呈空心化状态的汉族村庄，重新寻求更好的发展出路。在实现移民迁移后，少数民族便嵌入汉族民众的日常生活中，以混合居住的形式构建新的生活场域，呈现出民族互动的多种形态。易地扶贫搬迁是脱贫攻坚阶段我国贫困地区特别是基础生活条件极度落后的少数民族地区脱贫的重要措施。我国在 2000 年开始实施西部大开发战略，以加快西部（特别是少数民族贫困地区）的反贫困进程，促进区域之间均衡发展，其中一种重要的发展手段就是采取搬迁移民及异地安置的方式，将条件严酷、资源匮乏、环境恶劣地区的贫困人口迁移到资源相对富足的区域，

---

① 本章内容最初发表于《宜宾学院学报》2020 年第 4 期，收录于本书时在原文基础上进行了延伸和修改。

让扶贫开发与生态环境保护二者有机结合。2011年，国家出台了《中国农村扶贫开发纲要（2011—2020年）》，要求以民众自愿为主要原则，对生存条件恶劣地区的扶贫对象实行易地搬迁，从根本上改变贫困面貌。2018年，国家发展和改革委员会主任何立峰在中华人民共和国全国人民代表大会和中国人民政治协商会议期间指出，2001—2015年，国家共实施易地扶贫搬迁680多万人；在资金投入上，有关部门共筹资近6 000亿元、人均筹资约6万元，用于“一方水土养不起一方人”地区的易地扶贫搬迁工作。易地扶贫搬迁有效拓展了贫困群体的发展空间，改善了基础设施和公共服务，大幅提升了生产生活条件。但与此同时，易地扶贫搬迁也导致了不少问题的产生：移民恋乡情结严重，新环境适应过程较长；安置点配套设施建设跟进速度较慢，生活便利程度不足；搬迁后的许多帮扶措施还停留在给钱给物上，产业扶持手段单一；原生地和迁入地文化环境差异大，移民群体生活适应不足且社区服务缺乏；移民群体的培训未能系统跟进，自我发展能力欠缺等。① 在有些地区，政府主导推动的易地扶贫搬迁成本高昂、移民可持续发展困难，甚至有些移民在搬迁后又重新返回原住村庄。在此背景下，将政府“保姆式”搬迁扶贫变革为自发、主动的移民，从而实现自我脱贫，或许是一条值得鼓励的道路。当然，对于少数民族而言，自发向生产生活条件较好的地区迁移后，如何融入本地社会生活及其文化环境，如何与本地居民开展良性互动并拥有可持续发展机会，是非常值得研究的。本章以凉山深度贫困地区自发迁移到相对发达的汉族聚居农村的彝族为例，运用深度访谈和参与观察的方

① 党国英：《脱贫攻坚进程中易地扶贫搬迁研究的拓展与深化——评何得桂著〈山区避灾移民搬迁政策执行研究：陕南的表述〉》，《生态经济》2017年第1期。

法，探讨彝族自发移民的迁移机制及迁移后的服务型治理问题。

（二）人口流动与自发移民研究概述

据2010年有关数据测算，从民族地区外出打工、经商、求学的少数民族人口超过2 000万[①]；2016年，少数民族流动人口接近3 000万，大部分流向东部发达地区[②]。就少数民族人口迁移的原因和方式而言，当前的学术研究主要依托的是西方移民理论中的"推拉理论"和"理性经济人"假设。根据"推拉理论"，人口迁移与流动的原因是输出地推力和输入地拉力共同作用的结果。[③] "理性经济人"假设则认为，两地经济和收入的差别是影响中国少数民族人口持续流动的主要原因，作为"理性经济人"的个体将会选择前往经济拉力最大的区域谋求发展。[④] 相较而言，目前，国内深入探讨少数民族作为"理性经济人"进行迁移的学术成果仍然较少。盘小梅的研究指出，将前往东部地区的少数民族流动人员单纯视为在"推拉"作用力的影响下，在对输入地和输出地收入差异的经济考量下而做出流动决定的"理性经济人"的观点，难以解释少数民族人口流动的复杂性，经济因素作用的发挥是深刻嵌入不同民族独特的社会和文化制度中的。[⑤] 在此基础上，综合学者们的观点，我们可以总结出当前少数民族人口流动的几个

---

① 赖惠能：《少数民族如何从传统聚居区融入城市——专访全国政协常委、安徽省政协副主席夏涛》，《小康》2015年第4期。

② 方堃、李晓园：《少数民族流动人口跨域协同治理：逻辑与进路》，《江西师范大学学报（哲学社会科学版）》2016年第6期。

③ 傅义强：《当代西方国际移民理论述略》，《世界民族》2007年第3期。

④ 张丽、史毅：《西部少数民族的流动选择与收入回报研究》，《南方人口》2018年第3期。

⑤ 盘小梅：《关于少数民族人口流动模式多样性的思考——基于对彝族、回族、撒拉族和壮族的调查》，《黑龙江民族丛刊》2014年第3期。

类型。

第一,“猎身”型流动。以珠三角地区彝族务工者为代表,其主要路径是依靠亲属和熟人社会关系网络实现流动。由于务工者之间存在着亲属或同乡关系,而彝族务工者对这些关系的信任程度较高,其务工地点往往在同一地域。从亲属制度和社会组织形式来看,将彝族务工者群体凝聚起来的文化纽带和社会网络是仍然发挥着身份认同及道德约束作用的“家支”体系。[①] 从流动和迁徙的实践活动来看,将彝族务工者团结起来的则是“领工”(或“工头”)。“领工”将同一“家支”的彝族务工者从家乡带到珠三角地区的工厂中(受快速寻找高技术人才的“猎头”概念启发,这类现象被称为“猎身”[②]),并协助工厂管理被引荐过来的其他彝族务工者。“领工”现象蕴含了劳动经纪人的资本属性和市场特性(主要表现在“领工”将“富余”的彝族务工者介绍给用工企业,从中抽取一定报酬,并提供招募、输送、管理、服务和协调等全过程的服务),也体现出家支和亲属社会网络的感情因素和文化特性(主要表现在“领工”所能召集的务工者多为其亲属和朋友,并在必要的时候愿意为他们表达利益诉求)。传统的彝族亲属制度和社会关系网络中蕴含了大量文化亲和及感情慰藉的资源,彝族务工者通常愿意跟随“领工”外出务工,甚至愿意从政府组织的劳务输出项目中转投“领工”的组织网络。

第二,“家户”型流动。以青海海东回族及撒拉族为代表,他们的外出经

---

① 李红娟、谢永飞:《流动人口研究十年:热点、趋势及前沿》,《人口与社会》2018 年第 4 期。

② 项飙:《全球“猎身”:世界信息产业和印度的技术劳工》,王迪译,北京大学出版社,2012,第 7 页。

商和务工人员在传统经商文化基础上，以“家户”为流动和成本核算单位，创造并发展了“拉面经济”。其从事拉面经营的生意模式，基于少数民族对亲属关系的深刻领会，展现出人口流动和迁移过程中的“亲帮亲”“邻帮邻”“户帮户”等行为。从中亦可看出，虽然同样强调亲属关系和熟人社会网络在外出务工过程中的重要性，但相对“家支”或“领工”在西南彝族务工者群体中所起到的中心和纽带作用而言，亲属关系和熟人社会网络在海东两县回族、撒拉族人口流动和生产经营中所起的作用是截然不同的。[①] 具体来说，回族、撒拉族以“家户”为基本组织单位，在城市中经营拉面生意并逐渐扩散。“家户”的成员主要为夫妻及其子女和亲属，关系极为亲密，类似于家庭成员的同乡均可视为“家庭成员”，他们在经营中分别承担不同工种。

第三，“涌动型”迁移。以广西德保壮族为代表，他们在流动和迁移过程中表现出了更为强烈的外出务工愿望，被称为城镇化进程中的“涌动者”。[②] 在壮族民众的历史和日常生活中，他们与汉族交往较多，生活习惯的差别不大，少数民族意识并不浓厚。除了在本村中讲壮语，他们在外务工中均可用汉语交流。除部分年龄较大的壮族女性还保留土布或壮锦等少数民族服装以外，其他人在服饰上已经和汉族差不多，这里的少数民族的劳动力流动，与普通的汉族相比基本没有什么差异。

除此以外，学者们还探讨了另一种特殊的少数民族迁移问题，即以摆脱贫困为目的的自发移民。在有关“少数民族自发移民”的界定中，学术界通

① 马伟华：《社会支持网构建：少数民族流动人口城市融入的实现路径分析》，《西南民族大学学报(人文社会科学版)》2018 年第 2 期。

② 段成荣、程梦瑶、冯乐安：《新时代人口发展战略研究：人口迁移流动议题前瞻》，《宁夏社会科学》2018 年第 2 期。

常强调以下几个特征：没有列入政府移民搬迁计划、不能享受到相关移民的政策待遇[①]，由少数民族在无组织下主动、自发实施[②]，能够在流入地获得更高质量的生活但是未获得本地户籍[③]。少数民族自发移民的原因主要有以下几点：迁出地通常气候寒凉，山高坡陡，土地贫瘠，生存条件恶劣[④]；自由迁徙的阻力小，迁入地的发展条件相对优越，教育、医疗等社会服务完善，前期自发移民有示范效应[⑤]等。实现自发移民后，少数民族通常面临如下问题：落户困难、适应不良引发二次搬迁，过度依赖少数民族身份寻求自治[⑥]等。而在治理对策方面，学者们指出：要强化政府、社会组织和自发移民三方的共同治理关系[⑦]；要引导自发移民合理有序流动，加大对自发移民法治、计划生育等方面的教育，加大移民地区土地流转的法治化管理[⑧]；解决自发移民的生产、生活等基础问题，促进与本地人的社会融合[⑨]；利用少数民族的

① 刘绍吉：《滇东少数民族地区自发移民搬迁扶贫问题研究》，《时代金融》2009 第1X 期。

② 陆海发、白利友：《边疆少数民族自发移民的边缘化处境及其成因分析——基于对云南 K 县的调查》，《北方民族大学学报(哲学社会科学版)》2012 第 3 期。

③ 范建荣、姜羽、赵翊：《解决宁夏自发移民问题的政策建议》，《宁夏社会科学》2011 第2 期。

④ 刘绍吉：《滇东少数民族地区自发移民搬迁扶贫问题研究》，《时代金融》2009 第1X 期。

⑤ 刘蜀川：《自发移民问题研究——以四川省凉山彝族自治州为例》，《西南民族大学学报(人文社科版)》2017 年第 6 期。

⑥ 范建荣、姜羽、赵翊：《解决宁夏自发移民问题的政策建议》，《宁夏社会科学》2011 年第 2 期。

⑦ 陆海发：《多元主体参与治理少数民族自发移民问题研究——以云南 K 县为例》，《云南行政学院学报》2013 年第 2 期。

⑧ 范建荣、姜羽、赵翊：《解决宁夏自发移民问题的政策建议》，《宁夏社会科学》2011 年第 2 期。

⑨ 乔召旗、张体伟：《民族地区自发移民对新农村建设的认识研究——基于云南移民聚集区的实证分析》，《贵州民族研究》2009 年第 2 期。

宗教信仰和民间组织开展自发移民的自我管理[①]；合理利用迁出者的土地，并给予生态补偿，以此换取迁入地政府在户籍、土地等方面的支持[②]。在看待少数民族自发移民的态度取向上，学者们的观点基本一致，认为这是少数民族自己用脚走出来的脱贫之路[③]，发扬了“自己的问题自己解决”的精神，为政府主导的扶贫搬迁节约了大量成本[④]，“是易地扶贫搬迁的最好形式”[⑤]。相对于政府组织的易地扶贫搬迁而言，少数民族自发式搬迁的投入少、机动灵活、自主性强，因而搬迁的成功率比较高。但是由于迁入地安置移民的资源有限，迁入移民面临户籍、土地、劳动保障、医疗等社会问题，给人口迁移和扶贫工作造成了一定的障碍。

我国的少数民族的跨区域流动，是各民族为改善自身发展条件和经济境遇而做出的“理性选择”，是“经济驱动型”的流动。所以，流入地在何种程度上满足流动少数民族的发展利益，在何种程度上降低他们对未来不确定性的预期，以及增强其抵御未来不确定性风险的能力，总体上决定了迁移民族在跨区域大流动中能否快速适应当地生活，也决定了流动少数民族能否可持续地发展。开展对民族互动的形成机制和混居村庄治理问题的深入研

① 杨永芳、陈之曦：《民族地区自发移民聚居区的社会治理结构——以宁夏银川市兴泾镇涝池村为例》，《宁夏社会科学》2017 年第 2 期。

② 白金燕、张体伟：《西部民族地区自发移民搬迁利弊与发展探索：以云南为例》，《云南财经大学学报(社会科学版)》2010 年第 5 期。

③ 刘蜀川：《自发移民问题研究——以四川省凉山彝族自治州为例》，《西南民族大学学报(人文社科版)》2017 年第 6 期。

④ 耿静：《迁移、社会网络和知识体系建构——四川茂县蓝店坡村震后羌族自发移民的适应性研究》，《西南民族大学学报(人文社科版)》2012 年第 11 期。

⑤ 赵俊臣：《易地搬迁开发扶贫：中国云南省的案例分析与研究》，人民出版社，2005，第 102 页。

究,对当前少数民族自发迁移到汉族社区后形成的族群的和谐相处,在理论和实践层面都有一定的促进作用。

(三)研究方法及田野点介绍

本研究采用质性的研究范式,即“以行动者本人作为研究工具,在自然情境下采用多种资料收集方法对社会现象进行整体性探究,使用归纳法形成资料和理论,通过与研究对象互动对其行为和意义建构获得解释性理解的一种活动”,“在质的研究中,重要的不是‘透过现象看本质’,而是针对现象本身再现现象本身的‘质’”①。具体来说,本研究运用社区研究中的民族学、类型学、结构功能分析与发展学视角,对自发从凉山贫困地区移民到汉族地区的宝乡,以及试图寻求更好的生产生活条件、脱离贫困的彝族进行观察和开展访谈,探讨其移民的过程及移民后的服务需求问题。

宝乡位于四川省 R 县。从地理位置和交通状况来看,宝乡北距成都 82 千米,距 R 县城仅 2 千米,南距乐山 100 千米。省道 106 线(国道 351 线)横贯全乡,成赤高速宝马段(5.683 千米)、遂资眉高速路宝马段(8.05 千米)均已建成通车;宝乡拥有村道 150 余千米,村庄道路成网络,已达到“村村通”“社社通”,交通非常便利。从人口状况来看,宝乡面积为 55.9 平方千米,辖 12 个行政村,86 个社组,2015 年全乡有 1.09 万户、3.08 万人,非农业人口有 2 965 人,仅占 9.6%,农业人口仍然是宝乡的主要构成部分,男女性别比为 108.6∶100;18 周岁以下人口占比为 17.3%,60 岁以上人口占比为 21.8%,老龄化程度很高,2011—2015 年的 5 年间,60 岁以上老年人口占比提高了 2

① 陈向明:《质的研究方法与社会科学研究》,教育科学出版社,2000,第 12—13 页。

个百分点,本地青壮年劳动力不足现象非常明显。经过多次改革调整后,宝乡形成了当前的经济社会发展格局。从农村经济来看,农民人均纯收入从 2011 年的 6 433 元、2012 年的 7 655 元、2013 年的 8 811 元、2014 年的 9 730 元发展到 2015 年的 11 525 元,年均增长 15.8%,2015 年的农村居民人均纯收入比全国同期的 10 772 元①超出 753 元,超出比例为 7.0%,在全国农村中属于经济发展程度中等偏上的水平,且近年增长迅速。宝乡内部统计数据显示,2017 年和 2018 年农民人均纯收入分别为 14 533 元和 15 786 元,均超出同期全国平均水平 8 个百分点。

总体来看,因毗邻县城和成都市,宝乡在当前的城乡一体化发展中受益良多,但也存在一定的问题。一是就近务工机会多,使得当地农民人均纯收入较高,农村较为富裕;二是搬迁进城机会多,使得城镇化进程较快,但同时导致农村土地、房屋闲置现象较为普遍;三是老龄化现象较严重,农业劳动力不足。这些现象既证明了宝乡在西部属于发展程度较高的农村地区,也展现出了土地和房屋闲置、人口流失较快、农村发展空心化的局面。宝乡的发展状况从吸引力和资源储备两个方面,为凉山彝族的自发迁入提供了重要基础。

二、凉山自发移民的社会网机制

(一) 宝乡汉族的人口迁出及村庄空心化

从 21 世纪初开始,宝乡就有较大规模的汉族人口迁出现象,这与周边地

① 中华人民共和国国家统计局:《2015 年国民经济和社会发展统计公报》,2016 年 2 月 29 日。

区经济发展迅速及其对劳动力的吸附能力提升紧密相关。自 2003 年开始，成都市立足于大城市带动农村整体发展的思路，全面启动了统筹城乡发展改革，为农村剩余劳动力转移到城市并扎根于城市，进而实现整家迁入城市生活、加快城镇化发展奠定了基础。2007 年，国务院批准成都市设立全国统筹城乡综合配套改革试验区，进一步坚定了成都市城乡一体化发展的思路。在这个大背景下，成都市于 2010 年设置天府新区，意图在更大程度上发挥成都作为西部特大中心城市的竞争力，拓展成都周边地区的产业发展空间，实现区域整体发展。

在开展宝乡人口迁移信息访谈时，在本地工作近 20 年的宝乡干部 MH 告知：

我们乡的劳动力外出务工从 20 世纪 80 年代就有了，那时候主要是青壮年外出务工，从事建筑行业、制造业的最多，主要是去沿海，可能每家每户都有。到 2000 年左右，外出打工的人员类型出现了变化，那就是以夫妻两人一起外出打工的居多，儿童和老人普遍留在村里。最近五六年，很多在外打工多年的人赚了钱就在县城或成都买房子，把孩子、老人都接出去了，青年人在外面工作挣钱，老人过去带孩子，孩子在当地读书，这种情况比较普遍。以前外出务工的人很多都去了长三角、珠三角，现在就近务工的很多，在县城、成都市的比较多。一是离家比较近，时不时可以回来；二是生活习惯相似，人情关系也都在这边。外出务工人员从事的行业也变多了，除建筑、制造业外，还有很多人自己开店做买卖，或者从事服务行业。现在宝乡大概有 3 万多人，人户分离的情况超过 40%，农村空心化的现象很明显；许多村子平时看不到什么人，特别是年轻人很少，只有过年的时候大家都回来了才比较热闹。

（个案编号：Z20170827MH47①）

改革开放以来，受益于资源积累及政策放开，我国城市经济发展动能得到了快速释放，取得了惊人的增长速度，这背后是对大量廉价农村劳动力的吸纳。伴随着经济政策的调整，农村劳动力转移也经历了若干发展阶段：1979—1983年是控制流动阶段，1984—1988年是允许流动阶段，1989—1991年是控制盲目流动阶段，1992—2000年是规范流动阶段，2000年以后进入公平流动阶段。② 个案访谈资料显示，宝乡农民外出打工自改革开放后开始，大致属于“允许流动”和“控制盲目流动”两个阶段，初期的特征为劳动力个体外出“谋生”式打工；在2000年左右的“公平流动”阶段，夫妻共同外出打工现象增多，呈现小家庭团体“谋发展”式特征。近年来，成都作为区域中心城市发展迅速，经济辐射能力、资源吸附能力显著增强，使得宝乡外出打工出现了明显向本地回流的现象，主要表现是打工者拿出多年的积蓄在附近城镇购房，并寻求本地化发展，呈现出“谋安定”式特征。从以上三个阶段的发展来看，宝乡人口的迁出遵循了渐进式的梯度转移规律：从劳动力个体迁出（通常为男性）、小家庭迁出（通常为夫妻）到家庭整体迁出（包括两代人甚至三代人）。这种转移方式使得迁出的人口及其家庭对农村本土资源的依赖程度逐步降低，对城市生活的适应程度逐步增强，当

① 本章访谈个案的编码规则：按照个案性质、访谈时间、个案姓名的字母简称、访谈序号进行编码。其中，个案性质包括：Z为政府人员，S为村干部，CH为本地居民，CY为迁入的彝族；访谈时间为年、月、日的数字；个案姓名的字母简称用姓名的大写首字母表示；个案访谈序号按照时间排列。对一个对象开展了多次访谈的现象，以最后一次访谈时间为编码时间。

② 国务院研究室课题组：《中国农民工调研报告》，中国言实出版社，2006，第22页。

其在附近的县城或中心城市获得生存空间时，其留存在农村的土地、房屋对其实际价值就不大了。另外，40%以上的人户分离说明宝乡人口迁出的数量较为庞大。

综合分析发现，周边工业化、城镇化发展背景下本地农村人口大量外流是造成宝乡空心化的根本原因，其过程包括劳动力人口的空心化和农村人口的空心化两个阶段。当然，劳动力流失是根源性的原因。从表面看，空心化之后农村出现人口减少、土地闲置、集体经济衰落的现象，但是从深层次来看，农村人口减少后，村庄治理体系和治理能力都呈弱化、散乱的状态，甚至农村基层权力淡漠的现象也较为普遍，这为宝乡本地的村庄治理制造了难题，但在一定程度上减少了彝族迁入本地生活的各种阻碍因素。①

（二）凉山自发移民的迁入及发展历程

在成都作为中心城市的吸附力和辐射力加大、宝乡经济社会发展取得逐年进步、本地农村人口外流的大背景下，宝乡出现了村庄空心化、土地和房屋闲置等现象，为外来人口的自发迁入提供了基础资源。而且，在青壮年人口外流的条件下，本地村民对村庄事务的关注程度和治理能力均呈弱化态势，特别是对农村基层权力淡漠的现象较为明显，但在一定程度上降低了外来人口自发迁入可能会面临的管控压力。于是，自21世纪初，陆续有凉山彝族自发移民到了宝乡，在本地长期生活。事实上，这种现象不仅出现在宝乡，R县的其他乡镇、成都周边的其他城市都不同程度接纳了外迁进来的少数民族人口。只不过，宝乡因毗邻县城（打零工的机会多）、空心化程度高

---

① 张伟：《农村空心化、代际断裂与农地制度创新——基于S县G镇农地制度创新实践的考察》，《云南农业大学学报（社会科学版）》2022年第1期。

(闲置的土地房屋多),外地少数民族的自发移民现象相对更为突出。

研究者在对宝乡的村干部入户访谈时发现,没有人能够记得第一户彝族家庭是什么时候搬迁进来的,只知道大约在2000年前后。事实上,当地政府部门和村民委员会也没有对外迁进来的彝族人口进行过历年统计,所以缺乏这方面的连续性数据。宝乡村干部HJG介绍彝族的迁入过程时说:

我们这边的彝族家庭大概是2000年前后来的。一开始我们队只有一两户彝族家庭,是我们这边的年轻人在外打工,娶了一个彝族女人,彝族女人嫁进来后,介绍了自己家的亲人到这边打工。也有彝族人到乡上的铁厂打工,租了这边房子后搬过来的。到了2003年、2004年后,他们一家介绍好几家,这好几家又介绍好几家。最多的时候是2008年左右,光我们队可能就有十多户,我们也没有仔细统计过,上级也没有让我们统计。主要是因为以前出去打工的,慢慢也把娃儿带出去读书了,房子、田地,越空越多,所以彝族人也比较方便找到可以租的房子。只不过近些年彝族人少了一些。现在我们队总共也只有200多人,常年在家的,只有30多个年纪大一些的老人,娃儿都少了,彝族有3户16口人。这些年新搬进来的也少了。当然也有一些买了本地人的房子,就算是安家了,只是户口迁不过来。

(个案编号:S20160312HJG29)

通过对宝乡各村的走访调查,以请当地老人和村干部根据记忆开展历年回顾的方式,本研究大致整理出了彝族人口自发移民到宝乡的人口发展历程,结合本地常住人口的逐村统计、累加,得出了历年彝族人口自发移民与宝乡本地常住居民数据对比图(见图2-1)。

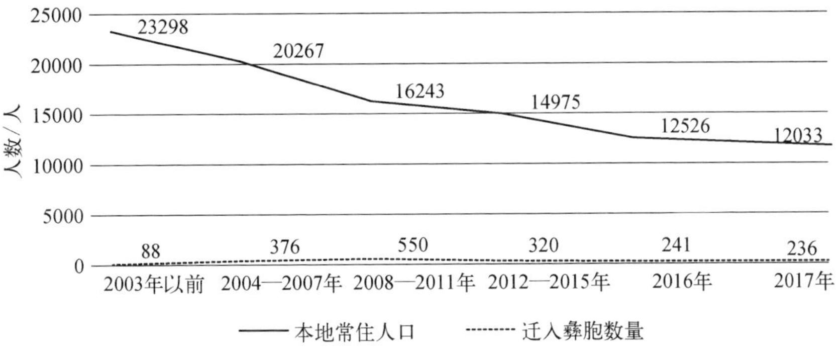

图 2-1 历年迁入彝族与宝乡本地常住居民数据对比图①

结合图中的估算数据和访谈得知，凉山彝族自发移民到宝乡大致经历了四个阶段。第一阶段是 2003 年及以前，为彝族少量的自发迁入阶段。迁入的触发因素包括彝族在外打工时与宝乡汉族人结婚后的亲属迁入，以及彝族在本地务工形成熟悉关系后的家庭迁入。本阶段迁入的彝族人数较少，仅 88 人，占本地常住居民的 0.4%。第二阶段是 2004—2011 年，为彝族自发迁入的上升阶段。迁入的方式基本是彝族内部的相互介绍，来源地基本是凉山州的各贫困区县，迁入的人口从之前的 88 人增加到 376 人，到顶峰时期的 550 人，占本地常住居民的比例分别为 1.9%和 3.4%。第三阶段是

① 本图数据的形成过程异常艰难，为研究者对各村探访时，请当地老人和村干部回忆而得，并非政府部门统计数据。因记忆偏差的可能性较大，故而数据不一定准确。本研究试图对比分析本地汉族人口和迁入的彝族人口在数量上的关系，所以更为关注长期、固定生活在本地的人口。故而，“本地常住人口”并非社会统计学意义上的“外出务工人员虽然在外居住时间在 6 个月以上，但因其收入主要带回家中，经济与本户连为一体，仍视为家庭常住人口”。图中的“常住人口”不包括长期在外务工的宝乡农民，而是仅计算了没有外出务工、具有本地户籍的农村人口，也不包括迁入的彝族人口和在本地务工的外地汉族人口。所以，因对比研究的需要，此处的“常住人口”不同于地方统计部门的界定，故而也没有官方数据，是从各村庄收集而来。事实上，在缺乏官方统计数据的情况下，除了对各村进行口述史的量化回顾以外，别无他法。特别需要说明的是，2016 年以前的数据是按照阶段进行统计的，主要是因为访谈对象无法回忆出过于久远的具体数据，近两年的数据则是按年度统计。

2012—2015年，为彝族自发迁入的下滑阶段。本阶段迁入彝族人口的存量呈下降趋势，从550人下降到320人，占本地常住居民的比例下降到2.1%。主要原因是迁入的部分彝族家庭在本地生活过程中，无法适应本地生活，难以找到持续发展所必需的房屋和土地，故而再次迁移到了其他地方（或者回流）。第四阶段是2016年以来，为彝族自发迁入的稳定化阶段。迁入彝族人口的存量保持在240人左右，占本地常住居民的比例保持在1.9%左右，留下来继续生活的彝族家庭主要是能够顺利适应当地生活，能够租得到房子和土地（或者已经购买了本地的房子）的家庭。

从以上阶段划分①可以发现三点规律。第一，婚姻关系的建立和劳动关系的持续化存在是彝族自发迁入宝乡的两个重要引致因素。第二，亲属、朋友等社会关系网络是彝族持续自发移民的重要影响因素。第三，作为拥有不同文化习俗和价值观念的彝族，其自发迁入宝乡后的生存和发展在一定程度上受其对当地生活适应能力的影响。

（三）凉山自发移民迁移中的社会网运行机制

1. 整体社会结构网络的推拉作用

如果将整体的社会结构看作一个网络，那么网络中自然有着资源分布的差异。从社会流动的角度来看，资源贫乏地区人口向资源富足地区迁移，是有着自身的推拉逻辑的。"推拉理论"认为，人口迁移与流动的根本原因

① 需要说明的是，这种阶段划分也不是完全准确、科学的，因为其所依赖的数据为访谈对象通过回忆、整理而得，这种数据本身就不是非常准确的。在没有官方统计数据时，试图完整还原彝族人口迁入宝乡的人口变动过程是非常难的。当然，研究者为了印证阶段划分的真实性，特地将所划分的阶段分享给本地政府人员、村干部和村民，得到的反馈是"和印象差不多""比较准确""基本是这样"。所以，社会科学很多时候并非在描述"事实"（特别是在历史发展和变动中的事实），而是尽量去接近事实。

是社会结构中资源差异所形成的推力和拉力一致向外的同向力量，是输出地推力和输入地拉力协同作用的结果，力量共同指向了输入地。通常来说，输出地推力包括自然灾害、资源不足、经济困难等因素，输入地拉力主要来源于相对优厚的经济吸引力。[①] 为了解宝乡彝族的主要来源地四川凉山州的经济社会发展状况，研究者赴凉山州开展了实地调查。

自改革开放以来，随着城镇劳动力需求的增大、人口流动政策的放宽，部分凉山的高山地区彝族群众陆续开始自发向周边城镇、相对发达地区永久性搬迁。这种自发移民的方式，走出了一条低成本、高稳定性、可持续发展的“自主性易地脱贫”的新道路。当地乡镇和村干部普遍反映，自发移民所在地通常为高山、高寒地区，交通不便、自然环境恶劣、土地产出不足、地方经济发展落后、教育医疗等基础设施缺乏、村民群众生活水平低下，在这种条件下，凉山自发移民通常利用各自资源，向经济相对发达地区完成迁移，而且这种迁移往往以户为单位。[②] 2015 年，凉山州委党校的摸底数据显示，自发移民多来自高山地区彝族，西昌市辖各乡镇的自发移民总数已逾 15 万人(同地区户籍人口约 66 万人)，丘陵、平坝、河谷地区是自发移民的主要流向地，金沙江、安宁河、黑水河沿岸，以及京昆高速、307 省道、成昆铁路等交通干道沿线，各县市的中心镇周围，均分布了大量从高山高寒地区迁来的自发移民。在喜德县高寒山区 170 个村寨中，有 9 个行政村已基本没有居民居住，搬离人口占 90%以上的村达 19 个。西昌南面的普格

① 傅义强：《当代西方国际移民理论述略》，《世界民族》2007 年第 3 期。
② 姚文兰：《少数民族深度贫困地区可持续脱贫探析——以凉山彝区易地扶贫搬迁为例》，《西昌学院学报(社会科学版)》2019 年第 4 期。

县高寒山区村民的搬迁情况与喜德县大体类似。①

实地调查发现,以彝族为主体的自发移民迁入到自然和经济社会条件相对较好的地区后,往往以租赁或"买断"的形式私下从当地农民那里获得土地并开展农业生产,这种方式在一定程度上缓解了迁入地优质土地抛荒、农业劳动力短缺等问题,活跃了迁入地的经济氛围,使公共资源得到了较为充分的利用。② 对于迁出地而言,自发移民的搬迁激活了迁出地大量闲置、半闲置的劳动力,创造了更多的社会财富;同时,人口的迁出缓解了迁出地原本存在的人地矛盾,在一定程度上改善了本地的生态环境,使畜牧业、林业具备了规模化发展的基本条件。

随着改革开放后市场经济体制的建立,劳动力从贫困地区的农村向城镇和相对发达的农村流动的渠道更为多样,政策限制更宽松,极大地方便了凉山彝族自发移民。高山、高寒地区落后的自然条件和生活条件,为彝族人口自发向资源更密集的周边平坝、河谷地区移民,甚至跨市(州)、跨省流动,提供了向外的推力。同时,随着通信发达、对外接触和交流机会的增加,凉山彝族对外界生活的了解程度加深,相对发达地区更丰富的就业机会、医疗卫生条件、教育资源、交通条件、基础设施对其吸引力加大。正如刘蜀川在研究凉山彝族自发移民时所指出的,生活条件恶劣地区的彝族群众意识到

① 该系列数据为内部资料,来自凉山州委党校课题组 2016 年 5 月至 6 月在凉山州的西昌、普格、喜德等市县的调查。

② 阿呷尔金:《凉山彝族自发移民反贫困效应研究》,《西昌学院学报(社会科学版)》2020 年第 1 期。

发展条件的巨大差异、发展机会的不均衡,移民搬迁的意愿非常强烈。[①] 所以,宏观社会网络结构中内外发展条件差异的认知和识别,使凉山彝族面临着自内向外的推力和自外向内的拉力,在政府组织的易地扶贫搬迁政策尚未覆盖到此的时候,做出了自发迁移的选择。

2. 彝族自发移民过程中微观社会网的关键作用

自2000年以后,彝族迁入宝乡的人数经历了逐渐增长的过程,特别是2004年至2011年,增长速度较快。正如前文所述,彝族早期迁入的主要引致因素是婚姻迁入(通过共同在外务工,结识宝乡的汉族人并与之结婚后,到宝乡本地安家)和职业迁入(在宝乡本地从事体力劳动多年,积累了一定社会关系后将家庭成员随迁过来)。那么,这些早期移民与后来迁入的彝族人口有什么关系?彝族迁入人口快速增长的主要因素是什么?研究者在对多位彝族同胞开展跟踪式访谈后发现,社会网在彝族迁入过程中起到了关键作用。

我们老家在喜德山区,我和弟弟一直在外面打工,认识了一个宝乡本地的汉族朋友,他说宝乡这边有彝族搬迁过来生活,我们很感兴趣。我们老家那边属于高山地区,就靠土地和打工,地也种不出什么来,打工也只能干些苦力活,都挣不到多少钱。通过这个汉族朋友提供的信息,我们2007年在宝乡经过很长时间的寻找,终于找到了一个房子,把全家都搬出来了。搬出来的时候我们四块(口)人,父母和我们两兄弟,后来我在这边娶了一个雷波搬来的彝族女子,现在生了三个孩子,总共有七口人了。我们搬出来以后,老

① 刘蜀川:《自发移民问题研究——以四川省凉山彝族自治州为例》,《西南民族大学学报(人文社科版)》2017年第6期。

家的房子空着，土地也没有种了，也不值钱。回乡的时候，老家的人看我们过得还不错，也想搬出来，那边条件太苦了，娃儿读书要走两三个小时，交通不方便。后来，我们在2008年帮四姨家找了一个房子，他们就搬了出来；2009年帮二姑家和以前村里邻居各找了一个房子，他们也都搬出来了。现在要我们帮忙介绍的也还有，只是少了一些，村子里的人大都搬出来了，其实主要是能够找到房子，要不然不好落脚。

（个案编号：CY20150719MKR06）

研究者对MKR提到的搬迁过来的三家人进行了滚雪球式的走访，发现如下：MKR四姨一家（6口人）2008年搬到宝乡，该家庭的男主人又分别给自己远在老家的亲人找到了房子，帮助其搬到宝乡，分别是2009年帮哥哥家（6口人）和弟弟家（6口人）实现搬迁，2010年帮妹妹家（7口人）实现搬迁；MKR的二姑家（8口人）2009年搬到宝乡，后又于2011年帮侄子家（7口人）在宝乡找到房子并搬迁过来，2012年帮老家的邻居（8口人）搬了过来；MKR的邻居家（6口人）自2009年搬来后，又介绍了四家人实现搬迁，分别是其姐夫家（2011年，8口人）、妹夫家（2012年，8口人）、堂叔家（2013年，10口人）和朋友家（2013年，7口人）。详见图2-2。

正如宝乡XG村干部HJG所说，“一家介绍好几家，这好几家又介绍好几家”，这种亲友的相互介绍是凉山彝族迁入宝乡的最主要途径。整个社会可以被看作一个由个体、群体或组织之间相互交错或平行发展所形成的大系统，这个大系统便是社会网。[①] 从个体角度来看，整个社会经过细分后最

① 林南：《社会资本——关于社会结构与行动的理论》，张磊译，上海人民出版社，2005，第21—23页。

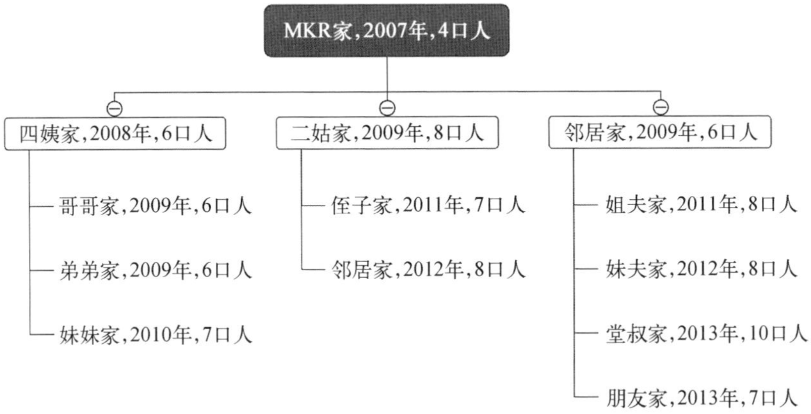

图 2-2 彝族迁入过程中的社会网运行案例分析示意图

终可以化约为相互联系的个体,个体是自身社会网的中心,社会网中的每个成员均为相互关联的节点,这些节点以地缘、血缘、亲缘和业缘等关系为基础,共同构成了网络中心点采取社会行动的“资本”。所以,社会网分析通常强调社会资本和社会关系这两个概念,而对这两个问题的分析有利于进一步了解社会个体的行动及其参与社会变迁的过程。①

从访谈信息与图 2-2 中可以看出,MKR 通过在外打工结识了宝乡的一位“汉族朋友”(这个人即成为 MKR 社会网中的一个节点),通过他的介绍,顺利在宝乡找到落脚点并实现了家庭的迁移。这种基于业缘关系拓展开来的社会网,蕴含了与其自身原有网络成员相异的资源(外界的信息),增强了网络的异质性。在社会网研究中,网络成员的社会联结强度可以分为“强联结”和“弱联结”两种,其区分的主要依据是网络成员之间交情的久暂、

① 彼得·M. 布劳:《社会生活中的交换与权力》,李国武译,商务印书馆,2008,第 72 页。

亲密的程度和互动的频率。① 交情越久、越亲密、互动越频繁，联结的强度越高，提供支持的可能性越大，投入支持的意愿越强，这通常存在于血缘关系和亲缘关系网络成员之间，即“强联结”；反之，存在于业缘关系和地缘关系网络成员之间的联结通常为“弱联结”。② 格兰诺维特（Granovetter）在社会网研究中，曾提出“弱联结优势”的理论，指出“弱联结”在信息传播方面比“强联结”更有价值，两个社会网络团体之间的信息通路可以被看作“桥”，这种桥往往是“弱联结”所构成的，因为社会网络团体内部的信息通常较为类似，而不同团体之间需要互通信息时，往往是因为两个社会网络团体中有部分成员建立起了链接关系，使得两个网络联系在了一起。③ MKR 的“汉族朋友”与其本不属于同一社会网络团体，两人建立了联结，搭建了两个社会网之间的“桥”，使彝族人民获得了其他民族群体成员所知的“信息”，在付诸行动后实现了搬迁。由此可见，“弱联结”是早期的彝族迁入宝乡的关键因素。进一步来看，这种“弱联结”发挥作用的根源是，彝族拓展了自身社会网的范围，使得网络成员的异质性增强，获取的信息才可能更多样。所以，网络异质性蕴含的资源具有更多的可能性，提高社会网资本存量的重要方法是扩大网络异质性。④

---

① 马克·格兰诺维特：《镶嵌：社会网与经济行动》，罗家德译，社会科学文献出版社，2007，第 14 页。

② 这种区分并不是绝对的，有时候关系不好的亲属之间的联结强度也可能比较弱，反倒是极为亲密的好友之间的联结强度很高，可以视为“强联结”，其区分依据主要在于网络成员为网络中心成员提供帮助、支持的意愿。

③ Mark S. Granovetter, "The Strength of Weak Ties," *American Journal of Sociology* 78, no. 6 (1973): 1360 - 1380.

④ 陈典、郑晓冬、上官霜月等：《社会网络对流动人口社会融入的影响——基于中国劳动力动态调查的实证分析》，《南方人口》2021 年第 6 期。

MKR一家迁入宝乡后，其先后帮助亲属和邻居等三户人（共计20人）实现了搬迁，这三户人家又分别帮助三户、两户、四户人（共计67人）迁入宝乡①，这个过程就如同种下的树木，逐渐生长、分叉，在形式上就像一张网。可以看到，后续迁入的人员基本都是家支成员、亲属、邻居，这些在社会网中可以归入“强联结”的范畴。威尔森（Wilson）研究指出，在国内移民和跨国移民中，移民过程的实现，往往是通过亲属网络予以“策划和安排”的，关系强度高的（强联结），可以为后续移民提供或介绍“住所、工作机会、贷款等资源，以帮助（他们）迁入后能够适应当地生活，以及寻找更多的发展机会”②。由此可见，在MKR之后的12户、87人，迁入宝乡的社会网运行机制与MKR不同，发挥关键作用的是基于血缘、亲缘等关系所形成的“强联结”，是先迁者对后迁者在道义上提供帮助和支持的具体体现。

总之，从以上分析可以得出如下结论：社会网中的“弱联结”在早期的彝族迁入宝乡过程中发挥了关键作用，而在后续迁入过程中，“强联结”则起到了重要作用。当然，彝族的迁移涉及的问题较为复杂，影响因素也很多元，除社会网之外的因素也大量存在。本研究仅从社会网的理论视角分析该问题，其他的影响因素待以后进一步研究。

三、凉山自发移民的服务型治理

服务型治理是指利用政府和各类社会资源，向特殊群体、困难群体及其

① 如果继续采取滚雪球的方式，对后续家庭开展迁入过程的跟踪调查，可能会发现这个相互介绍、帮忙寻找落脚点的方式仍然会延续下去。

② 塔玛·戴安娜·威尔森：《弱关系，强关系：墨西哥移民中的网络原则》，赵延东译，《思想战线》2005年第1期。

他有需要的人群提供服务，通过沟通、互动、协商等多种方法，以缓解或解决他们所面临困境的社会治理行动。① 研究者在对宝乡全域范围的走访中可以清晰地感受到，当前的农村存在基层组织有所弱化的现象，存在体系不健全、机制不灵活、方法老旧、人才缺失等具体问题，缺乏服务型治理的理念和措施。在治理机制上，制度层面还存在一些漏洞；强调事件发生后各方面的介入，而相对比较少注重事先的预防。② 这种农村基层治理结构，面对嵌入到宝乡、与本地汉族差异较大的彝族，很难发挥应有的治理功能。

（一）当前宝乡的农村治理体系

同大多数普通乡村一样，宝乡的农村治理可以分为制度层面的治理体系和非制度层面的治理体系。前者是基于法理型制度，由乡镇党政机构、村委会（党支部）、村民小组等自上而下实施的科层制治理，主要治理方法是党政决策、行政命令、层级执行、监督检查、考核评价；后者是基于民间习俗和规范，由村庄内的各类热心人士、村庄精英实施的自我教育、自我管理和自我服务等内部治理。在本研究中，“制度层面”和“非制度层面”的区分，主要是依据治理的基础是法理还是人情、治理的主体是官方（或者村干部等“准官方”人员）还是民间力量、治理的方法是行政性（硬性）的还是互动性（柔性）的。两类治理体系都有各自的治理机制及功能，共同构成了宝乡当前常规化的治理结构。

在制度层面的治理体系中，宝乡当前形成了以各类党政机构、领导分工

---

① 王思斌：《社会治理结构的进化与社会工作的服务型治理》，《北京大学学报（哲学社会科学版）》2014 年第 6 期。

② 谢正富、赵守飞：《弹簧模型：基层治理行动逻辑的一种分析框架》，《求实》2015 年第 2 期。

管理为基本特征的治理格局。在党政机构方面，设有乡党委、乡政府、乡人大、纪委、人民武装部等主要机构，下设党政、组织、宣传、农机、农科、国土、交通、村建、城建、环保、扶贫、安监、卫生、教育、计生、财政、社保、工会、共青团、妇联、关工委等有关部门。在领导分工方面，设乡党委书记一人，主持党委全面工作；党委副书记、乡政府乡长一人，主持乡政府全面工作，主管审计、财政、新城镇建设工作；党委副书记兼人大主席一人，主持乡人大全面工作，分管政法、维稳、信访、计生、招投标、林业工作，兼任政协联络组组长、计生协会会长；党委委员兼纪委书记一人，主管纪检监察和党风廉政工作，分管机关能效、绩效考评等工作；党委委员兼人民武装部部长一人，主管武装工作，分管交通、消防、安全、水利、防汛抗旱、城镇供水工作；党委组织委员一人，主管党的建设、组织和人事工作，分管工会、共青团、妇联及机关事务；党委宣传与统战委员一人，主管统战、宣传、精神文明工作，分管财税、环保、统计工作；党委委员一人，分管民政、扶贫、国土、新农村建设、文教卫等工作；副乡长两人，分管农业、科技、劳动和社会保障(便民服务中心)、畜牧兽医水产、老龄办、关工委、市场监督、通信等各项工作。每位成员各自联系一定数量的村社，分管一定的片区。

在宝乡，本无呈规模化的少数民族，所以领导分工和部门设置方面，也没有这方面的考虑。从以上对宝乡管理机构、人员分工等方面的详细梳理可知，整个宝乡政府层面并无任何机构和人员明确负责少数民族工作。

在以上制度层面的治理体系以外，宝乡也有一定的非制度化治理。涉及少数民族问题的，主要体现为一些本地热心人和彝族中的精英们开展的自我管理、自我服务和自我教育式的治理工作。

首先是本地汉族热心人为彝族同胞开展的带有帮助性质的服务。在生产方面，教会彝族同胞使用本地农具，按照本地时节开展农业种植，特别是传授水稻的种植技术；在饮食方面，教彝族同胞按照本地汉族居民的饮食习惯，一天吃三餐，且适当改变原来“一锅煮”的方法，用锅灶来炒菜，特别是做川菜；在日常生活方面，借给彝族同胞一些生产和生活物资，将家里不穿的衣服送给彝族同胞，提醒他们注意学习本地人的文化，特别是某些生活方面的禁忌。这些由本地热心的汉族人民提供的服务，有助于彝族同胞学习本地生产生活知识，加快融入本地的进程。从治理的基础、主体和方法三个层面来说，这些带有帮助性质的帮扶，并无官方安排，而是本地汉族人民基于邻里互助的人情认知，以互动和柔性的方式，自觉向彝族同胞提供的，均属于非制度性治理。

其次是彝族中的某些精英向嵌入的彝族提供的带有自我管理、自我服务和自我教育性质的服务。在田野调查中，研究者发现有两位彝族同胞，不论是在彝族群体中还是在本地汉族居民中，均有较高的威望和认同度，在化解矛盾纠纷中起着重要的作用。一位是来自雷波的吉日老师（化名），一位是来自昭觉的吉好毕摩（化名）。

研究者在调查中发现，外迁进来的彝族能够听从吉日老师和吉好毕摩的劝解，与传统上彝族对知识分子的尊重是分不开的。不论是吉日老师还是毕摩，都被彝族群众视为文化人，是知识传递的重要载体。他们在宝乡嵌入式的日常生活中，主动调解纠纷、消除误会、化解矛盾，充当了彝汉双方深层次沟通的桥梁，有助于彝族与本地汉族更好地相处，也有利于汉族更好地认识和理解彝族文化及彝族的处境，实现了从彝族群体内部开展自我管理、自我服务和自我教育的治理功能，可以被视为非制度层面的社会治理。

（二）凉山自发移民的服务型需求

制度层面的社会治理浮于表面，实质性的治理作用有限；非制度层面的社会治理虽然有很好的微观调节作用，但能够提供这种治理的本地热心人和彝族精英都比较少，社会治理的范围和深度也因此受到很大局限。[①] 与此相对应，嵌入到宝乡的彝族人民，在社会文化和生活方式等方面与本地汉族人民存在差别，导致其在融入本地生活等很多方面，均有着较大的困难，而这些困难背后，则是彝族人民对各类社会服务有着大量的潜在和现实需求。

英国学者布莱德肖（Bradshaw）在开展社区需求研究时，提出可以从四个角度分析社区居民的需求。[②] 一是规范性需求（normative need）。专家、专业人员、管理者或社会科学家根据社区居民的实际状况制定出“期望的”标准，并与实际存在的状况进行比较，如果个人或群体没有达到理想的标准，便被识别为有规范性需求。当然，规范标准随时间、知识发展和社会价值观的变化而变化，且专家的价值取向、对需要的规范性定义可能不同。因此，根据对社区居民的实际状况来分析当前应该投入的资源数量并判断需求及其可行的满足方式，是比较妥当的。二是感觉性需求（felt need）。在评估需要哪些服务时，人们被问及是否“觉得”需要它。感觉到的需求就是对自身“真实状态”的尚未满足情况的衡量进行描述，其受个人感知的限制，也受他们是否知道有可用的服务的限制，在描述时他们也可能因不愿意承认自我独立性的丧失而不对感觉进行充分的回答。三是表达性需求

① 谢秋燕：《基层社会“微治理”的生成逻辑与实施路径研究——以社会治理精细化为视角》，《理论导刊》2020年第10期。

② Jonathan Bradshaw, “A Taxonomy of Social Need,” *New Society* 3(1972): 1-11.

(expressed need)。当感觉性需求被人们以行动展示出来时，就发展成了表达性需求。除非有人感觉到需要，否则人们不需要服务，但这些“感觉”有的会通过某些方式表达出来，有的则因各种原因而不被表达。这种表达可能是个人的，也可能是群体的，且表达的方式可能是温和的，也可能是冲突甚至暴力的。对于已经表达出来的需求，通常是社区人员非常迫切的需求，亟须予以解决。四是比较性需求(comparative need)。这类需求是依据服务对象的人口特征来评判的，如果有相似特征的人有的享受到了某些服务而有的没有享受到服务，那么后者就存在这方面的需求，这种与其他类似的个人和社区相比较而得出的需求就属于比较性需求。通过这种角度评估出来的需求，可以衡量一个区域内存在的服务与另一个区域内服务之间的差距，而这种差距可以由居民自身提出，也可以由评估的专家提出。[①] 考虑到彝族嵌入到宝乡社会生活的实际，且这种嵌入式社区的治理并无现成的通行标准(或规范)，我们可以借鉴以上理论框架，按照宝乡本地实际，从感觉性需求、表达性需求、比较性需求和规范性需求的逻辑体系，结合访谈和观察，对彝族的需求进行逐层分析，为完善服务型治理奠定方向性基础。

(1) 感觉性需求。研究者在访谈时，询问了彝族同胞自己觉得当前存在哪些方面的需要，同时询问了其在搬迁到宝乡之后，按照时间顺序分别存在哪些需要(因迁入时间不同，需求的类型也可能不一样，从历时性的角度来了解需求，有利于针对不同迁入时间的彝族同胞开展服务)，试图探寻其“感觉性需求”。根据访谈信息，研究者将这些需求归纳为三个方面。第一，在

① 李国武、邓煜平、李雪燕:《地区人口结构与社会组织发展——基于社会需求理论的研究》,《吉林大学社会科学学报》2014 年第 4 期。

日常生活方面，一开始存在基本生活物资不足的问题，存在与本地人打交道困难（语言障碍）的问题，于是有生活物品救助、语言学习等方面的需求。在当前，主要有被本地人接纳的需求。第二，在生计方面，一开始存在不会使用本地农具、不会种植本地农产品的问题，存在找零工困难的问题，于是有农业种植技术学习、帮忙介绍零工或兼工等方面的需求。在当前，仍然存在兼职工作不好找的困难，需要建筑、加工等方面的技能培训，需要他人介绍兼职工作，也有租房和买房的需求（以前的房东不愿意出租后，需要换房，而找房子不那么容易；有的房子住久了，想买下来，但不知道是否符合政策要求）。第三，在儿童教育方面，一开始本地的学校并没有条件接收彝族同胞的子女入学，但是在后来多次反映后这个问题得到了解决。在当前还存在两个需求：一是孩子读初中需要到距离较远的乡上，如果不适应离家的环境，就很难读下去，存在学校适应的需求；二是父母务工时，年幼的子女和放学回家的子女都无人看管，也没有人能辅导孩子作业，存在看管幼儿、课外辅导方面的需求。

(2) 表达性需求。通过行动将某些诉求表达出来，就是表达性需求。研究者在宝乡的田野工作中，观察和了解到彝族同胞的如下行动中蕴含了表达性需求。第一，从彝族同胞主动赠送礼物给本地汉族居民、为汉族居民提供各种类型的帮工等行动中，可以看出其建立社会关系的需求；这些行动一直在持续，背后则是彝族同胞巩固、提升与本地汉族同胞良好社会关系的需求。第二，从彝族同胞习惯于节庆时聚集在一起的行动可以看出，远在异地他乡时，有加强本族感情联络的需求，这种需求一直在持续。第三，从穿着民族服饰等现象来看，彝族同胞有维系本民族风俗习惯的需求；而这类现象的消失，说明了彝族同胞在本地生活中仅保留了与汉族文化和风俗习惯差异不太大的文化，有深入了解汉族文化的需求。第四，从一开始部分彝族同胞生病会求助于毕摩，而后来大多数彝族同胞均采取买药和去医院就医的行动来看，彝族同胞有接受现代医疗科学的需求。第五，从彝族同胞最初迁入宝乡时，一天吃两顿、“坨坨肉”、“一锅煮”的饮食习惯，到后来逐渐向本地汉族居民学习，改为一天吃三顿、炒菜做饭的行动来看，彝族同胞的历时性需求主要是保留本民族的饮食文化，当前的需求则是学习汉族的饮食文化。

(3) 比较性需求。与共同生活在宝乡的汉族居民相比，彝族同胞存在以下几个方面的需求。第一，在闲暇生活方面，大多数宝乡彝族人家里都没有通网络，近一半的彝族家庭没有电视机(即便有，多数未通有线)，离开了老家的火塘文化后，闲暇时间如何消遣成了一个问题，有些年轻人会聚在一起打牌。本地汉族居民家里基本都有电视机，相当比例的家庭通了网络，年轻人对手机上网的依赖程度很高，少数中老年人闲暇时会打牌。由此可见，丰富闲暇时间的生活安排，是彝族同胞的一项需求。第二，本地汉族家庭基本上只有一至两个子女，而彝族家庭基本上都是三个以上(即便暂时没有三个，他们通常表示还会继续生育)。彝族青年通常不会采取避孕措施，合理安排生育的意识也不强。由此可见，彝族同胞存在了解生殖健康知识等方面的需求。第三，本地汉族居民种田、养殖、购买农机等，均可以享受一定的政府补贴，合作医疗、新农保覆盖率很高，也相应享受到了优惠政策。相比较而言，只有极少数彝族家庭获得了农业补贴，但在购买农机方面均无法享受，合作医疗和新农保均无法在宝乡缴纳，也无法享受优惠政策。由此可见，彝族同胞有享受农村优惠政策的需求。以上几个方面的需求均是历时性的，也是彝族同胞当前仍然存在的需求。

（4）规范性需求。这种需求是由于专家根据实际状况制定出的一些需求标准而产生的，带有很强的主观性。本研究依据长期的田野调查，为彝族同胞指出一些规范性需求。从历时性的角度来说，初迁入宝乡的彝族同胞，一方面，存在融入本地生活的需求，主要体现在他们要在学习汉族文化习俗与保留自身传统文化之间取得平衡，也就是说，既要懂得汉族地区生活所需要的文化和规范知识，也需要对本民族文化予以传承从而保留自身的民族性；另一方面，彝族同胞也存在发扬彝族互助精神的需求，他们需要在同族群体之间建立链接，以实现相互帮助、相互教育、相互调节。另外，作为本地干部和群众，为了使彝族同胞的迁入不至于对本地形成过大冲击，也需要对彝族同胞开展一些服务，而这些服务也是彝族同胞的规范化需求，主要体现在给予接纳、互帮互助、提供政策宣传、调解纠纷等。从当前来说，彝族精英需要更多地发挥影响力，对彝族开展教育和服务型治理，组建草根互助网络，以精英来牵头实现自我治理，同时组织开展彝族文化宣传以获得本地人更高层面的理解和接纳；本地汉族群众有必要持续发展与迁入彝族同胞的社会关系以满足其对深度融入的需求；本地管理者有必要开展政策宣讲以满足彝族同胞不知道找谁咨询政策的需求，开展职业培训以满足彝族同胞学习技术的需求，组织招工服务以满足彝族同胞寻求就业和兼职机会的需求，购买社会组织到彝族群体内开展入户服务以满足其被接纳、被关怀的需求，开展教育理念宣传以满足其调整教育观念的需求（特别是不太重视女童教育），开展生育理念宣传以满足其调整生育观念的需求（适当控制生育、采取避孕措施等）。简明的需求见表2－1。

表 2-1　宝乡自发迁入的彝族服务型需求交互分类表

需求分类	历时性需求	当前需求
感觉性需求	生活物资救济、语言学习、农业技术学习、工作介绍、教育机会等	接纳、工作介绍、技能培训、租房买房、学校适应、幼儿看管、课外辅导等
表达性需求	与本地人建立社会关系、族内感情联络、维系本民族风俗习惯、毕摩治病、保留本民族的饮食文化	维系并巩固社会关系、族内感情联络、深入了解汉族文化、科学就医、学习汉族的饮食文化
比较性需求	丰富闲暇生活，了解生殖健康知识、农村优惠政策等	丰富闲暇生活，了解生殖健康知识、农村优惠政策等
规范性需求	在学习汉族文化习俗与保留自身传统文化之间取得平衡、建立群体链接实现互助互育、获得汉族人的接纳、彝汉互帮互助、政策宣传、调解纠纷等	彝族互助网络、彝族精英自我治理、与汉族人建立深层次的社会关系、彝族文化宣传、政府部门的政策宣讲、学习职业技术、就业和兼职机会、被接纳与被关怀、调整教育观念、调整生育观念等

以上列举出来的彝族服务型治理需求，并不是通过系统的、科学的需求评估得出的，肯定存在不少疏漏之处，也与本地汉族居民的需求存在差异。当前宝乡汉族居民中普遍存在的养老需求、家庭劳动力需求，在彝族家庭中基本不存在。以上分析能够从迁入的时间序列角度反映出彝族同胞的大致需求，而对需求问题的明确是制定服务型治理措施的前提。

(三) 凉山自发移民的服务型治理建议

总体来看，宝乡外来少数民族问题社会治理弱化，存在以下几个主要原因：一是地方管理者缺乏足够的彝族文化认知和治理与服务经验；二是县乡两级的治理和服务力量薄弱，现有的治理体系侧重于表面上的“维稳”，缺乏深层次的、多元的治理结构；三是村庄空心化的背后是人才流失，缺乏内源式发展的力量；四是农村社会组织发育滞后，县级社会组织的服务辐射面过窄，限制了嵌入彝族适应性服务的提供；五是彝族自身未能形成组织化建设，无法系统地完成自我教育、自我管理和自我服务等工作。面对上述整理分析出来的彝族服务型需求，宝乡现有治理体系显然无法予以满足。在这种局面下，仍然会有各种矛盾出现，地方管理者以风险最小化为特征的“不出事”逻辑只能疲于奔命地应对这些矛盾冲突，因而长远的治理变革是非常必要的。①

第一，明确治理的主体，充分发挥地方热心人、彝族精英等内生性“新乡贤”的作用。社会治理并非单纯地依靠国家或政府行政性的力量，更强调的是通过政府和民间社会、公共部门同私人部门之间的互动与合作，依靠多元化参与所形成的互利及信任的社会协调机制来实现社会协同发展。② 所以，在充满不确定性和复杂性的现代社会结构中，从国家到基层社区，各层面的社会主体在追求各自诉求和利益的过程中，应更加注重对社会事务的参与，依靠合作、博弈、协同等方法实现权利与责任的有效配置。正如法国学者戈丹(Godin)所指出的，社会治理试图在多元的社会环境中，建构众多行为主体之间紧密的相互关系，从而发展行为主体之间的利益或战略协调，来激发社会的整体性活力。③ 具体到宝乡彝族的社会治理结构中，地方政府部门及村庄自治组织仍然是治理的主体，但同时也应吸收宝乡热心的汉族群众、彝族中的精英人士参与到治理体系之中，将社会管理的传统客体变为社会治

① 杨建国：《基层政府的“不出事”逻辑：境遇、机理与治理》，《湖北社会科学》2018 年第 8 期。

② 钱宁：《劳动关系治理与工业社会秩序的建构——社会治理创新背景下的企业社会工作》，《社会工作》2014 年第 1 期。

③ 让-皮埃尔·戈丹：《何谓治理》，钟震宇译，社会科学文献出版社，2010，第 23 页。

理的主体，实现“客体的主体化”过程。相较于政府部门及村庄自治组织而言，这些参与主体对彝族的现实和潜在需求都有更为深刻的理解，对彝族在本地发展过程中的需要也有更为准确的把握，且可以在更为微观的层面、更为及时的时机，用更为柔和的、互动的、遵循文化习俗的方法，深入到日常社会生活之中。事实上，不论是宝乡热心的汉族群众还是彝族精英，都可被视为宝乡乡村振兴、社会协调发展中的“新乡贤”。新乡贤是在新的时代背景下，成长于农村经济社会生态环境，有一定威望及道德情怀，能够对农村社会生活产生影响并愿意为之付出努力、做出贡献的贤能人士。[①] 2018 年，中央“一号文件”(《中共中央 国务院关于实施乡村振兴战略的意见》)中也强调，要“积极发挥新乡贤作用”。新乡贤通过发挥引导其他群众实施自我管理、自我教育和自我服务的作用，可以将本地化的治理主体与社会福利的利益相关者关联起来，在为群众服务的同时促进社会和谐发展，并在群众心目中收获较高的威望，反过来也可以壮大新乡贤的影响力。当然，村社干部、草根社会组织等也应该被纳入社会治理主体之中。这种多方参与的社会治理结构，能够适应多元化社会福利机制，突破民众只作为福利供给对象和享用者的限制，形成国家力量和众多民间力量有机整合的共治共享新格局。[②]

第二，加强社区自组织建设，特别是以村庄为单位组建多方参与的内源式自组织，强化自组织全方位参与彝族社会治理。“自主治理”是社会治理中的一个重要主张，强调不同主体、社群、共同体等自主组织形成的多中心体系，在

① 胡鹏辉、高继波：《新乡贤：内涵、作用与偏误规避》，《南京农业大学学报(社会科学版)》2017 年第 1 期。

② 钱宁：《多方参与的社会治理创新：发展社会福利的新路径》，《山东社会科学》2014 年第 9 期。

微观领域开展公共事务的协商治理、资源分配。[①] 自组织中的成员能够在经常性的相互接触中不断了解，彼此之间建立起信任和相互依赖感，可以形成互惠的处事模式甚至共同的行为准则，个体之间能够以“公共利益”为纽带而组织起来，以集体行动实现自我治理。[②] 基于在地性和地缘性的关系，村干部、网格员、彝族中的精英及本地精英，乃至普通的彝族和汉族群众，都可以依托村庄为单位成立自组织，向本村庄嵌入的彝族提供治理服务，以公共利益为指向，在自组织内以教育、协商、对话、共同行动等方式开展服务式治理，特别是以彝族嵌入的时间序列为逻辑，以各个不同阶段的需求为方向，在微观领域提供及时服务，可以有效预防彝汉双方因了解不足、沟通不畅等各种原因而可能导致的矛盾纠纷，并同时促进彝汉双方社会关系层面的提升，进而为和谐村庄的建设奠定基础。这种类型的自组织建设和服务的推行，事实上是变革村庄内部的组织形式，挖掘内源性能量，为社区赋权增能。[③] 正如吴彤所指出的，内源性发展主张将社区的自主改变和社区能力提升联系在一起，重点是培养社区自组织的创造力，促进不同的参与者在发展过程中学习并形成新的态度。[④] 同时，自组织理论和自我治理理论均强调探索社区内源发展的机制和条件，以此推进农村社区建设的可持续性。[⑤] 从这

① 王辉、金子健：《新型农村集体经济组织的自主治理和社会连带机制——浙江何斯路村草根休闲合作社案例分析》，《中国农村经济》2022 年第 7 期。

② 鲍文涵、张明：《从市场治理到自主治理：公共资源治理理论研究回顾与展望》，《吉首大学学报(社会科学版)》2016 年第 6 期。

③ 徐林、宋程成、王诗宗：《农村基层治理中的多重社会网络》，《中国社会科学》2017 年第 1 期。

④ 吴彤：《自组织方法论研究》，清华大学出版社，2001，第 49 页。

⑤ 钱宁、田金娜：《农村社区建设中的自组织与社会工作的介入》，《山东社会科学》2011 年第 10 期。

个意义来看，宝乡农村社区治理和社区建设要着眼于培育社区自助能力，从而推动社区的自组织化，为内源式发展奠定持续的组织基础。

第三，购买专业化社会组织服务，特别是以社区工作的理念开展服务，以更为专业化、综合化的方式满足彝族同胞的需求，促进彝汉双方社会关系，提高农村社会治理水平。政府购买社会组织服务是当前农村社区治理的一个重要创新，是政府简政放权，改善公共服务供给，特别是专业服务供给的重要方式。将政府无力提供、但适合社会组织提供的公共服务，以适当的方式交由社会组织承担，政府为此付费，实现公共服务的技术性替代，是改进国家治理体系、实现治理能力现代化的重要举措。① 在社区工作的视野里，强调鼓励社区居民参与、吸引内外资源、引导社区变迁，以"组织的和教育的过程"提高居民的生活质量。② 就宝乡当前的治理格局来看，最迫切的是农村社区综合服务。农村社区工作强调社区工作者以"助人自助"为理念导向，协助社区成员开展社区分析(特别是需求分析和资源调查)，发挥居民自主性的动力，提高他们对社区的认同和行动能力，鼓励他们通过自助和互助解决社区问题，从而实现社区发展。③ 基于此，在政府购买社会服务及社会组织开展综合服务时，可以遵照下述逻辑展开：一是从县级层面实施购买服务，资助专业组织入驻包括宝乡在内的有彝族群众生活的乡镇、村庄；二是强化专业组织开展在地化服务，特别是发掘治理精英，培育社区自组织，

① 龙翠红：《政府向社会组织购买服务：嵌入性视角中的困境与超越》，《南京社会科学》2018 年第 8 期。

② 徐震：《社区与社区发展》，正中书局，2002，第 149—165 页。

③ 钱宁：《农村社区治理创新与社会工作者的使命》，《湖南农业大学学报(社会科学版)》2014 年第 3 期。

构建包括彝族群众、汉族群众、村干部、乡镇、县级部门等在内的上下通畅的沟通体系；三是与治理精英和自组织一起，开展社区调研，明确包括彝族群众在内的各群体的需求，以及与需求相关的内外资源，在明确彝族群众当前需求的同时，研究历时性需求，特别是前文中指出的语言、农业技能、职业培训、就业机会、教育和生育观念变革等显性和潜在需求；四是结合不同的需求，在动员各方参与的前提下提供专业服务；五是在服务提供过程中不断实施项目评估，并根据评估结论不断改进服务方法，特别是要根据需求变化提供进一步的服务；六是在服务过程中及时收集无法通过自身予以满足的需求（如彝族群众希望在本地落户、享受本地医保等政策），并将这些信息上报各有关部门，待有答复后及时反馈给彝族群众，同时做好政策解释和心理疏导工作。如果能够提供以上专业化、综合化的社区服务，彝族群众的各类需求一般可以在较大程度上得到满足，彝汉双方的沟通交流也将更为顺畅，农村社区良性治理效果也将得以凸显。

总之，在彝族嵌入宝乡后形成的复杂结构中，社会治理的最终目标仍然是实现社区"善治"。所谓善治，就是在政府和民间组织、公共部门和私人部门之间形成合作治理及伙伴关系，以促进群体公共利益的最大化。[1] 这里的"群体"既包括宝乡本地的汉族民众，也包括自发迁移到宝乡的彝族民众。只有双方的公共利益公约数最大化了，才能形成民族和谐、共同发展的互促局面。在这一过程中，发掘并吸纳更为广泛的治理主体，培育并发挥村庄自组织的治理功能，资助专业社会组织，针对彝族民众各种类型的社会需求，提供专业性和综合性的服务，都是实现善治、促进群体公共利益最大化的可行路径。

---

① 何增科：《公民社会与民主治理》，中央编译出版社，2007，第169页。

第三章　社会工作在易地扶贫搬迁社区中的角色研究

——以怒江州三个社区为例

一、引言

中国共产党第十九届中央委员会第五次全体会议通过的《中共中央关于制定国民经济和社会发展第十四个五年规划和二〇三五年远景目标的建议》(以下简称《建议》)指出,我国决胜全面建成小康社会取得决定性成就,“十三五”时期,有5 575万农村贫困人口实现脱贫,脱贫攻坚成果举世瞩目。易地扶贫搬迁是脱贫攻坚战役中投入大、影响深、困难多的工作,也是我国成果最突出和标志性最强的反贫困壮举。截至2020年8月,全国已建成易地搬迁集中安置区约3.5万个,建成安置住房266万多套,全国960多万建档立卡贫困搬迁群众实现全部入住,其中安置规模达万人以上的特大型安置区有70个,安置困难群众105万人,分布在贵州、广西、云南、陕西、四川、新疆等10个省区。在国家宏观扶持政策支持下,困难群众“两不愁三保障”(不愁吃、不愁穿,义务教育、基本医疗和住房安全有保障)的目标基本实现，中国反贫困工作取得巨大成就。

当前我国贫困地区的发展现实是解决了温饱问题，但长远解决相对贫困、培育地区可持续发展能力是未来工作的重中之重。① 脱贫地区经济社会出现新矛盾和脱贫后的高返贫风险依然存在，贫困治理依然面临不同形式、特征和程度上的困境与挑战。② 尤其是，农村相对贫困具有动态、多维、复杂、长期等特征③，贫困群体在多维建构中形成了“求贫”心理，经历了对贫困身份羞愧、排斥、接纳到合理化的过程④，扶贫“边缘户”由于“未获得”而容易“唤起”道德风险⑤，贫困者个体的可行能力薄弱、社会资本不足和主观惰性导致了贫困的发生⑥，亟待构建一体化的反贫困制度体系⑦。易地扶贫搬迁群体随时可能面临返贫、生计发展受限、社会关系融入困难、心理依赖过强等风险⑧，农户就业能力差异较大⑨，抵御风险的能力受限⑩。国家给予型扶持搬迁政策存在失焦、

① 关信平：《论现阶段我国贫困的复杂性及反贫困行动的长期性》，《社会科学辑刊》2018 年第 1 期。

② 郑会霞：《“后扶贫时代”的贫困治理：趋势、挑战与思路》，《河南社会科学》2020 年第 10 期。

③ 韩广富、辛远：《农村相对贫困的特征、境遇及长效解决机制》，《福建论坛(人文社会科学版)》2020 年第 9 期。

④ 卫小将：《精准扶贫中群众的“求贫”心理与情感治理》，《中国行政管理》2019 年第 7 期。

⑤ 郑秉文：《“后 2020”时期建立稳定脱贫长效机制的思考》，《宏观经济管理》2019 年第 9 期。

⑥ 向德平、罗珍珍：《反贫困社会工作的发展：专业取向、价值意蕴与实践进路》，《社会工作》2020 年第 6 期。

⑦ 李迎生：《后脱贫攻坚时代构建一体化的反贫困制度体系》，《中国特色社会主义研究》2020 年第 3 期。

⑧ 吴振磊、李钺霆：《易地扶贫搬迁：历史演进、现实逻辑与风险防范》，《学习与探索》2020 年第 2 期。

⑨ 汪磊、汪霞：《易地扶贫搬迁农户就业能力评价研究：以贵州省为例》，《北方民族大学学报(哲学社会科学版)》2020 年第 3 期。

⑩ 李昭楠、刘七军：《易地搬迁农户家庭抵御风险能力影响因素研究——来自宁夏 A 村和 B 村的实地调查》，《北方民族大学学报(哲学社会科学版)》2020 年第 3 期。

偏差、衔接乏力、力度不足的问题①,时间规划性脱贫任务给财政带来可持续维系的负担。社会工作注重通过对服务对象自身能力的挖掘和周围资源的整合链接来弥合微观社会治理的问题,可以发挥重要的托底保障介入、内生能力培养、反贫困文化和道德培育等作用,探索贫困的社会建构和个人建构心理因素,进行"情感治理"。② 因此,有必要对易地扶贫搬迁中的社会工作实践进行考察,了解其中的社会工作者所开展的工作和面临的困难,以便找到下一步社会工作在易地扶贫搬迁社区中开展服务、助力衔接乡村振兴的工作路径和方法。

二、文献回顾

党中央指出,"十四五"时期要巩固拓展脱贫攻坚成果,健全防止返贫的监测和帮扶机制,做好易地扶贫搬迁的后续帮扶工作,增强内生发展能力,实现脱贫攻坚与乡村振兴的有效衔接。要推动社会治理重心向基层下移,健全社会心理服务体系和危机干预机制。《建议》在"加强和创新社会治理"部分,专门提出要"发挥群团组织和社会组织在社会治理中的作用,畅通和规范市场主体、新社会阶层、社会工作者和志愿者等参与社会治理的途径"。这是对社会工作在扶贫济困、改善民生、参与社会治理和社会建设方面成绩的肯定,也是对社会工作在扶贫扶志、社区治理、基层社会服务、国家治理体系和治理能力现代化、全面建设社会主义现代化国家中发挥更大作用的期

① 翟绍果、张星、周清旭:《易地扶贫搬迁的政策演进与创新路径》,《西北农林科技大学学报(社会科学版)》2019 年第 1 期。

② 卫小将:《精准扶贫中群众的"求贫"心理与情感治理》,《中国行政管理》2019 第 7 期。

盼。在后脱贫攻坚时期，社会工作要参与相对贫困治理①，社会工作者应该以行动建构贫困群体的经济—社会韧性②。民政部提出，要力争在“十四五”时期末，实现乡镇（街道）有社工站，村（社区）有社会工作者，通过专业化发展方向、本地化发展思路，将加强社会工作作为完善社会治理的重要工程，这为社会工作带来了机遇和挑战。

社会工作介入精准扶贫和相对贫困治理的理论与实践一直是社会工作领域的重要议题。社会工作的基本角色和功能与精准扶贫具有同构性，在对待贫困的价值观、工作方法、工作过程、目标追求等方面有相似性。社会工作对于在社会变迁过程中产生的各种社会问题有着明确的专业视角，用科学的方法助人，具有持续稳定开展工作的职业性能力③，能够为扶贫提供专业的价值观和优势视角④，为贫困群体进行需求评估和资源链接⑤，定位专业的角色功能⑥，参与扶贫扶志⑦。未来的贫困治理策略应该从宏观的社会政策转向微观的社会服务，从国家主体转向个体、家庭和社区⑧。这些都

① 王思斌：《社会工作要参与相对贫困治理》，《中国社会工作》2020 年第 28 期。
② 王思斌：《后脱贫攻坚中贫困群体经济—社会韧性的建构》，《重庆工商大学学报（社会科学版）》2020 年第 1 期。
③ 袁君刚：《社会工作参与农村精准扶贫的比较优势探索》，《西北农林科技大学学报（社会科学版）》2017 年第 1 期。
④ 向德平、姚霞：《社会工作介入我国反贫困实践的空间与途径》，《教学与研究》2009 年第 6 期。
⑤ 李红波：《当前社会工作介入我国反贫困的必要性分析》，《贵州社会科学》2011 年第 12 期。
⑥ 李迎生、徐向文：《社会工作助力精准扶贫：功能定位与实践探索》，《学海》2016 年第 4 期。
⑦ 腾芸、向德平：《发展性社会工作参与扶贫扶志的空间与路径》，《社会工作》2019 年第 6 期。
⑧ 卫小将：《“生活政治”治理：精准扶贫工作新转向》，《江海学刊》2020 年第 4 期。

是社会工作参与贫困治理的路径和方略思考。除了强调社会工作参与精准扶贫的合法性外，也要有具体的参与行动研究为贫困治理提供方法。社会工作在民族地区的社会治理尤其是服务型社会治理方面具有优势，社会工作者善于同当地人一起工作，能够从当事人的角度理解社会问题，发挥当地居民在解决问题时的优势与潜能，从而“内在地”解决社区问题。[①] 对多重困难弱势人群而言，高风险成为日常必然要面对的生活常态。在共同体社会工作实践领域，通过“托底、能力、资产”的三维整合实践，转变社会工作把风险作为管理对象的传统，协助多重贫困人群提升接纳日常生活局限和不确定性风险的能力，从而内生抵抗返贫风险的主动性[②]，通过增能赋权缓解脱贫户和边缘户的贫困脆弱性[③]。在本土社会工作参与反贫困过程中，要消解扶贫对象的“依赖现象”[④]和社会工作者过度的“情感介入”[⑤]，避免社会角色规范的冲突。

虽然现有研究对社会工作参与反贫困工作的必要性与优势已经在很大程度上取得共识，但在专业性社会工作方法运用，专业社会工作与普通社会工作、行政社会工作之间关系的梳理与协调，社会工作人才的使用和激励等方面还存在问题，直接影响了社会工作参与社会治理和反贫困的实践与实

① 王思斌：《民族地区的社会治理与社会工作参与研究》，《广西民族大学学报（哲学社会科学版）》2017 年第 5 期。

② 童敏、吴宝红：《风险中的能力：脱贫攻坚社会工作的实践与反思》，《中国社会工作研究》2019 年第 1 期。

③ 高帅、史婵、唐建军：《基于增能赋权视角的农户贫困脆弱性缓解研究——以太行山连片特困地区为例》，《中国农村观察》2020 年第 1 期。

④ 杜宝贵、李函珂：《社会工作介入精准扶贫：依赖与消解》，《理论月刊》2020 年第 9 期。

⑤ 李文祥、孟莉莉：《社会工作介入贫困治理的策略分析》，《社会科学战线》2020 年第 9 期。

效。为此，本章的研究者以深度贫困地区“三区三州”之一的怒江州在易地搬迁完成之后的社会工作实践为例，通过实地走访、个别访谈、座谈会、文件资料收集等研究方法，考察怒江州易地搬迁社区社会工作开展的机构组织、人员构成等基本情况，了解社会工作在当地的工作方式、工作内容和工作特点，收集当地社会工作面临的难点和问题。

怒江傈僳族自治州地处我国西南边陲，云南省西北部，与缅甸接壤，有约 450 千米的国界线。全州人口约 54.7 万，其中傈僳族人口约占 51.6%；独龙族、怒族是怒江州特有的少数民族，也是人口较少的民族；傈僳族和普米族主要居住在怒江州。怒江州是全国唯一的傈僳族自治州，全州少数民族人口占总人口的 93.96%。该州以农业为主要产业，城镇化率为 31%，农业人口大约为 37 万人。怒江州地处世界自然遗产“三江并流”保护区核心位置，95%以上的面积都是高山深峡，泥石流等自然灾害频繁，可耕种土地资源稀缺，人居环境恶劣，但生物多样性丰富，属生态敏感脆弱区。边境安全、民族团结、农村发展、生态保护是怒江州面临的重要安全和发展问题，考验着我们国家地方社会治理体系和治理能力的现代化建设。“十三五”时期，怒江州共计规划建设 67 个易地扶贫搬迁安置点，其中 9 个为县城集中安置点，57 个为中心集镇安置点，1 个为片马安置点，搬迁人数达 10.2 万人，全州约五分之一的人口告别大山，按照“县城、集镇、抵边”安置的“三靠近”原则，完成了怒江州历史上规模最大的搬迁行动。

三、研究方法

怒江州易地扶贫搬迁社区居住的基本是中华人民共和国成立后历次扶

贫工作遗留下来的当地贫困且困难的群体，是脱贫攻坚中难啃的“硬骨头”。这部分人群受自然条件限制，受教育程度较低，家庭缺乏财富积累，因病、因残致贫的情况较多，留守老人、妇女、儿童居多，贫困成因复杂，脱贫难度高。实施易地扶贫搬迁后，建档立卡贫困户人均可以领取每年200元左右的补助资金；一部分人能够在政府的帮扶下外出务工，一部分人由社区提供部分公益性岗位；有的安置社区能引进企业的扶贫车间就地吸纳人口就业；当地还积极推进林下中药材种植和经济作物种植，帮助农民提高收入。虽然政府和社会各界采取种种措施帮扶贫困群众的后续生计发展和社区融入，但易地搬迁安置社区依然面临一些困难，怒江州的社会工作者对此深有体会，并在较短的时间里付出了巨大的努力，做了很多切实的工作，同时也面临巨大的挑战。

本研究主要采用实地调查法。实地调查是应用客观的态度和科学的方法，对某种社会现象，在确定的范围内进行实地考察，并搜集大量资料以统计分析，从而探讨社会现象。其基本特征是深入研究对象的生活环境，以参与式观察、个案访谈、询问法等方式，去感悟研究对象的行为方式及其背后的文化内涵，来逐步理解其社会生活。本研究以怒江州泸水市C社区、W社区、S社区三个规模较大的易地扶贫搬迁安置点为调查点，以上述易地扶贫搬迁社区的社会工作者为研究对象，主要研究社会工作者在促进群众社会融入，帮扶救助困难群众，关爱留守儿童、老人、妇女等方面的主要服务内容，以及社会工作在易地扶贫搬迁社区中扮演的角色、面对的角色困境，提出社会工作参与深度贫困治理的路径和方法。

收集资料的方法为访谈法，包括个别深度访谈和焦点小组访谈。个别访谈对象是泸水市G社会工作中心、泸水市K社会工作服务中心、怒江州H社会服务中心三家专业社会工作机构的负责人及主要工作人员，共计5人。焦点小组访谈对象是泸水市、福贡县、贡山县、兰坪县民政局部分领导及有关工作人员，共计15人。此外，我们还与怒江州政府办公室、民政局部分工作人员进行了交谈，对州政府派出的3名驻村工作人员进行了访谈，从云南省民政厅获得部分易地扶贫搬迁政策文件和基本数据。①

四、研究发现

（一）社会工作在怒江州易地扶贫搬迁社区中的角色

1. 于细微处见关怀：老人和儿童适应新环境的服务者及情感陪伴者

易地搬迁涉及多个部门的多项工作，包括基础设施建设，水电路网修通完善，社区配套服务如超市、快递点、派出所、社区就业服务中心等，这些工作都需要具体的一个一个的人来完成。我们国家现行的行政管理体系的协调和联动机制存在局限，无法解决社区出现的所有问题，政策制度制定和实施部门与服务对象之间缺乏有效衔接，往往无法完成最后的链接，好的政策、资源、资金往往无法打通“最后一米”。这短短的最后的距离，往往需要能敏锐了解供需双方情况的人秉承认真负责的职业态度来完成，而社会工作者的专业伦理和专业能力有助于弥合这些社会缝隙。

怒江州易地搬迁社区留守老人的问题比较突出。以C社区为例，该社区完成搬迁的人口共计2 562户、9 951人，其中建档立卡2 450户、9 639人，同步搬迁112户、312人。其中，50～59岁的老人有962人，60～69岁的老

---

① 本次调查访谈及数据资料由高万红、李艳华、汪榕、李芳燕收集完成。

人有589人，70～79岁的老人有399人，80～89岁的老人有171人，90～99岁的老人有24人，101岁的老人有1人，合计2 146人。这些老人面临很多现实的生活困难，包括生活方式转变、身体衰老和疾病困扰、缺乏子女照料、社区融入困难、精神孤独、情感失落等。

我们在C安置点协助他们建了老年人协会，因为老年人搬下来没有什么事情做，我们就组织他们开展一些娱乐活动，让他们坐在一起唠唠家常，互相分享一下生活琐事，不至于一个人在家里孤孤单单的。有些老人是留守老人，一个人在家里，C社区离他们老家不远，一些还能干一点活儿的老年人就会回去种种地，还可以种点菜拿回来自己吃，但是城墙坝那边的老年人就离老家太远了，一般无事可做，有些老年人根本不会说汉语，只会说傈僳语，不适应搬迁地的生活。他们前期连怎么使用电磁炉都不知道，经常把锅烧干，很危险。包括怎么关门，用火、用电的知识，还有怎么坐电梯，这些我们都要入户教他们。有些老年人担心记不得自己住哪里，电梯不会用，就不敢下楼。部分搬迁下来的老年人还是存在一些适应性的问题。

（泸水市C社区社工访谈资料）

社会工作者对这些老人的困难深有感触，他们能够以社会工作的同理心和技术，以情感陪伴者的身份服务这些老人。

对于身处贫困和困难之中的儿童，社会工作者也能充分运用专业知识和技能尽可能地提供帮助，以改变他们艰难的处境。

在帮助他人的过程中，内心还是很不好受，尤其见到那种没有父母照顾的小娃娃，估计是因为我自己也当妈妈了，见到他们吃不好、穿不好、睡不好，家里面也不好，整个人都是很脏的那种，很不讲卫生，就感觉他们很可怜。大一点的孩子就让他们到我们开设的“儿童之家”,我们通过活动的形式,让他们自己学习注意卫生。还有就是家访的时候跟他们说怎么保持个人卫生,教他们一些生活上的习惯。我们上个假期还开展了暑期陪伴活动,小孩子不用在家里看手机、看电视,我们会安排固定时间做作业,还开展了一些活动,调动孩子们学习各方面知识的积极性。

（泸水市C社区社工访谈资料）

像怒江州这样的深度贫困地区,易地搬迁通过阻断和重构,采用社会一体化的方式解决贫困问题,是中国制度和体制优越性的体现,也是我国在解决深度贫困过程中探索出来的一条有效路径。当易地搬迁解决了人们的基本生活困难和绝对贫困的“硬难题”后,后续就需要有更多像社会工作这样的“软服务”来化解传统村落共同体割裂后新社区融入困难的问题。

2. 于遮蔽处见阳光:社会问题的解决者

社会工作以帮助困难群体、弱势群体解决问题,维护社会的公正为目标,具有强烈的价值关怀;社会工作将个人问题视为社会问题的反映,个人的就是社会的。在怒江易地扶贫搬迁安置社区,很多看起来是个人的问题,其实是社会问题的具体化,比如酗酒、早婚等。对于社会工作者来说,保持对生命和个人价值的尊重,无论其问题的成因是什么,都需要提供专业化的服务,积极引导和帮助服务对象走出困境,促进社会的公平、正义和关怀。

对于怒江易地扶贫搬迁社区中的一些现象,我们不能简单地以问题视角来看待,而是要了解其生存环境背景和社会文化成因,如早婚早育、多子女、妇女改嫁等现象都受到传统文化、宗教信仰、风俗习惯、生活条件的影响和限制,不能简单地以主流社会的价值观来批判或改造服务对象,否则容易造成社会歧视或者污名化，给困境人群的改变带来更大的困难。社会工作的工作方法和理念能够破除社会刻板印象的局限，发挥特长和优势，在被遮蔽人群中传递理解和阳光，从而探索帮助其发展的可能性。

3. 于郁结处见链接：政府资源和社会资源的联络者

怒江易地搬迁的贫困人群原来基本生活在生存条件极差的山区、高寒地区和生态脆弱地区，长期以来社会经济不发达，教育、医疗等公共服务和社会保障供给不足，人们受教育程度低，健康状况不良，再加上交通和通信条件落后，信息闭塞，人们适应城市生活的能力不足，外出就业的可能性也较低，生活中遇到难题不知道该如何应对。社会工作在链接和使用资源方面具有优势，能补充行政资源的不足，沟通协调、整合利用各方信息，实现资源利用率最大化。

我们第一次来到小伟(化名)家做入户探访时，发现他(15 岁)被诊断为胸椎结核并脓肿、截瘫。孩子的情况比现在差，两只脚是蜷缩的，身上还有很大的压疮，家人不会护理，我们就教他们做按摩，买生理盐水做处理。他们原来不会处理，用碘酒消毒，反而刺激了压疮，现在我们教他们如何护理之后，孩子的压疮已经好了，也比原来胖了一点。我们还帮这个孩子申请了残疾补贴。刚刚得到消息，孩子的残疾补贴已经被批准了，随后就会发放。小伟的爸爸曾经带他去昆明做手术，但是身上有压疮做不了就回来了。现在压疮好了，爸爸还是想带他去做手术，但担心没有医院的联系电话，怕去了又做不成。我们后续就想帮他们找找怎么才能很好地解决做手术这个事情。

(S 社区的社工介绍的贫困户情况)

像小伟这样因病因残而陷入困境的建档立卡家庭，政府制定了设立帮扶责任人等措施来精准帮扶，也有调集优势医疗资源到当地提供驻地治疗的机制。但是，贫困家庭缺乏相关信息，不懂得主动去获得这些行政资源和社会资源。社工介入之后，能够运用已有的知识、经验及对政策的熟悉情况，有针对性地为这些家庭提供资源链接，教导一些相关知识，为困难家庭就医、求学、就业等问题的解决提供资源和信息，联系有关的人或机构，提醒或协助他们去询问政策和规定，从而使这些家庭能够按照政策得到照顾。后续我们了解到，在社工的帮助下，小伟顺利到昆明做了手术，阻止了病情继续恶化，保全了生命。但由于其下肢已经瘫痪，社工还要对他做职业技能培训，希望帮助他联络一些社会资源，让他将来能自食其力。

4. 于困顿处见希望：困难群众的能力建设者

专业社会工作以助人自助为基本工作方针，强调与服务对象保持情感中立，避免过分介入和直接干预服务对象的生活，这是对社会工作者和服务对象双方的约束及保护。在易地扶贫搬迁社区，社会工作的这一专业性价值避免了“输血式”扶贫，有利于贫困群体在专业社工的帮助下，发掘自己面对问题、处理问题、解决问题的能力，有利于贫困群体通过专业的社会工作萌发出自我改变的动力，有利于培育贫困群体的内生动力，有利于规避单纯“给予”和直接“帮忙”可能带来的负面影响及道德风险，是真正意义上的“造血式”扶贫。

我们今年承接了中央财政支持的项目，准备给孩子们发放健康包。健康包里有口罩、牙膏、牙刷、洗手液、护肤霜、毛巾等物品。在发放之前，我们会给孩子们开展“爱自己”的主题培训，包括孩子们对自己个人健康卫生的防护等内容，上完课之后，我们还设计印制了个人健康卫生宣传单，要求孩子们把宣传单贴到家里。财政支持的项目就是给物资，但我们不希望我们的机构是发物资的，所以我们把课程作为我们的重点，上完课以后再给健康包。我们把健康包外包装的质量做得比较好，就是希望孩子们把包里的东西用完之后，还能再去补充，让健康包伴随他们更长的时间，让他们真正在生活中养成良好的习惯。

（怒江州H社会服务中心负责人访谈）

实践证明，单纯地给予贫困群体物资资助并不是解决问题的最好途径，应当在区分贫困群体致贫原因的基础上采取不同的方式。专业社会工作的三大方法在易地扶贫搬迁社区可以很好地运用起来：以个案方法解决因病、因残、因学等短期急迫原因导致的贫困；以小组方法解决面临相同困境的人群的问题，如老人的社区融入和文化敏感问题、妇女的就业培训和家庭关系协调问题、青少年性观念教育和犯罪预防问题、酗酒人群酒精成瘾性阻断问题等；以社区工作协助社区治理，参与基层社会治理的工作方案建议和办法措施的出台。专业的社会工作方法能够帮助易地搬迁群众加强自身能力建设，增强他们的内生发展动力。

（二）社会工作在怒江州易地扶贫搬迁社区面临的挑战

1. 熟悉的人、陌生的职业：社会工作的社会认知程度低

研究者发现，怒江州政府和老百姓对社会工作的认识严重不足。这种不足体现在服务对象、社会工作者本身、政府有关职能管理部门和普通公众四个方面。人们对社会工作只有模糊的概念，对社会工作的职业性、工作范围和工作方法并不了解。

听说社会工作是一年多以前。

大约两三个月之前听说的。

参加了这次州里的培训才知道社会工作。

社工都穿着统一的衣服。

（怒江州民政系统工作人员座谈资料）

我儿子都不知道社工是做什么的，他说我就是志愿者。我跟他解释，我不是志愿者，社工是一个职业，是有工资的。

（泸水市K社会工作服务中心社工访谈资料）

截至2020年12月，专业社会工作进入怒江州开展服务的时间不足一年。泸水市G中心是2017年成立的，泸水市K社会工作服务中心2018年在当地备案，怒江州H社会服务中心2020年5月进入福贡，虽然这些机构及其负责人已经在当地服务了两年到四年不等，但是真正注册专业机构和实现社会工作者持证上岗是最近一年的事情，整个怒江州持有社工证的社会工作者非常少。在易地扶贫搬迁社区，社工很难权责明确、体系化地开展专业服务，往往是遇见什么事情就处理什么事情，缺乏系统的发展规划，并且承担了很多具体的社区服务和管理工作，比如协助社区摸底排查人员情况，迎接检查和评估，照料孤残儿童，帮扶留守孤寡老人等。这些工作虽然宣传了社会工作，扩大了社会工作的影响力，但是也容易让人们对社会工作者的专业性和职业性产生误解，不利于社会工作的长远发展。

2. 专业性的“难”与“困”：角色技能不足

在怒江州培养一个本地的专业社工非常困难，外来的社工又很难长期留在当地。目前在怒江州的社工中有社工职业资格证的很少，受过系统训练的社会工作者更是凤毛麟角。当地社工的主要角色困境还有专业能力不足、缺乏系统专业的督导、服务过程评估和结果评估不完善等，服务专业性不强。

我是2016年从云南民族大学中国少数民族语言文学专业毕业的，毕业以后做了两年的西部志愿者。我家就是旁边上江镇的，2018年去应聘了泸水市G中心的主任，第一年就是在上江福利院做陪伴老人的工作，陪他们聊天、跳舞、做医疗体检，儿童节的时候做一些感恩活动，包饺子什么的。一开始我觉得社工跟志愿者差不多，就是帮助别人的。后来看书、听老师讲课，觉得对社工有了一点了解，跟志愿者还是有很大的不同。

（泸水市G中心负责人访谈资料）

我是昆明冶金专科学院计算机专业毕业的，以前都没听过社会工作这个专业。因为我老公家就在这里，我生了孩子以后就找了这个工作，加入了这个机构，慢慢地通过做活动、培训、看书才对这个工作有了更多的了解。去年我也去参加考试了（初级社工师），没考上，今年我参加了H机构组织的三天培训，准备再去考试（社会工作职业资格）。我觉得自己变化还是很大的，愿意做这个工作。

（泸水市G中心城墙坝社区驻点社工访谈资料）

怒江州目前当地社工的月工资大约是3 000元，收入偏低是难以吸引和留住人才的一个重要因素，具有社会工作专业学位的人很多都不愿意到艰苦的地方工作。目前在怒江做社会工作服务的要么是家在当地的社工，要么是从当地的志愿者转化来的，要么是对社会工作有强烈认同感的基层组织工作者转化来的，这些群体对收入的期望并不十分高，只要比现在略有提高，能有基本的保险，就能稳定了。本地人在怒江从事社会工作的好处是显而易见的，但是他们也面临一些实际问题，比如专业性和职业性不足，大部分处于学习探索阶段，能力建设方面缺乏资源和通道。对这些本土社工人才来说，最大的挑战是专业能力比较薄弱，需要加强培训和督导，如何能边工作边提升专业技能，是他们最迫切的要求。

我考过了初级社工师考试，然而在实际工作中，觉得看到的问题只是问题，跟理论联系不起来。申报一些项目的时候是需要有理论知识的，还是感觉自己理论上、专业上有所欠缺，遇到问题只能找上海那边的督导老师咨询。我们这个机构就是成立的年限达不到，还不能免税，然后有资格的社工师也不多，所以好多项目申请不了。

（泸水市G中心主任访谈资料）

本地社工对专业能力提升和职业发展通道比较关注，希望能够增强资源链接的能力，从而更好地服务当地社区。

3. 多重问题叠加与服务能力有限：角色压力较大

目前社会工作在怒江州的服务和发展只能从一些较为容易的地方入手，比如开展儿童暑期训练营、儿童假期陪伴服务，通过儿童链接贫困家庭，为社区开展一些技能培训和情感陪伴服务等。对于社区亟须解决的复杂社会问题，如吸毒问题、酗酒问题、留守儿童的发展问题等，社工也难以入手。

我们了解到孩子们放假的时间，就通过居委会去招募他们，今年8月就开展了一个暑期夏令营。我们这边易地搬迁而来的小孩子在家里长时间玩手机的情况很普遍。我们随便做了个举手调查，没想到一个班级里通宵玩手机的小朋友有20多个，连续玩好几个小时的也占很大比例，玩1～2个小时的竟然很少。我们询问小朋友以后的愿望是什么，他们回答说想玩手机；问他们长大了想要干什么，回答也是玩手机。这个情况长时间下去的话影响非常大。

（怒江州 H 社会服务中心社工访谈）

在靠近缅甸的村子里，单亲、吸毒、肺结核等问题非常突出，俄嘎村是我们的服务点，全村大概 700 多人，其中小孩 400 人左右，小孩中至少四分之一是回流人员的小孩（父亲是中国人、母亲是缅甸人，或者因为历史上的各种原因到缅甸，然后又回到中国）。400 多个小孩中，事实孤儿有 200 多人。他们中有很多人的父亲因吸毒被强制戒毒或吸毒致死，母亲改嫁并不再照管孩子。我们有一个服务对象就是这样的事实孤儿，父亲死了之后母亲改嫁组建了新的家庭，后面实在没办法了，我们联系他的母亲，但母亲不太愿意再接纳他，他也不愿意亲近自己的母亲，很可怜。

（怒江州 G 社会服务中心社工访谈）

单亲家庭、留守儿童、事实孤儿、吸毒、残疾、疾病、边民回流、跨境婚姻……怒江州面临的问题非常复杂多样，仅仅依靠社会福利和社会工作无法从根本上解决这些问题。易地搬迁对当地群众来说是一次深刻的变革，他们首先在国家的帮助下解决了绝对贫困的问题，但长期治理相对贫困的道路依然漫长。目前怒江州易地搬迁社区的社会工作主要集中在文化冲击影响最大的老年人群体和改变可能性最大的儿童群体，面对其他巨大而复杂的社会性需求，社会工作者参与和回应这些问题的能力有限，有巨大的角色压力。

五、研究讨论

通过对怒江州易地扶贫搬迁社区社会工作的角色分析，本研究发现，在多重叠加型贫困地区，社会工作在应对相对贫困等复杂社会问题时要想发挥出专业优势和作用，需要调整传统的专业角色观，加强与行政性社会工作者和非行政性社会工作者（如政府有关部门人员、社区工作者、社区志愿者等）的合作，突破“单打独斗”的角色困局，主动加入国家社会治理共同体中，充分发挥柔性治理的角色作用，才能真正发挥出专业优势。具体建议有以下三点。

（一）树立大社会工作观，建立专业共同体意识

针对专业社会工作处于初级阶段的易地扶贫搬迁社区，应当树立“大社会工作观”，整合行政社会工作（如扶贫办、民政部门、发改委、移民搬迁社区管委会等）、专业社会工作和普通社会工作（如社区骨干、志愿者等）三支力量，才能攻坚克难，发挥出专业优势，让易地搬迁社区居民“留得住、有发展”。在反贫困战略中，政府行政体系在资金、人力方面的投入都非常大，基层驻村扶贫干部、帮扶责任人等政府行政部门抽调的精兵强将在精准扶贫中承担了大量的贫困家庭帮扶任务，这是国家层面的行政性社会工作。在巩固拓展脱贫攻坚成果阶段，行政性社会工作如何与专业社会工作和一般社会工作有效衔接，避免国家力量退出后“断崖式”返贫已经成为党和政府高度重视的议题。此外，在易地搬迁社区，原有的村落关系被重构，新的社区认同和社区共同体观念尚未形成。因此，专业社会工作在易地扶贫搬迁社区对行政社会工作的承接和补充作用应当被充分发挥，同时应该整合碎片化的普通社会工作，铸造专业共同体意识和共享发展的文化理念。

（二）建立社会工作及其关联系统的整合机制

以易地扶贫搬迁安置的方式来治理相对贫困和推动社区发展涉及方方

面面的工作，需要动员社会各个层面的力量，包括国家财政资金转移支付，经济发达地区对口帮扶，国有企业和大型民营企业出资出人出力参与社区规划建设，当地社会行政治理体系完善等重要内容，在具体实际工作中存在协调多方资源、整合建设安置点的要求，为避免反贫困外部资源及条件的浪费、分离与损耗，有必要通过社会工作建立系统协调的整合服务机制，整合碎片化的社会保障资源，形成基础性的长效扶贫机制。通过区分因病、残、灾、学而导致的“特殊贫困群体”和因缺乏土地、资金、技术及自身发展动力等原因造成的“普通贫困群体”，拉开两类群体的“边界距离”，从而减少“边缘户”数量和“吃亏”心理，有利于建立脱贫的内生机制。①

社会工作在实践中注重服务微观层面的个体和家庭的发展能力建设，致力于最困难人群的托底帮扶及社区为本的协调参与工作，由此，社会工作最熟悉和了解基层，了解具体的人的思路和想法，了解不同行政部门和利益主体之间堵塞的症结所在，因而社会工作最有条件在易地搬迁的社区基层治理方面发挥纽带作用，不仅服务于微观人群，也能从社区治理的层面在更大范围内搭建相关部门和机构之间沟通的桥梁，整合产业发展、就业帮扶、医疗教育、市场消费导向培育等反贫困关联部门，形成合力，建立能够高效推进工作的长效联动机制。

（三）在行动中构建本土社会工作的理论和模式

由于专业社会工作进入中国的时间不长，在易地扶贫搬迁社区，不可能按照系统化、规范化的专业理论来指导实践；相反，应该在具体的实践中提

① 郑秉文：《“后 2020”时期建立稳定脱贫长效机制的思考》，《宏观经济管理》2019 年第 9 期。

炼在地性的理论框架和模型，形成中国社会工作在独特的社会环境和历史背景下的特色实践、路径、方法与理论建构。整合社会工作的理论和实践，避免出现理论和实践两张皮、理论无法指导实践、实践中出不了具有普遍性和典型性理论的情况，从顶层设计和行动实践的结合中推动中国特色社会工作的发展。因此，在易地扶贫搬迁这样具有典型性的社区，不仅应该全方位展开社会工作的实务，还应该展开专业社会工作理论研究，发挥社会工作专业教育机构和专家学者在专业培训、理论研究、经验总结、模式推广方面的优势，实现社会工作理论与实务的方法整合。

六、结论

在易地扶贫搬迁社区，社会工作参与反贫困的最终目的，仍然是建立良好的社区发展关系，形成社区内的个体与群体、内部现实与外部现实的良性互动，解决社会发展不平衡不充分的基本矛盾，增强人民群众的幸福感和获得感。为此，社会工作者需要突破现有的专业角色观，构建整合的“大社会工作观”，在社会工作服务的体系、理论和方法上有创新及突破，才能扮演好自己的角色，发挥出应有的功能和作用。

第四章 云南农村基层儿童工作员胜任力研究

——以云南省四个州市的调查为例

一、研究背景

2016 年发布的《国务院关于加强困境儿童保障工作的意见》明确提出了困境儿童的界定范围及保障工作体系。2019 年，民政部联合十部门制定出台了《关于进一步健全农村留守儿童和困境儿童关爱服务体系的意见》，提出了加强基层儿童工作队伍建设的总体要求，其中明确了在村（居）民委员会设立"儿童主任"，乡镇人民政府（街道办事处）设立"儿童督导员"，以及"儿童主任"和"儿童督导员"的工作职责，并将基层儿童保护和服务体系纳入基层政府及社区管理、公共服务的职能。

在此之前，"中国儿童福利示范项目（2010—2015）"已在全国五个省的项目点设立了儿童主任。以试点地区之一的云南省为例，2010—2020 年，云南省城乡社区共建成 1 634 个村（居）"儿童之家"，拥有 1 786 名儿童督导员和 14 619 名儿童主任。① 经过几年的发展，云南省基层儿童保护体系不断发展壮大，一方面是县市区儿童福利指导中心、乡镇（街道）儿童福利服务工作指导站、村（居）“儿童之家”三级儿童福利服务工作网络不断建立和发展，另一方面是已有的儿童保护体系的根植运行，如共青团、妇联、残联等组织针对困境儿童所开展的各项帮扶，形成了民政及群团组织共同参与的基层儿童保护体系。

苏祥、陈天柱的一项研究发现，西部农村地区的特困儿童社会救助存在“多头治理、缺乏协调、救助对象覆盖不全、重物资轻服务、工作人员不足且缺乏专业性”等问题。② 云南省同样面临多头治理和基层儿童社会救助专业化程度低、保护体系作用发挥不到位等问题。对此，基层儿童工作员是否能胜任岗位工作，也成为基层儿童保护体系建设要重点关注的问题之一。为进一步加强基层儿童工作员的队伍建设和能力培养，提升基层儿童关爱服务体系建设的针对性和实效性，本研究围绕基层儿童工作员从事岗位工作的胜任力及能力建设需求开展了相关调研。

二、选题意义

目前，国外的社会救助实践中采用的救助方式呈现出多元化的特征，社会救助方式已形成综合性体系，包括现金给付、实物发放、心理援助、服务提供、资产建设等。③ 我国目前主要的社会救助方式是现金给付和实物发放，服务性救助在社会救助层面虽有所开展，但与其他救助方式仍然有一定的

① 云南省民政厅：《加快推进儿童福利服务网建设》，《中国民政》2019 年第 11 期。
② 苏祥、陈天柱：《西部农村地区特困儿童社会救助的实践：整合、协调与专业化》，《社会保障研究》2016 年第 2 期。
③ 马静：《中国农村社会救助制度改革的顶层设计》，《中国民政》2014 年第 1 期。

差距，这一差距和社会救助工作队伍发展不成熟有直接关系。中国共产党第十九届中央委员会第四次全体会议就加强普惠性、基础性、兜底性民生建设，特别是在健全幼有所育等国家基本公共服务制度体系、完善农村留守儿童关爱服务体系上做出了战略部署。我国的农村儿童关爱服务体系如何在服务性救助中提升及加强，关键是要能建立一支与我国公共服务体系相配套的专业化队伍。

在社会变迁背景下，中国儿童福利的政策和制度设计取向发生了从"补救"到"适度普惠"的转向：儿童福利机构发展从专门化转向专业化，儿童健康福利从单位、集体福利变为国家保障；儿童福利保障从"保障儿童生存和基本权利"转向"儿童利益最大化"，有关部门由"消极"被动解决问题到"积极"主动谋求儿童发展，并且越来越关注和强调早期干预及源头预防。[①] 儿童主任从最初的试点到全国铺开，经历了十年的酝酿及发展，包括儿童主任在内的基层儿童工作员的队伍建设直接关系到儿童关爱保护服务政策的实施效果。目前，学界针对儿童主任工作胜任力的研究发现：儿童主任的服务目标、行动规范及角色定位不清晰，导致儿童主任身份模糊；学历层次低，专业知识和技能缺乏，难以形成满足儿童关爱保护需求的服务能力。[②] 儿童主任存在管理体制不健全、工作职责界定不清、身份定位不明、专业培训缺乏、人员更换频繁等问题。[③] 我们需推进儿童主任的专业化和职业化进程，拓展

① 廉婷婷、乔东平：《中国儿童福利政策发展的逻辑与趋向》，《中国公共政策评论》2021年第1期。

② 黄君：《身份、能力与保障：儿童主任政策运行的困境和出路》，《社会工作》2020年第4期。

③ 伍宗云、纪拓：《儿童主任职业现状与能力提升研究——以河南巩义、北京房山、新疆伊宁、内蒙古赤峰四地儿童主任为例》，《社会福利(理论版)》2020年第6期。

儿童主任工作领域;加大社会工作专业教育与儿童保护相关岗位的衔接力度,保持政府购买服务的持续性和长效性运作。[①] 基层儿童工作员,无论是儿童主任,还是村委会、社区妇联主席或民政助理员,都可以被看作从事儿童社会工作的社区工作者。我们不仅要让基层儿童工作"有人抓,有人管",还要切实抓好、管好,以确保困境儿童保障工作做实、做细。有关基层儿童工作员胜任力问题的探索,将有效地推进基层儿童工作员专业化和职业化的发展。

三、核心概念

与胜任力有关的内容主要有两种观点。一是冰山模型。该模型认为个体胜任力的内容与结构就像冰山一样,可以分为"水面以上"和"水面以下"两部分。前者包括基本知识与技能,较容易被测量,也较容易通过培训来改变和发展。后者包括社会角色、自我形象、特质和动机,较难以测量,却对个体行为具有关键影响。[②] 二是洋葱模型。该模型将个体胜任力由内到外概括为层层包裹的洋葱状结构,最核心的是动机,然后向外依次展开为个性、自我形象与价值观、社会角色、态度、知识、技能。[③]

麦克莱兰(McClelland)认为,胜任力是指与工作或工作绩效或生活中的其他重要成果直接相似或相联系的知识、技能、能力、特质或动机。[④] 国

① 赵学慧、赵川芳:《我国儿童主任现状探析——以北京地区儿童主任为例》,《社会福利(理论版)》2020 年第 7 期。

② L. M. Jr. Spencer and Signe M. Spencer, *Competence at Work: Models for Superior Performance* (New York: John Wiley & Sons. Inc, 1993), p. 27.

③ Richard E. Boyatzis, *The Competent Management: A Model for Effective Performance* (New York: John WIiey, 1982).

④ D. C. McClelland, "Testing for Competence Rather than for Intelligence," *Journal of American Psychologist* 28, no. 1 (1973): 1 - 14.

内学者董云芬认为，职业胜任力能够衡量个体是否能胜任某一工作，预测其工作成效，并且能够区分绩效优异者与一般者的知识、能力、动机、价值等各种个体特征。从内容上看，胜任力不仅包括一般意义上的操作性技能、一般化能力，也包括价值、动机、态度等深层次的要素，并且后者更为重要。①

结合以上观点，基层儿童工作员的岗位胜任力，是指工作员能够把专业理念、知识、方法、技能应用到基层儿童救助服务中的能力。

四、调查对象与方法

（一）调查对象

1. 服务提供者

从事基层儿童工作的专兼职工作员，包括基层的民政助理员、儿童主任、社区居委会委员、村委会委员、社区妇联主席、残联专干、社区居委会主任或副主任、村委会主任或副主任等。

2. 管理、培训及督导提供者

包括为基层困境儿童直接提供培训及督导的高校教师，为基层儿童工作员提供管理及服务的县市级民政、妇女儿童工作委员会办公室的管理人员。

（二）调查方法

2020 年 3—5 月，项目组通过问卷调查、电话访谈及定向收集经验总结

① 董云芳：《社会工作专业人才职业胜任力模型分析》，《华东理工大学学报（社会科学版）》2011 年第 5 期。

的形式，开展了基层儿童工作员胜任力及培训需求的调查。

1. 问卷法

本次调研共收集了163名基层儿童工作员的胜任力及需求问卷。被调查的对象分别来自云南昆明、玉溪、楚雄、红河，其中女性91人，男性72人。基层儿童工作员的学历及年龄结构分别如图4-1和图4-2所示。

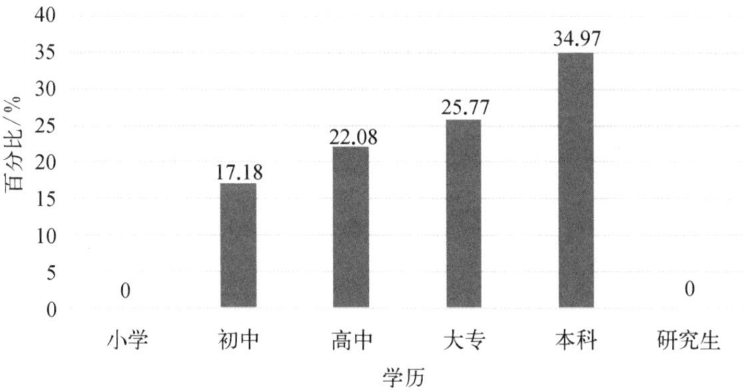

图4-1　基层儿童工作员的学历结构

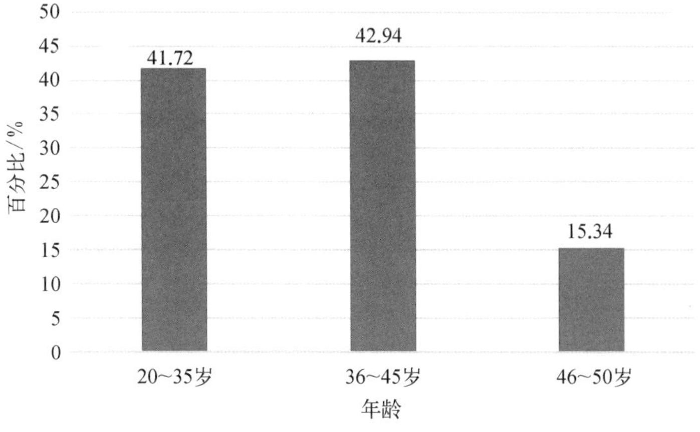

图4-2　基层儿童工作员的年龄结构

2. 访谈法

受疫情影响，访谈主要采用电话访谈的方式进行。访谈对象分别来自云南四个州市的“儿童之家”示范点，包括村及乡镇干部两名、提供困境儿童服务及督导的高校教师两名、基层妇女儿童工作委员会办公室主任一名、村一级的儿童主任两名。访谈主要聚焦于基层儿童工作员在日常工作中的困境、需求及如何有效地开展工作。

此外，本研究还选取了有丰富管理经验的民政干部一名、提供困境儿童相关服务的社会组织工作人员一名，以及在西部地区具有长期工作经验的儿童主任三名。请他们就基层儿童工作员可能面临的需求进行了经验交流和总结。

五、调查结果

调研考察了基层儿童工作员个体及环境两个层级的影响因素。其中，对基层儿童工作员个体的调研，主要围绕与胜任力有关的知识、技能、态度及价值观四项内容展开；对基层儿童工作员的工作环境的调研，主要从队伍建设需求及工作机制两个层面展开。调研有以下发现。

（一）知识结构的胜任力表现较好，但相对于显性知识，隐性知识较少

显性知识是可用系统的语言或编码化方式表达的知识。隐性知识却是高度个人的难以编码及沟通的知识，是基于经验得来的。隐性知识只能在特定条件及区域内通过活动进行传播，通过人的观察、模仿及实践获得，通过学徒式的培训及面对面的互动方式进行传播。① 从表 4－1 可以看出，基

① 郭瑜桥、和金生、王咏源：《隐性知识与显性知识的界定研究》，《西南交通大学(社会科学版)》2007 年第 3 期。

层儿童工作员在知识结构的胜任力上表现较好，达到3分以上的均分，但该群体对显性知识掌握较好，对隐性知识的掌握相对较差。例如，工作员通过已有的知识能识别服务对象的明显特征，但对专业化和经验性的知识掌握相对较少。又如，工作员对身体残疾和经济贫困儿童等能观察到，且有具体衡量标准，对能用具体语言描述的服务对象识别度高，均分为4分以上；对家庭监护不力、有心理困扰的儿童及儿童心理发展规律的判断标准模糊，并且对需要一定专业背景知识及服务经验的对象，识别能力相对较低，识别有心理困扰的儿童均分为3.53分。此外，工作员对显性知识中的政策和法律知识的掌握程度相对较低，均分为3.86分。

表4-1　基层儿童工作员的知识结构胜任力

知识结构相关项目	N	极小值	极大值	均值	标准差
您了解如何去识别困境儿童吗？	163	1	5	4.13	0.653
您了解如何识别身体残疾的困境儿童吗？	163	1	5	4.16	0.666
您了解如何识别家庭经济贫困的困境儿童吗？	163	1	5	4.11	0.629
您了解如何识别家庭监护不力的困境儿童吗？	163	1	5	3.98	0.724
您了解与困境儿童工作有关的政策吗？	163	1	5	3.85	0.758
您了解与儿童保护有关的法律知识吗？	163	1	5	3.84	0.719
您了解与儿童发展有关的心理规律吗？	163	1	5	3.59	0.844

续 表

知识结构相关项目	N	极小值	极大值	均值	标准差
您了解如何识别有心理困扰的儿童吗?	163	1	5	3.53	0.819
您了解与儿童救助和保护有关的救助政策吗?	163	1	5	3.86	0.728

(二) 有一定工作技能,但信息收集和有效工作的技能不足

从技能储备、工作关系建立到开展具体服务这三个阶段来看,基层儿童工作员的技能胜任力(见表 4-2)表现如下:基层儿童工作员有技能的储备,能认识如何运用社会工作的方法开展相关工作,平均分达 3.85 分;同时能与服务对象建立良好的专业关系,能关注到自身的情绪和行为反应,均分为 3.85 分及以上;但在服务的具体提供过程中,对如何收集服务对象的有效资料及把握服务对象的情绪和行为反应则相对于其他技能的得分较低,均分分别为 3.81 分和 3.83 分。从调查结果可以看出,基层儿童工作员在技能方面有一定的储备,但在掌握有效的工作技能方面还稍显不足。

表 4-2　基层儿童工作员的工作技能胜任力

工作技能相关项目	N	极小值	极大值	均值	标准差
您了解如何运用社会工作的方法开展工作吗?	163	1	5	3.85	0.678
您了解如何有效收集服务对象各方面的背景资料吗?	163	1	5	3.81	0.725
您了解如何与服务对象建立良好的专业关系吗?	163	1	5	3.85	0.713

续　表

工作技能相关项目	N	极小值	极大值	均值	标准差
您了解如何关注服务对象的情绪及行为反应吗?	163	1	5	3.83	0.717
您了解如何关注自身的情绪及行为反应吗?	163	1	5	3.93	0.686

（三）工作态度积极，但自我效能感较低

从表 4－3 可以看出，基层儿童工作员在工作态度上表现出较高的胜任力，均分都在 4.0 以上，但在对服务效果的信心、自我认知方面的态度相对其他项目略低，如工作员对自身的局限性的了解及对服务效果的信心，均值都在 4.2 以下，提示工作中的自我效能感可能会成为一部分工作员的困扰。"自我效能感"是表述人们对自身是否具有完成某一活动与任务所需能力的判断及信念，是员工对自身是否具备达成工作目标的相关能力的主观感知；员工职业自我效能感会影响组织的绩效①。对此，一部分基层儿童工作员的自我效能感低，也会影响其胜任力的发展。

表 4－3　基层儿童工作员的工作态度胜任力

工作态度相关项目	N	极小值	极大值	均值	标准差
您对服务工作的开展及服务效果的实现有信心吗?	163	1	5	4.13	0.659
您了解自身的局限性吗?	163	1	5	4.07	0.649

① 洪泸敏：《劳动关系、员工职业自我效能感与组织绩效》，《青海师范大学学报(哲学社会科学版)》2020 年第 3 期。

续 表

工作态度相关项目	N	极小值	极大值	均值	标准差
您了解继续学习以提高胜任力的重要性吗?	163	1	5	4.29	0.626
您了解自己的工作职责和工作范围吗?	163	1	5	4.25	0.62

(四)对社会工作的专业价值认同高,但对岗位工作的价值认同低

在价值观方面(见表4-4),基层儿童工作员对社会公平和正义及个体价值的尊重、社会预防等社会公义,以及社会救助的价值观有较高的价值认同,得分均在4.2以上;相对较低的是对工作任务的价值认同,如对自身工作任务的认识、服务对象的自我实现,对自身专业技能的认同等,均值略低。究其主要原因,访谈发现,工作员对自己的岗位职责认识不足,如对"儿童之家"及儿童主任的职责和职能不清楚,缺乏专业服务技能,不知如何帮助有心理困扰的孩童,工作中资源缺乏,对帮助对象的自我实现缺乏帮扶信心。

表4-4 基层儿童工作员的价值观

价值观相关项目	N	极小值	极大值	均值	标准差
您了解您的任务是帮助困境儿童及处理社会问题吗?	163	1	5	4.1	0.605
您尊重每个人的价值和尊严,不因任何人的家庭背景、社会及经济地位或对社会的贡献不同而有所区别	163	3	5	4.22	0.609
您相信每一个人都有潜质去发展,在自我实现的同时也有责任鼓励及协助他人	163	1	5	4.15	0.663

续　表

价值观相关项目	N	极小值	极大值	均值	标准差
您有责任维护人权及促进社会公义	163	3	5	4.2	0.554
您有责任运用专业知识推动个人和社会的进步，促进人们各尽所能	163	1	5	4.16	0.555
您认同人际关系的重要性，会尽力加强人际关系，促进群体的福利，帮助社会预防及减少困境	163	1	5	4.2	0.579

（五）专业化程度低是制约基层儿童工作员胜任力的发展瓶颈

基层儿童工作员所面对的群体多是因贫致困的儿童，但服务提供难度最大的则是因身心残障致困的儿童。调查共列举了12种儿童致困的原因，结果显示，基层儿童工作员认为最常见的五种分别是：因贫致困者，占比为61.3%；因家长监护不力致困者，占比为38.7%；精神障碍致困者，占比为37.4%；肢体残疾致困者，占比为35.6%；智力障碍致困者，占比为34.4%。在这常见的五类困境儿童中，基层儿童工作员认为服务提供最困难的是：因精神障碍致困的儿童，占比为60.1%；因智力障碍致困的儿童，占比为40.5%；因贫致困的儿童，占比为30.1%；因家庭监护不力致困的儿童，占比为29.4%；因肢体残疾致困的儿童，占比为17.2%。从调查结果我们可以看出，身心致困的困境儿童较经济贫困的儿童对服务的提供者来说更具挑战性，如何为身心致困的儿童提供帮扶，提升履职的专业性，是基层儿童工作员胜任力发展的瓶颈所在。

（六）专业督导和工作经费缺乏是履职中的主要问题来源

与职业倦怠有关的主要压力源有角色过载、角色混淆和角色冲突等。

角色过载包括数量上的和质量上的角色过载。数量上的角色过载，是指个体完成的任务与完成此任务的时间的不一致，使个体感到无法在规定的时间内完成。质量上的角色过载，是指角色要求过高或太复杂，个体缺乏足够的资源、经验与技能去完成工作任务。①

从基层儿童工作员的职业压力源看，接受调查的163人中，有71.8%的人认为是缺乏专业督导，67.5%的人认为是缺乏工作经费的支持，33.1%的人认为是薪资待遇不高，30.7%的人认为是服务对象不理解，25.8%的人认为是缺乏政策支持，17.2%的人认为是缺乏工作场所，14.7%的人认为是投入的时间和精力过多，4.9%的人认为是家人不支持。从以上结果来看，基层儿童工作员压力源排名前五的分别是：缺乏专业督导、缺乏工作经费、薪资待遇不高、服务对象不理解、缺乏政策支持。其中，缺乏专业督导与工作经费，有超过六成的工作员勾选，是目前基层儿童保护体系中较常见的问题，也是目前发展过程中的主要困难。从角色过载来看，基层儿童工作员身兼数职，同时缺乏相应的督导及工作经费，这种角色数量和质量上的过载，势必影响基层儿童工作员的工作绩效及胜任力的发展。

（七）与工作环境和服务对象有关的专业化知识需求大

调查发现，工作员认为最需要通过培训获得的知识包括：家庭教育方面的知识，占比为95.1%；儿童保健知识，占比为89%；幼儿早教知识，占比为79.1%。以家庭为服务对象，工作员需获得的知识包括：家庭教育辅导方面的知识，占比为97.5%；亲子关系辅导方面的知识，占比为79.8%；婚姻辅导

① 江卫东、陈丽芬：《工作倦怠与工作压力源和工作满意度关系研究》，《南京理工大学学报》2009年第4期。

方面的知识，占比为61.3%。此外，有关政策、法律方面的知识，也有80%以上的受调查者表示需要。与工作相关的技能，需求的优先次序如下：心理辅导技能82.2%，沟通技能77.3%，社区组织方法61.3%，团体工作技能49.1%，电脑操作技能45.4%，公文写作技能31.3%，档案归类整理技能26.4%。从以上结果可以看出，相对于一般性知识，基层儿童工作员的专业化知识更为缺乏，如以家庭为核心的教育和辅导知识及政策、法律相关知识。

（八）基层“两委”和基层工作的协调机制是影响履职效能的重要因素

研究者在对基层儿童工作员的需求进行电话访谈及经验总结中发现，基层儿童工作员的胜任力问题不仅是工作员作为一个服务个体所呈现出的知识和技能等方面的问题，而且也是一个工作机制的问题。目前，针对困境儿童的服务主要有以下三种工作机制：

第一，民政部门牵头，履行政府兜底监护义务，由共青团、妇联、关心下一代工作委员会、教育部门和社会组织进行资源整合的工作机制，侧重儿童主任及儿童督导员体系的建立和发展。这一工作机制覆盖面广，但工作开展的有效性受限于当地资源是否丰富，以及基层“两委”是否有人关心或从事儿童工作。如村一级的儿童主任，往往因为村庄资源匮乏难以开展工作或因无法参与“两委”的决策而失能。

第二，以组织部门、民政部门负责的，以党建引领的“三社联动”，是依托党建工作者、社区工作者、社会工作者和志愿者三支队伍，以各级党群服务中心为阵地，以社区为平台、以社会组织为载体、以社会工作人才为支撑的联动机制。这一工作机制能有效地调动当地的人、财、物并进行资源整合，为基层儿童工作员的服务开展提供有力保障。但这一机制覆盖面小，无法辐射到资源匮乏的农村社区。

第三，由综治办牵头，民政等多部门相互协作，以推进社区综合治理体系和治理能力的发展为契机，将儿童保护体系的建设作为社区综合治理的重要内容来抓，推动儿童友好社区的建设及服务。但有些地区或部门未能落实儿童工作的联席会议制度，导致工作落实难。

以上三种工作机制，无论资源多寡，起关键性作用的是基层“两委”，即村（社区）党支委和村民（居民）居委员会的工作是否形成合力，以及“农村留守儿童关爱和困境儿童保障工作联席会议制度”是否发挥作用。

六、提升胜任力的策略

基层儿童工作员承担着为困境儿童服务的重要职能，基层儿童工作员的胜任力问题，是一个循序渐进的过程，必须有一个长期和可持续的发展规划，是一个从培训不断向培养发展的过程。因此，基层儿童工作员的胜任力发展首先要解决的是如何定位基层儿童工作员的问题，其次是如何分阶段实施培训及培养的问题，最后是组织机制和文化氛围的营造问题。结合基层儿童工作员的工作处境与现实需要，本研究提出以下五条胜任力提升的实施路径。

（一）强化基层儿童保护体系的组织功能，加强队伍的激励、监督与考核

基层儿童工作员以村（社区）为工作场所，关注儿童、家庭及社区发展。其中，“儿童主任”“儿童督导员”作为新事物嵌入原有的儿童保护体系，是一种结构、认知、文化的嵌入。相对结构或组织机构的嵌入，认知和文化的嵌入是一个重要和持续不断的过程。王思斌认为，对社会工作的嵌入性行动，

要关注嵌入主体、嵌入机制、嵌入状态、嵌入后果等因素。[①] 因此，对于基层儿童工作员作为嵌入的主体是否胜任，嵌入的工作机制是否符合工作发展需要，以及嵌入的效果如何，都应加强管理及提升。这方面的策略包括如下三种：一是要加强基层儿童工作员的激励机制；二是要加强监督与考核（其中激励是内源式激发，考核监督是外源式激发，两者缺一不可）；三是要加强基层儿童工作员的工作职责、职能的宣传及教育，提高公众知晓度，进一步促进基层儿童保护体系的作用发挥，提升基层儿童工作员的职业认同感及自豪感。

（二）实施短期和长期相结合的系统培训

1. 短期目标是补短板，加强专业知识和技能的提升

从调研结果看，基层儿童工作员在培训形式上，期望采取网络为辅、面授为主的形式，培训的设计可以是讲座及体验式活动的结合，面授每季度一次，每次三小时。培训内容包括与家庭教育相关的理论和技能，以及法律、政策方面的知识等。此外，基层儿童工作员在实际工作过程中，感到提供服务难度较大的群体，主要包括精神障碍儿童、肢体残疾及监护不力的困境儿童，相应地，与家庭教育相关的主题也是基层儿童工作员较为关切的内容。因此，从基层儿童工作员的培训及培养上看，应建立一个短期和长期相结合的目标，短期是补短板，以提升工作员的自我效能感为目标，侧重专业知识与技能的提升。

2. 中长期目标着眼于工作员的能力建设

基层儿童工作员的长期建设目标是增强工作员的能力素质，提升工作

① 王思斌：《中国社会工作的嵌入性发展》，《社会科学战线》2011 年第 2 期。

素养，朝着职业化和专业化的方向发展。从基层儿童工作员的专业化培养上看，还需建立基层儿童工作员的专业督导制度。从调研结果可以看出，对基层儿童工作员专业指导的缺乏相对于资金缺乏显得更为迫切。基层儿童工作员职业化和专业化的提升不仅是培训，更应上升到培养的高度。一方面，知识的获得除了显性知识外，还有较难获得的隐性知识，需要不断地体验、传承和积累，特别是加强与提升知识培训中的隐性知识的学习，拓展隐性知识的获得途径，提升示范及榜样的作用；另一方面，要建立专业的督导机制，为基层儿童工作员提供常态化和可持续化的专业指导。

（三）专岗专设，加强基层儿童工作员的心理建设

近年来，云南省加快了乡镇（街道）社会工作服务站、未成年工作保护站和农村社会服务人才队伍建设。虽然全省已建立了相应的儿童保护体系，特别是困境儿童的保护网络，但目前网络作用的发挥还有待提升。此外，对儿童督导员进行有效监督，对儿童主任的身份和角色准确定位（是服务的直接提供者、资源的链接者或是其他角色），也决定了基层儿童工作员的社区参与程度。

从调研情况看，一方面，基层儿童工作员所遇到的问题不仅仅是经济贫困问题，传统的助困模式已经很难满足服务对象的需求；另一方面，专业能力的提升，不仅提升了基层儿童工作员的专业能力，同时也能更好地激励工作员投入工作，减少对工作压力的感知。以儿童主任为例，从职责和岗位分析来看，儿童主任不仅是资源的链接者和提供者，也是服务的协助提供者。因此，设立专人专岗更有利于职业能力的建设，防止角色弱化或角色过载，让儿童主任及服务对象都有获得感，而不仅仅是提高薪资待遇。此外，要加强基层儿童工作员的心理建设，包括从认知、情感、态度上内化儿童主任对岗位职责的认同，使其积极应对现实中可能遇到的困难，在工作中有获得感、价值感及参与感；加强社区的教育与互动，从社区与工作员的沟通互动中加强工作员对岗位工作的价值肯定。

（四）“牵手”帮扶，加快基层儿童工作员的能力建设步伐

目前，我国儿童福利制度已从补缺型向适度普惠型发展。长期以来，儿童工作通常由不同的部门管理，甚至出现多头管理，工作中有时出现缺乏主体责任及系统缺乏联动等问题。困境儿童的救助工作是一个系统工程，儿童保护工作很难举一家之力做好。早在2017年，民政部就启动了社会工作服务机构“牵手计划”；2017—2020年，从社会工作先发展地区遴选社会工作服务机构，一对一牵手帮扶贫困地区培育发展社会工作服务机构。

整合及重视在地资源的利用，一方面，不仅可以提供儿童所需的帮助，而且还可以更好地发挥本土的经验和尊重本地的文化；另一方面，也可以充分发挥社会力量，参与及完善基层儿童福利体系的建设。特别是在一些经济发展相对滞后的地区，社区资源匮乏，指导和规范儿童福利类社会组织，可以为有需要的农村困境儿童提供专业化的帮扶，以补足地方及社区资源匮乏的问题。当然，本地也有发展较好的“儿童之家”及具有示范和引领性的经验与做法。在本地区和本省开展相应的“牵手计划”，挖掘并发展在地资源，培育在地骨干，积极构建因地制宜的儿童保护工作机制，也可以缓解地区间的发展不平衡，为资源及专业队伍缺乏的地区的发展提供保障，并为基层儿童工作员的履职提供平台和空间。

（五）支持村妇联主席进“两委”，畅通基层儿童工作员的履职通道

2018年，《全国人民代表大会常务委员会关于修改〈中华人民共和国村民委员会组织法〉〈中华人民共和国城市居民委员会组织法〉的决定》中规定：村民委员会由主任、副主任和委员共三至七人组成。村民委员会成员中，应当有妇女成员，妇女村民代表应当占村民代表会议组成人员的三分之一以上。2019年，中共中央印发《中国共产党农村基层组织工作条例》，规定在农村基层干部队伍建设中要“重视发现培养选拔优秀年轻干部、女干部和少数民族干部”，为新形势下妇女参与农村基层治理提供了支持。

调研发现，村一级的妇联主席作为妇联的基层组织，在村一级的留守和困境儿童保护中，发挥着关键性的作用，且大多兼任儿童主任，但村妇联主席只进村民委员会而未进村党支部委员会，即未真正进“两委”，因而常常感到工作力不从心、资源匮乏。在一些能积极落实“农村留守儿童关爱保护和困境儿童保障工作联席会议制度”的地方，上下协调一致，资源调配合理，基层儿童保护体系的作用得以真正发挥。因此，让基层儿童工作员胜任好岗位工作是一个“内外兼修”的系统工程，内要加强工作员履职，外要加强环境和机制的营造，特别是加强基层“两委”建设，使村一级的妇联主席进“两委”，最终落实及深化“农村留守儿童关爱保护和困境儿童保障工作联席会议制度”，畅通基层儿童工作员履职的通道。

第五章　西部地区儿童权利现状及社会工作介入

一、引言

西部地区是贫困人口多、贫困面积大、贫困发生率高的地区。西部地区贫困问题是学界长期关注的热点之一。而在西部地区贫困人群中，儿童的贫困近年来更是引起了越来越多的关注。贫困使得一些儿童在身体健康、学业成绩、认知能力、情感和行为等方面与正常儿童相比都存在差异，并对其以后的教育、健康、就业机会等产生深刻影响，最终可能导致贫困的代际转移。帮助儿童脱离贫困，对贫困代际传递进行阻隔将直接关系到我国反贫困工作的长期成效，具有重要的现实意义。因此，在中国整个反贫困的大战略背景下，关于西部地区贫困儿童的反贫困问题值得深入探讨，帮助西部地区贫困儿童反贫困也是整个反贫困工作的重点和难点。

二、文献回顾

美国社会学家赫伯特・J. 甘斯（Herbert J. Gans）认为，贫困者之所以贫困，主要是因为他们无法接受较高层次的教育培训，因而只能担任一些重要程度较低的职位，低职位决定了低工资，低工资决定了他们始终处于贫困状态。① 奥本海默（Oppenheim）尝试从“机会被剥夺”的角度界定贫困。他认为，贫困悄悄地夺去了人们享有生命不受疾病侵害、有体面的教育、有安全的住宅和长时间的退休生涯的机会。② 欧洲经济共同体（EEC）学者认为，贫困应被理解为：个人、家庭和部分群体所获资源如此有限，以致他们被排除在其他社会成员正常的社会生活方式之外。世界银行也在《2000 年世界发展报告》和《2001 年世界发展报告》中指出，贫困不仅仅指收入低微和人力资本的不足，还包括人面对外部冲击的脆弱性、缺少发言权及被社会排斥在外。美国人类学家奥斯卡·刘易斯（Oscar Lewis）最早提出贫困文化的概念，指出穷人在适应被剥夺状态时会逐渐形成一种使他们陷于贫困的价值观、信念和生活方式，即一种远离社会主流文化的贫困亚文化。处于贫困亚文化中的个体强烈认同即时享乐的生活态度，而对摆脱贫困、寻求更好生活的愿望不强烈、参与性不足。在贫困亚文化中成长的儿童，特别容易受贫困文化的影响，深陷其中，进而导致贫困的代际传递。③ 20 世纪中期，纳克斯提出了“贫困恶性循环理论”，认为贫困具有代际传递的重要特点。当贫困家庭及其子女被排除在正常社会活动之外，他们可能失去了改变命运的机会，导致贫困链条不断被复制出来。④

发达国家在界定儿童贫困时，一般从社会和相对的视角出发，认为贫困

①④ 张兵：《贫困代际传递理论发展轨迹及其趋向》，《理论学刊》2008 年第 4 期。

② Carey Oppenheim and Lisa Harker, "*Poverty: The Facts*," CPAG, no. 8 (1993): 36 - 77。

③ Oscar Lewis, *Five. Famlies: Mexican Case Studies in the Culture of Poverty* (NewYork: Basic Books, 1959), p. 19.

不是单纯的收入问题，更多地表现为一种社会排斥，甚至与虐待和忽视儿童密切相关。国外学者指出，儿童贫困应从收入贫困、参与贫困、服务贫困三方面来理解。收入贫困主要是指儿童家庭收入低下，可以通过促进就业、税收优惠、增加教育机会帮助家庭摆脱贫困。参与贫困是指贫困家庭的儿童经常不能参与相应的活动，而其他儿童却能去参加这些活动，因而增加儿童参与是摆脱贫困的重要途径。服务贫困是指贫困儿童总是被排斥在相关的服务之外而不能享受相应服务，将服务作为一种资源递送给儿童及其家庭是重要的减贫途径。[①] 在这些措施中，学者们特别强调对人力资本的早期投入。他们认为，增强儿童早期人力资本投资有利于提升学业成绩，甚至还能带来更大的社会正效应，降低未成年人违法犯罪率，提高成年后的受教育程度、收入和幸福指数。学者们进一步强调，对人力资本的投资放在生命周期的早期阶段效果更加显著[②]，提升贫困人口自身的能力是最有效的反贫困措施[③]。联合国儿童基金会(UNICEF)在《世界儿童状况报告》中也指出，打破贫困代际传递的各项政策需要在具有巨大发展潜力的儿童早期实施才最为有效。[④]

国内学者的研究指出，部分西部地区处于生态性贫困、经济性贫困、知识性贫困、制度性贫困共存的多维度贫困状态。多种贫困状态并存，加剧了反贫困的复杂性。[⑤] 反贫困的目标应是使贫困人口的基本需求得到满足[⑥]，政府

① 王慧娟：《儿童贫困与社会排斥文献评述》，《社会工作与管理》2021 年第 1 期。

② James Hekman, "The Case for Investing Disadvantaged Yoimg Children," *Dice Report* 6, no. 2(2008): 3－8.

③ 阿马蒂亚·森：《以自由看待发展》，任赜、于真译，中国人民大学出版社，2013。

④ 张兵：《贫困代际传递理论发展轨迹及其趋向》，《理论学刊》2008 年第 4 期。

⑤ 元林君：《民族地区的贫困问题与反贫困战略》，《行政管理改革》2016 年第 4 期。

⑥ 赵曦：《中国西部农村的反贫困治理研究》，《四川大学学报(哲学社会科学版)》2006 年第 6 期。

主导作用在一定程度上仍然是反贫困的关键所在①,但反贫困过程应充分重视非营利组织的作用②,健康的反贫困政策应该构建政府、企业、贫困个体、社会组织等在内的多元化反贫困主体,赋予穷人分享信息、参与决策的权利③。关于反贫困中存在的问题,有学者指出反贫困工作对人力资本的投资缺乏足够的重视④,人的主观能动性并没有得到有效的发挥⑤,使得反贫困工作的效果难以实现。关于儿童贫困的问题,学者们指出,家庭经济状况与儿童人力资本积累有重要关系,家庭经济困窘导致发展机会匮乏。⑥ 营养条件、传染病、环境暴露三大因素对儿童期发展有重要影响⑦,儿童的可行能力被剥夺,即机会与权利的缺失导致早期儿童贫困的发生⑧,社会参与、健康和留守时间与儿童多维贫困明显相关,其中相关度最高的是社会参与因素⑨。关于儿童贫困问题的应对,有研究指出实行家庭津贴政策更能有效阻止贫困的代际传递,实行服务偏向、公共供给为主的普惠型家庭政策有利于增加人力资本积累⑩,就反贫困成效来说,教育具有十分正面的影响。⑪

---

① 韩春:《中国农村贫困的新特征及反贫困对策研究》,《特区经济》2010 年第 3 期。
② 刘敏:《NGO 与贫困治理: 以香港为例》,《兰州学刊》2008 年第 8 期。
③ 元林君:《民族地区的贫困问题与反贫困战略》,《行政管理改革》2016 年第 4 期。
④ 王晓敏:《浅议新时期我国农村的反贫困政策》,《中共郑州市委党校学报》2009 年第 5 期。
⑤ 张新文、吴德江:《新时期农村扶贫中的政府行为探讨》,《郑州航空工业管理学院学报》2011 年第 5 期。
⑥ 李晓明:《贫困代际传递理论述评》,《广西青年干部学院学报》2006 年第 2 期。
⑦ 罗仁福、王天仪、张林秀等:《从脱贫到贫困预防——基于贫困代际传递和儿童早期发展视角》,《科技促进发展》2017 年第 6 期。
⑧ 杨晨晨、刘云艳:《可行能力理论视域下早期儿童教育扶贫实践路径建构》,《内蒙古社会科学》2017 年第 6 期。
⑨ 冯贺霞、高睿、韦轲:《贫困地区儿童多维贫困分析——以内蒙古、新疆、甘肃、广西、四川五省区为例》,《山西农业大学学报(社会科学版)》2017 年第 6 期。
⑩ 汪燕敏、金静:《长期贫困、代际转移与家庭津贴》,《经济问题探索》2013 年第 3 期。
⑪ 岳希明、李实、王萍萍等:《透视中国农村贫困》,经济科学出版社,2007。

还有学者指出，国家脱贫攻坚的基本目标是要解决“两不愁三保障”层面上的问题，很难将“儿童优先”作为其重要的原则。但随着脱贫攻坚任务的完成，在下一步以消除相对贫困为目标的持续性反贫困行动中，“儿童优先”原则的重要性将大大加强。①

显然，现有研究显示贫困亚文化及其代际传递会使儿童深陷其中，针对儿童贫困问题，政府与社会力量需共同作用，致力于早期干预——支持家庭、协助儿童参与、提供更多的教育机会等——阻隔贫困代际传递。

三、研究方法

本研究采用定量与定性相结合的研究方法，先用问卷调查和半结构化焦点小组的方式进行需求评估，找到影响儿童贫困的因素，并根据这些影响因素设计干预策略进行干预。

问卷调查部分采用整群分层抽样的方法，根据 X 县全部学校名单组成的抽样框，进行等距随机抽样，在无法抽取某个学校时，更换为所在镇附近学校，抽取 3 所中学、3 所小学，共计 6 所学校。在这 6 所学校中，从小学四年级到初中三年级 6 个年级的每个年级中抽取一个班级进入样本，累计发放 600 份问卷，其中回收有效问卷 513 份，问卷有效率为 85.5%，样本中少数民族儿童占比为 91.4%（其中佤族儿童占比为 70.0%，拉祜族儿童占比为 17.3%，回族、傣族等其他少数民族儿童占比为 4.1%）。

问卷内容分为三部分：第一部分是儿童基本信息收集；第二部分对儿童

① 姜妙屹：《试论我国家庭政策与儿童政策相结合的儿童优先脱贫行动》，《社会科学辑刊》2019 年第 4 期。

生存权、受保护权、发展权和参与权进行逐一考察，了解儿童权利获得现状；第三部分对儿童抗逆力情况进行调查，以更好地了解儿童权利发展中面对问题的应对情况。关于抗逆力的测量，本研究使用的是经本土化修订的儿童青少年抗逆力量表(CYRM－C)。该量表对社会支持力、家庭支持力和个人抗逆力三个因子进行测量，全表共计 27 题，采用李克特五点量表形式，各项目均采取 1～5 分的评分方式。

在 513 名儿童构成的有效样本中(见表 5－1)，女生略多于男生，占比为 54.8%，样本儿童年龄多集中在 12～14 岁(49.5%)。在人员构成方面，以佤族为主，佤族儿童在总体样本中占比达 70.0%，拉祜族占 17.3%，两者相加占 87.3%。儿童父母的受教育程度普遍偏低，六成左右的父母的受教育程度在小学及以下，母亲的受教育程度在小学及以下的达 69.8%。在父母职业方面，半数左右的父母均为农民，父亲中有 4.5%无固定工作或无工作，母亲中有 7.8%无固定工作或无工作。

表 5－1　样本的人口社会学特征

变量	类　别	频数	百分比%	变量	类　别	频数	百分比%
性别	男	232	45.2	民族	汉族	44	8.6
	女	281	54.8		佤族	359	70.0
年龄	9～11 岁	143	27.9		拉祜族	89	17.3
	12～14 岁	254	49.5		其他	21	4.1
	15 岁及以上	116	22.6	年级	四年级	85	16.6
兄弟姐妹数量	独生子女	73	14.2		五年级	102	19.9
	1 个	243	47.4		六年级	113	22.0

续　表

变量	类　别	频数	百分比%	变量	类　别	频数	百分比%
兄弟姐妹数量	2个	126	24.6	年级	初一	75	14.6
	3个	33	6.4		初二	70	13.6
	4个及以上	37	7.2		初三	68	13.3
	缺失值	1	0.2				
父亲受教育程度	小学及以下	311	60.6	母亲受教育程度	小学及以下	358	69.8
	初中	139	27.1		初中	101	19.7
	高中/中专	37	7.2		高中/中专	34	6.6
	大专	15	2.9		大专	9	1.8
	本科及以上	9	1.8		本科及以上	10	1.9
	不确定	2	0.4		不确定	1	0.2
父亲职业	机关企事业单位	51	9.9	母亲职业	机关企事业单位	41	8.0
	服务业	15	2.9		服务业	15	2.9
	自由职业者	20	3.9		自由职业者	14	2.7
	工人	110	21.4		工人	88	17.2
	农民	265	51.7		农民	230	44.8
	个体户	17	3.3		个体户	14	2.7
	无固定工作	12	2.4		无固定工作	23	4.5
	无工作	11	2.1		无工作	17	3.3
	其他	12	2.4		其他	71	13.9

注:“服务业”包括餐饮服务员、司机、售货员等,“自由职业者”包括作家、艺术家、摄影师、导游等,“工人”指工厂工人、建筑工人及环卫工人等。

在半结构化焦点访谈部分,为更好地了解X县儿童权益获得现状,对问卷调查内容进行有效补充和回应,研究抽取了样本中的13名学生家长、16

名在校教师、16名在校中小学生和3个重点困难家庭，先后进行了9场焦点小组访谈，每个焦点群体访谈时间控制在0.5～1小时，重点就不同群体对儿童权利现状的态度看法、儿童未来发展预期，以及X县儿童在学校、家庭、社区的生存现状等方面进行深入了解，以此作为问卷调查信息的有效补充。

四、研究讨论

X县100%的地理面积为山区，境内海拔最高处为2 458.9米，最低处为590米，地势复杂，缺乏良好的农业生产条件，水利灌溉困难。当地降雨频率较高，不但使农业生产难以有效开展，还会引发各种自然灾害，对经济社会的发展产生了较大的制约。

目前，X县共有36个村委会、3个居委会、260个自然村，共住着汉、佤、拉祜、傣等24个民族，少数民族人口在X县全部人口中占比为94%，佤族人口在X县总人口中占比达到了71.6%。虽然经过多年的扶贫开发、新农村建设，X县的经济条件得到了有效的改善，但是受多方面因素的影响，X县仍是云南省最贫困的地区之一。

（一）X县贫困的影响因素

通过问卷调查与焦点小组访谈，我们发现除了自然环境因素外，还有以下导致当地贫困的主要因素。

1. 受教育程度普遍偏低

X县贫困人群受教育程度普遍较低，受调查儿童的父亲受教育程度为初中及以下的有87.7%，母亲受教育程度为初中及以下的有89.5%。以W村为例，该村有77名30岁以上的成年人，人均接受教育的年限小于四年，全村拥有高达68.0%的文盲、半文盲率，人力资本非常弱，导致人们接受先进知识的能力、创新变革的能力明显不足，经济和社会的发展严重受限。

2. 家庭经济状况脆弱

在多年新农村建设过程中，政府通过多种方式进行政策引导、技术扶贫，在一定程度上影响了X县贫困人群的市场意识、商品意识，但是他们的生产方式仍然以自给自足的农业经济为主。一半以上的村民仅从事单一的农业，还有一部分家庭没有固定的职业。传统的农耕经济只能维持最低的生活标准，缺乏资本积累导致家庭经济风险较高。如X县近几年来橡胶产业受经济转型和市场影响，价格低迷，以橡胶业为主要生活来源的村民家庭经济因此陷入困境。与外界交流的缺乏及有限的知识技能又使他们不敢突破原有的生产方式，一旦陷入困境便迟迟得不到改善。

3. 脱贫意识及参与度不足

X县村民长期在封闭、半封闭的环境中生活，虽然现代农业技术对其生活方式、劳作方式产生了一定影响，但在大多数情况下人们安于现状，仍然愿意按照先辈的模式生产与生活，对于环境变化、新生产方式、新生活方式会产生本能性的拒绝，求知、进步、致富意识缺乏，对摆脱贫困、寻求更好生活的愿望不强烈、参与性不足。在年长人群中，这种表现更加明显。以政府推广经济发展项目为例，当地群众往往会存在怀疑、排斥等情绪，使得一些促进村寨经济发展的项目实施起来困难重重。

(二) X县儿童权利现状

因为天然的脆弱性，儿童显然是贫困的易感群体。儿童贫困同公民权利缺失密切相关。儿童往往因为没有享受到必要的社会权利而处于贫困状态，这直接影响其成年后的福利状况。在联合国《儿童权利公约》中，儿童权利包括生存权、发展权、受保护权、参与权。要消除儿童贫困，首先就要在“儿童权利最大化”“儿童权利优先”的基本原则指引下，实现对儿童基本权利的关注。X 县儿童的权利状况因而成为我们研究的重点。

1. 儿童的基本权利得到保护

随着当地“两不愁三保障”扶贫工作的有效推进和逐步完成，X 县儿童的生存权基本获得满足，且 80.1%的儿童拥有自己独立的房间。在受保护权方面，当儿童遭受意外伤害或者生病时，66.7%儿童的家人能够确保及时就医，95.0%以上的家庭对儿童做过自我安全保护的教育指导。在发展权方面，无论是留守儿童家庭(96.5%)还是非留守儿童家庭(97.4%)都非常鼓励儿童上学，97.1%的儿童的主要照顾人都希望孩子能够好好学习，82.3%的儿童均希望能在读完高中后考大学。在参与权方面，74.6%的少数民族儿童参与学校活动的频次在每月一次以上，58.2%的儿童每周一次，72.7%的拉祜族儿童和 68.0%的佤族儿童会有村里工作人员定期家访。总体上看，X 县儿童的权利状况得到一定的保障。特别是抗逆力水平的测量发现(见表 5－2)，X 县儿童抗逆力水平整体良好，个人抗逆力、家庭抗逆力和社会支持力各维度的平均得分都在 4 分以上。不同年龄段儿童的抗逆力存在差异(见表 5－2)，9～11 岁儿童的抗逆力得分最高，在总分和三个维度上都高于其后两个年龄段，12～14 岁和 15 岁以上两个年龄段儿童抗逆力没有显著差异。从不同民族儿童总体的抗逆力情况看(见表 5－3)，汉族与佤族、拉祜族儿童的抗逆力存在显著差异，汉族儿童的抗逆力低于佤族和拉祜族，拉祜族儿童的抗逆力最高。

表 5-2　不同年龄儿童抗逆力状况

年　龄	n	个人抗逆力	家庭抗逆力	社会支持力	抗逆力总分
9～11 岁(a)	143	4.21(0.80)	4.24(0.60)	4.24(0.56)	4.23(0.55)
12～14 岁(b)	255	3.94(0.52)	4.10(1.02)	4.03(0.48)	4.02(0.51)
15 岁及以上(c)	115	3.97(0.44)	4.06(0.58)	4.05(0.50)	4.02(0.43)
Bonferroni 检验		a>b,a>c	a>c	a>b, a>c	a>b, a>c
P 值		0.000	0.180	0.000	0.000

注：括号内为标准差(SD)；Bonferroni 多组比较显著性水平 $P<0.05$。

表 5-3　不同民族儿童抗逆力状况

民　族	n	个人抗逆力	家庭抗逆力	社会支持力	抗逆力总分
汉族及其他(a)	65	3.78(0.61)	4.10(0.59)	3.98(0.55)	3.95(0.48)
佤族(b)	359	4.03(0.61)	4.09(0.59)	4.10(0.51)	4.07(0.48)
拉祜族(c)	89	4.17(0.53)	4.31(1.53)	4.16(0.50)	4.20(0.63)
Bonferroni 检验		a<b,a<c	b<c	a<c	a<b<c
P 值		0.000	0.086	0.101	0.008

注：括号内为标准差(SD)；Bonferroni 多组比较显著性水平 $P<0.05$。

2. 儿童权利实现中面临的问题

虽然 X 县儿童的基本权利获得了一定保障，但与贫困有关的影响儿童身心成长的问题，在调查中都有所体现。

(1) 受保护的权利：儿童受侵害的风险依然较高

目前，X 县儿童监护情况整体欠佳。一是父母监护责任缺失。父母外出打工的留守儿童数量为 172 人，占总体的 33.5%。其中，三个月以上未见过父亲或母亲的有65.0%，只有54.7%的儿童每月与父母通话联系在五次以上。二是监护责任履行不到位，角色认知模糊。尽管95.0%以上的家长均对儿童进行过安全保护教育，但流于表面、效果甚微。儿童意外伤害仍然频发，摔伤、动物伤害、烧伤和触电位列意外伤害前四位。47.0%的家庭居住环境不佳，存在发霉、虫蛀或有老鼠的情况。三是存在“棒喝式”的教养观念，亲子互动方式“简单粗暴”。父母对儿童的教育多停留在言语上的“批评教育”，或者干脆认为孩子“懒”或“笨”，“要打才听话”，缺乏与儿童的恰当的沟通互动方式。在言语暴力上，40.4%的儿童会时常听到家人对自己说令人感到不舒服的话语；21.8%的儿童会遭到家人用皮带、绳子等工具的“惩罚”，其中18.6%的儿童会时常遭受这种“惩罚”。在言语暴力方面，儿童在群体、年龄和性别上未呈现出明显差异，但在身体暴力方面，男生与女生间表现出了显著性差异（P：0.001<0.005），即男生遭遇肢体“惩罚”的比例明显大于女生（见图5-1）。

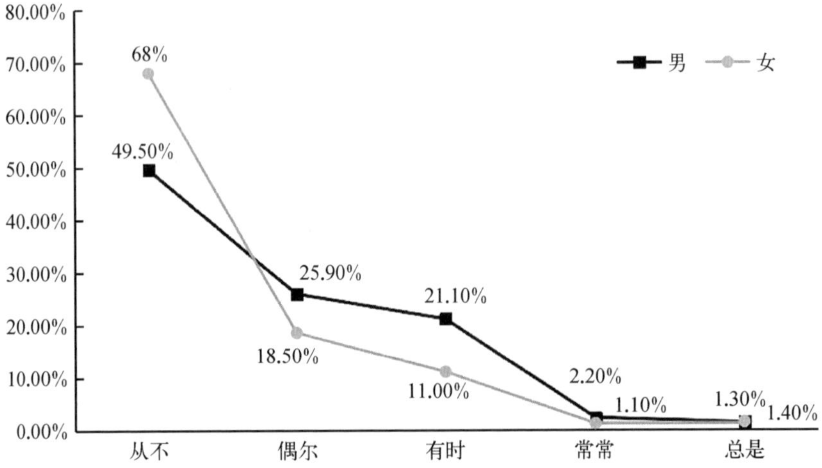

图5-1 儿童遭受的身体暴力情况

与此相关，儿童普遍存在焦虑情绪。66.9%的儿童总为自己的健康情况感到焦虑，其中有72.6%的女生总是担心自己会生病。在相关因子检验中发现，儿童对自身健康的焦虑情况与年龄变量、性别变量呈显著相关性（年龄 P：0.008<0.05；性别 P：0.002<0.05），即12～14岁的儿童更担心自己会生病，女生比男生更容易担心自己会生病（见图5-2）。

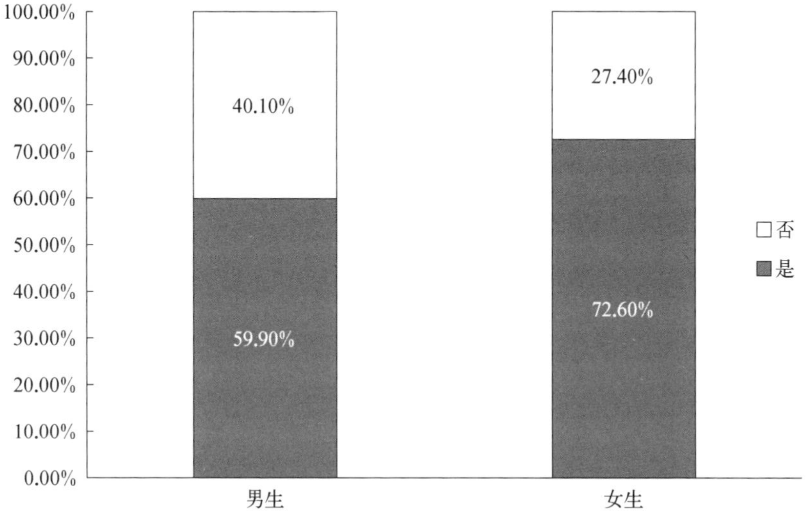

图5-2　不同性别儿童对自己是否会生病的担忧

（2）发展权利：期望与现有资源难匹配

虽然97.1%的儿童的主要照顾人都希望孩子能够好好学习，82.3%的儿童希望能在读完高中后考大学，但现实资源却无法满足儿童和家庭的期待。一是父母对于儿童情感和学业上的关注度及参与度明显不足。父母的受教育程度低是不可否认的约束性条件，较低的受教育程度使得父母对于儿童发展预期非常模糊，无法引导儿童进行有效的成长规划。尽管访谈中有少数父母表示想参与到孩子的学业辅导中，但碍于自身文化水平难以进行，更有40.9%

的家长表示不会参与到孩子的学业中。而与此同时，儿童很小就要承担起家庭的责任，60％以上的儿童每天都要从事一小时以上的家务或其他劳动，约25％的儿童要承担四小时以上的家务或其他劳动，60.0％左右的儿童曾参与过挣钱的劳动，并且该情况在不同年龄段的儿童中普遍存在，甚至9～11岁的儿童有62.2％都参与过能挣钱的劳动，这个比例少数民族儿童远高于汉族儿童。

二是从学校方面来看，X县教育资源稀缺，在职教师通常“身兼数职”，即使在当地较好的小学，想找一名专职英语教师都很困难，一些相关的音乐、绘画、体育课程也很难开展。在受访教师中，几乎所有教师都“兼职”两门以上的课程或者多个年级的课程。不仅教师所学专业与所授课学科“不对口”，而且教师数量较少，同样难以实现对学生的充分关注，影响教学质量。

三是从孩子的成长来看，X县因地理环境限制，大多是山区，儿童家庭居住地分散，离学校较远，大部分儿童上学后都会选择寄宿，即使很低年级的孩子也要离开家庭住在学校里。因为离家远，孩子回家需要父母接送，如果父母工作忙，出外打工，或者没有合适的交通工具，有些孩子几周、几个月，甚至一学期都没法回家。长期的寄宿生活导致孩子与家人情感的疏离，寄宿时生活教师人手紧张，关注度不够，孩子的身心问题很难被及时发现。偶尔也会出现校园欺凌现象，隐藏久，伤害大。

五、研究结论与对策建议

从总体上看，我国在持续扶贫过程中对坚持儿童优先原则重视不够，儿童优先的行动视角缺位。其中最根本的原因是对儿童权利认识不够，没有将儿童看成一个有着主体意识的独立的人，也没有意识到儿童权利的提升对儿童全面健康成长的重要意义。儿童贫困通常被认为是家庭贫困导致的，应该由家庭负责，过去的反贫困工作对儿童贫困的社会原因关注不够，出现了强调家庭责任、轻视社会责任的现象。因此，在后续的反贫困战略中要建立持续的儿童优先目标，提升儿童，尤其是西部地区儿童反贫困在全社会反贫行动体系中的作用，协调政府、社会、家庭在儿童反贫方面的责任关系，建立多元主体共担的儿童反贫行动体系，并强调社会组织、社会工作在其中的专业作用，形成清晰的儿童社会工作干预策略（见图 5 - 3）。

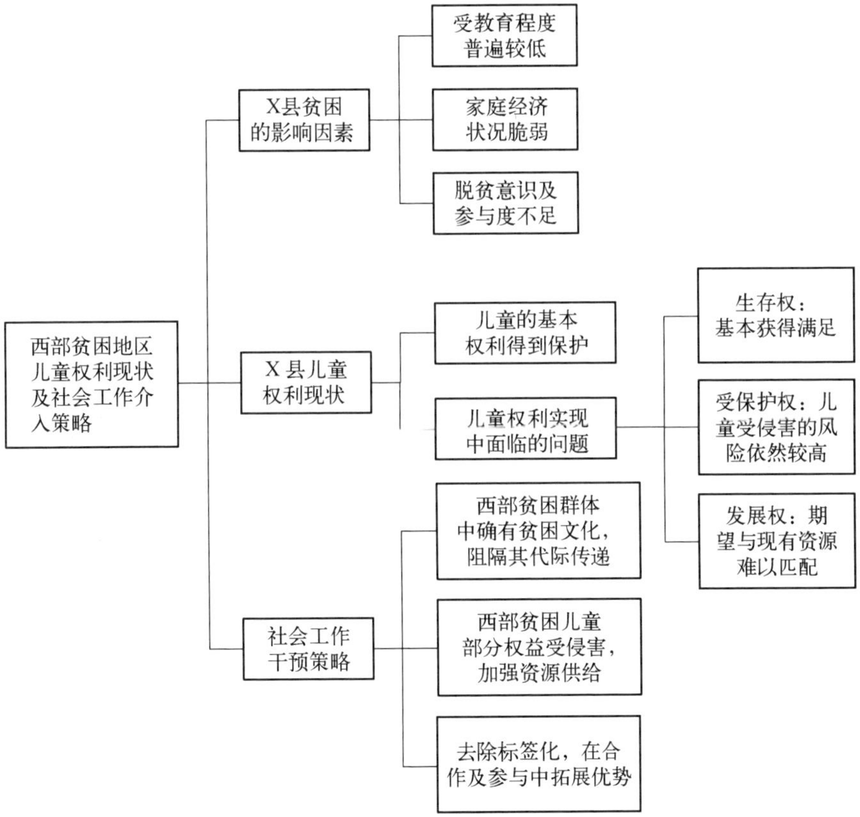

图 5 - 3　社会工作介入的整体框架

(一) 发挥教育的作用，阻隔贫困文化的代际传递

X县贫困人群限于贫困文化，在接受挑战、改变现实、创新发展方面的动力明显不足。但研究发现，贫困文化的存在很有可能是长期教育缺失的结果。低教育程度导致的自信心不足和能力不足，人力资本积累严重缺乏，希望感降低，循环往复，使其很难摆脱贫困的束缚。文化建构人的认知，影响人的行为。贫困文化的生命力极强。在贫困亚文化中成长的儿童，特别容易受到贫困文化的影响，并深陷其中，进而导致贫困的代际传递。阻隔贫困的代际传递，首先要阻隔贫困文化的代际传递。而最重要的就是发挥教育的作用，通过教育改善人们的认知，提升人们应对环境的能力。这种教育分两类。一是针对儿童的家庭教育。以《中华人民共和国家庭教育促进法》的颁布实施为契机，推动当地家庭教育进社区，联动家庭和学校，通过家长学校、家长支持小组、家长训练营等方式，提升父母的家庭教育能力，协助父母建立与就业机会有关的知识、技能和动力，以及将家庭与成人教育和职业培训等社区服务联系起来，为儿童创造更好的家庭和社区生活条件。二是对儿童的教育。通过“师友计划”“朋辈成长营”“职业启蒙成长小组”“生涯规划小组”等系统教育，开阔儿童的眼界，帮助儿童获得希望感，习得更好的认知与行为能力，提升儿童主体性，主动阻隔贫困文化的影响。

具体的操作方法是，可将儿童自我认知、职业启蒙、生涯规划等课程列入学校的校本课程进行持续的系统训练，也可以各地在建的“儿童之家”“未保站”为场地，链接社会资源，倡导社会力量参与，通过入户摸排、送教入村、家校联动等服务，促进当地儿童及家庭综合能力的发展。这实际上是以赋权理论为基础的儿童及其家庭的增能服务。社会工作者通过专业服务，如

我们在当地推广的“贫困儿童发展账户项目”、“贫困家庭资产建设项目”、“儿童空中课堂教育项目”(整合上海资源，每月固定与当地连线，分别针对学校老师、父母和儿童进行讲授、训练和督导)及“亲子互动营”等，激发儿童和家庭自身的积极性与能动性，增强父母的养育能力。通过参与体验，使儿童及其家庭相信贫困可以应对，自己有解决贫困的能力，并在解决问题的过程中积累经验，增强信心，从而消除贫困文化，阻隔贫困的代际传递。

(二) 加强资源供给，构建儿童保护网

因为贫困，民族地区贫困儿童的部分权益确实受到了侵害。儿童的成长需要支持，支持的重要措施是有相应的政策支持，给予儿童成长所需的资源。2015 年颁布的《中共中央 国务院关于打赢脱贫攻坚战的决定》强调了儿童减贫脱贫的重要性，提出加强儿童营养与健康，促进儿童福利和社区“儿童之家”等服务设施和队伍建设，以及加强孤儿、事实无人抚养儿童、低收入家庭重病重残、监护缺失和不当等困境儿童福利保障体系建设等方面的要求。从 X 县儿童的成长发展情况来看，因贫困导致的家庭和学校资源不足，特别是一些留守儿童的家庭监护能力明显受到影响，无法回应儿童的成长发展需求，导致儿童的部分权利，尤其是受保护的权利和发展的权利受到忽视或侵害。这种忽视和侵害的实质是资源供给的不足，是社会结构性问题。在扶贫工作中，如何加大资源供给是关键。虽然政府主导作用仍然是反贫困的关键所在，但反贫困过程应充分重视社会组织的作用，成功的反贫困政策应该整合政府、企业、社会组织、志愿者等在内的多元主体，构建一张儿童保护网。儿童保护网的建立是儿童保护的重要防线。2018 年，民政部成立了儿童福利司。2019 年 5 月，国家十部委发布通知，要在村居一级建立“儿童之家”，设立“儿童主任”，在乡镇一级设立“儿童督导主任”，明确了培育孵化社会组织，推进政府购买服务，协调机制，明确职责，提供经费保障，构建农村困境儿童的关爱保护体系。目前，全国儿童保护三级工作体系已经基本建立起来，儿童主任和儿童督导员实现了全覆盖。很多地区“社工站”和“未保站”也已开始并站建设。这个体系的建立构建了一张儿童保护的“网”，整合政府、社会、企业、志愿者各方资源，克服“最后一公里”障碍，将资源输送到贫困儿童的手中。不同年龄层、性别、民族的儿童群体，在生存和发展困境中会面临不同的挑战，为了能够更好地预防各类风险问题的发生，应根据不同年龄、性别、民族群体类型，定期开展风险家庭预估工作，建立中高风险儿童信息资料库，实行儿童分级分类管理。同时，不仅要改善学校的硬件条件，还要通过政府、社会组织的力量，提升西部地区学校人力资本的配置，并以学校为依托平台，充分整合社区、家庭和社会资源，形成以儿童为中心的系统干预方案。

具体操作时应在政府政策的指引下，注意发挥社会组织，如“社工站”“未保站”“儿童之家”的作用，特别是社会组织所具有的及时性、个性化服务的功能。通过开展儿童主任、儿童督导员的专业培训，解读儿童福利政策，系统学习社会工作方法和技巧，掌握“发现、报告、评估、干预”科学流程，从而落实“儿童督导主任”“儿童主任”的职能。比如，我们通过“牵手计划”在当地孵化了一家儿童社会组织，采用“专家授课＋学员练习＋督导答疑”的培训模式，培养当地的儿童社会工作专业人才；资助并培育当地的儿童微公益项目、儿童社会工作服务项目，开展项目设计、培训与督导，促进当地儿童工作者学以致用，反思理论实践。除此之外，我们通过宣传和倡导，招募志愿者成立“家庭友好访问员”团队，协助发现、评估、服务困境儿童，并吸引社会各界人士、当地反贫困工作者关注儿童社会工作服务，链接更多的社会资源协同参与到儿童工作之中，形成多部门协作、多方参与的儿童发展工作联盟。在多方的努力之下，当地儿童服务的资源、场所等都得到了进一步的优化，同时社会工作专业力量也开始逐渐发挥作用。

（三）去标签化，在合作及参与中拓展优势

在调查研究中，谈起 X 县的贫困儿童时，很多人都摇头表示，这里的孩子不求上进，学习成绩差，与人交往的能力差，对未来没有规划等。连部分老师也认为，这些孩子没有远大理想，对学习没有兴趣，投入再多也不会有多大成效。但研究证实，儿童对自己是有期待的，对于学校和社区活动他们也是愿意积极参与的。尤其令人印象深刻的是，少数民族贫困儿童的抗逆力水平较高，且明显高于汉族儿童。“抗逆力”是个体在遭遇困境或身处恶劣环境中产生良性解决方案与自我获取幸福感的一种心理状态和心理能力。这些显然都是这些民族地区贫困儿童的优势。优势是可以刺激成长和解决问题的任何个人或环境的要素。扶贫工作要特别注重去除标签化，相信贫困可能是伤害，但也可以蕴含着挑战和机遇，助人过程中应该首要关注儿童及其家庭的优势、知识与才能，而不是由他人定义的症状、不足和弱点，要和儿童及其家庭形成一种伙伴关系，帮助他们识别自己的优势，更深入地参与到改变的过程中，帮助儿童从标签中解放出来，成为一个全新的自主的人。

具体操作中，社会工作者应敏锐关注贫困群体在互动中产生的感知和整个社会对当地儿童的标签化印象。一方面，社会工作者在服务过程中强调儿童参与的实践原则，畅通儿童参与的渠道，让儿童有自我表达的机会，以便其他社会成员能听到儿童的声音；另一方面，社会工作者作为引导者，可以引导儿童更好地发出自己的声音，将儿童的感受和真实生活呈现给社会，消除社会对贫困儿童的固有偏见，营造一个尊重、安全、积极的社会环境。社会工作机构也应该通过多种途径、多种方式呼吁整个社会对贫困儿童的关爱和关注，避免对他们的贫困污名化甚至是社会排斥。比如，我们在当地围绕儿童友好乡村建设，为儿童赋能，挖掘儿童潜在优势，促进儿童及其家庭的参与和行动，增强儿童的志气、能力和自我权益保护意识，为此我们通过在当地支持并协助儿童服务机构开展“儿童议事会”“儿童财商教育”等系列活动，帮助儿童参与到家庭、学校和社区中，并在参与中发现、拓展儿童的优势，通过家庭社会资产、人力资产、文化资产的累积，可以增强儿童及其家庭的信心、能力和对未来的希望感。

此外，要特别关注一些较特殊的群体，更积极地寻找优势带动这些群体成长。比如本次调查显示，12～14 岁的儿童对自我健康情况最为忧虑、抗逆力水平最低，要特别关注这些儿童，尤其是其中女童的成长问题。还要关注已呈现出的校园欺凌问题，以及不同民族间的儿童融合问题。通过专业设计的项目，吸引这些群体参与，促进儿童自我认知和同辈群体的融合发展。需要时应运用个案管理，通过个案会商制度，整合相关资源对有需要的儿童进行危机介入、救助关爱、创伤疗愈和家庭支持等服务，帮助儿童获得追求未来更好生活的物质基础、更好的情感体验，以及更确定的发展方向。

阻隔贫困的代际传递，西部地区贫困儿童社会工作的开展有着重要的现实意义。2020年，我国现行标准下农村贫困人口已经全部实现脱贫，贫困县全部摘帽，X县也顺利摘除了国家级贫困县的“帽”，区域性整体贫困问题得到解决，“两不愁三保障”水平明显提升，贫困人口自主脱贫的能力得到提升。但脱贫摘帽不是终点，而是新生活的起点，后续要在巩固拓展脱贫攻坚成果的基础上继续推进乡村振兴事业，接续推进脱贫地区发展和群众生活改善。在这个意义上，“以儿童保护为引领”“以儿童发展为重点”的反贫困和乡村振兴行动体系建设有着更加深远的意义，期待以儿童脱贫为起点，阻隔贫困文化的代际传递，提升贫困家庭人力资本，推动家庭反哺扶贫，通过儿童优先反贫困带动整体反贫困事业的发展。

下编

能力为本的反贫困实践案例

第六章　湘西农村反贫困社会工作人才培养的教育行动研究

一、反贫困社会工作实践的国内外研究综述

(一) 国外研究综述

反贫困是一个全球性议题，关于反贫困的理论研究，最早可以追溯到18世纪。托马斯·马尔萨斯(Thomas Malthus)是英国人口学家，他提出了人口陷阱论，用以说明发展中国家停滞不前的原因。1953年，美国哥伦比亚大学教授罗格纳·纳克斯(Ragnar Nurkse)提出资本的缺乏导致贫困，他认为大规模扩大投资可以促进资本的形成。1956年，美国经济学家理查德·R.纳尔逊(Richard R. Nelson)提出低水平均衡陷阱理论，用于描述人均国民收入增长缓慢的情况下人口增长与国民收入持久均衡的状态。1957年，哈维·利本斯坦(Harvey Leibenstein)提出了国民收入增长超过人口增长的临界最小努力理论。①

---

① 彭小娟：《社会工作视野下贵州少数民族特困群体反贫困研究——以安顺"野人谷"特困群体为例》，硕士论文，贵州民族大学，2015。

瑞典经济学家纲纳·缪尔达尔(Gunnar Myrdal)认为,消除贫困应该着眼于解决地区发展的不平衡。关于反贫困的社会工作实践,由于西方社会工作发展"重视城市、轻视农村",可供借鉴的研究文献较为缺乏。国外乡村社会工作实践的起源可以追溯到1908年西奥多·罗斯福(Theodore Roosevelt)总统任命的乡村生活委员会和同年召开的全国慈善与矫治会议。1976年,美国出现第一本农村社会工作教科书。

(二)国内研究综述

关于反贫困的研究,我国学者提出了不同见解。田应奎(2004)提出,消除贫困需要全社会共同扶贫;郑长德(2001)认为,反贫困需要制度创新,中西部地区要积极推进经济改革,完善结构和制度,提高扶贫的效益;都阳等(2005)提出,可以通过建立和完善农村社会保障政策来扶贫;童旭光、鄢一龙和胡鞍钢(2012)指出,人力资本缺乏是贫困问题的重要成因,"十二五"期间从"穷国办大教育"向"大国办强教育"的教育目标转变是解决贫困问题的新趋势。①

中华人民共和国成立以来,我国扶贫救助模式实现了由"输血式"救济性扶贫开发模式向"造血式"救助模式的转变。社会工作的理念对这种转变起到了积极的作用。社会工作实践必须结合农村的现实状况与特点,将社会工作的具体理论、服务方法、组织模式进行发展、变革、创新,探索适合农村实情的社会工作本土模式。传统反贫困方式注重在资金上帮扶,往往使帮扶对象的主体地位客体化,返贫率高,影响帮扶对象在反贫困中的积极性

① 童旭光、鄢一龙、胡鞍钢:《"十二五"时期必须加快转变教育发展方式》,《清华大学教育研究》2012年第2期。

和主动性。社会工作优势视角提出，注重帮扶主体的主体性、优势、能力及资产等诸多因素，以平等、尊严、价值等为前提，不断创造有利于他们参与和提高能力的条件，调动他们参与反贫困的积极性和主动性，提高农村扶贫对象的生活质量，有利于“造血式”救助模式的建立。

关于反贫困社会工作实践研究，李红波(2011)对社会工作介入反贫困进行了必要性的探索，认为专业社会工作者应以“专家”及多种角色介入反贫困，充当需求评估者、专业增能者、资源链接者甚至是贫困者利益代言人等多种角色，发现政策不足，并促进政策的有效推行。姚霞(2009)认为，专业社会工作介入反贫困能够提升贫困群体的“自助”能力，还能修正与弥合社会救助制度的弊端和不足。① 洪姗姗(2009)提出，以优势视角来解决贫困问题，倡导以人为本，用“助人自助”的方式在社区层面促进社区参与、能力培养，为贫困者创造发展条件。吕洁(2012)提出了社工介入反贫困的具体工作思路，要培养反贫困社会工作者，开展服务以增强贫困人口的自助能力和自主脱贫意识。张和清(2008)以扎根社区的社会工作行动研究的方式，提出以资产建设及能力建设为核心的方法整合(integration)的优势视角下农村社会工作的处遇(context)模式，该模式根据社区及农民的优势，整合思考农村社会工作的介入，以提升人们有效应对生活挑战的能力为核心，成为反贫困社会工作实践研究的重要典范。

(三) 乡镇社工站建设的政策发展脉络

中国共产党第十九次全国代表大会(以下简称“党的十九大”)报告提出：中国特色社会主义进入新时代，我国社会主要矛盾已经转化为人民日益

① 姚霞：《反贫困与社会工作的介入》，《社会工作下半月(理论)》2009 年第 14 期。

增长的美好生活需要和不平衡不充分的发展之间的矛盾；打造共建共治共享的社会治理格局，推动社会治理重心向基层下移。社会工作作为有效解决社会问题、积极回应民众需要、打造共建共治共享社会治理格局的有力主体之一，在推动基层社会治理水平和治理能力现代化上发挥着明显的专业优势，做出了重要的实践贡献。

2017 年，广东省民政厅以民政部加强基层民政能力建设为契机，率先启动实施了“双百计划”，分两批在全省 19 个地市 109 个县(市、区)407 个乡镇(街道)建设 407 个镇(街)社工站，开发 1 737 个社会工作岗位，助推基层民政工作发展，有效解决基层群众问题。随后，湖南省民政厅于 2018 年 5 月 28 日印发了《湖南省乡镇(街道)社会工作服务站项目实施方案(试行)》，在全省范围内开展了“禾计划”项目，通过政府购买服务方式建设乡镇(街道)社会工作服务站 1 938 个，实现乡镇(街道)全覆盖，大幅提升了湖南省基层民政服务能力。2020 年 10 月 17 日，为总结推广乡镇(街道)社会工作人才队伍建设经验，民政部在湖南省长沙市召开加强乡镇(街道)社会工作人才队伍建设推进会①，加快建立健全乡镇(街道)社会工作人才制度体系，力争“十四五”末，实现乡镇(街道)都有社工站，村(社区)社会工作者服务全覆盖②。随后，河南、河北、福建、内蒙古、湖北、广东、广西、河南、海南、新疆等地积极响应会议精神，积极探索适合各地需要的乡镇(街道)社会工作服务站项目。

① 张银辉：《过程—事件视角下街道社工站建立演化研究》，硕士论文，沈阳师范大学，2022。

② 《加强乡镇(街道)社会工作人才队伍建设推进会在长沙召开 民政部部长李纪恒出席会议并讲话》，《社会与公益》2021 年第 2 期。

本研究正是在乡村振兴的政策背景下，以高职的社会工作师生开展的20年农村社会工作实践经验，探索如何培养适合乡镇社会工作人才培养的议题，具有重要的现实意义。

二、社会工作人才培养中的薄弱环节：实践教学

（一）背景与目的

湖南是传统农业大省。截至2021年年底，全省总人口为6 622万人。2021年全省常住人口中，居住在城镇的人口为3 954.01万人，占59.71%；居住在乡村的人口为2 667.99万人，占40.29%。湖南省湘西自治州是湖南省内苗族、土家族聚集地区，周围地势险峻，景色秀丽，一些地方还保留有古村落的遗迹和传统的生活方式；居民生活贫困，具有民族地区贫困群体的典型性。20世纪80年代到90年代末，一些受过专业训练的社会工作教育者开始进行农村社会工作的实践尝试。长沙民政职业技术学院的社会工作师生就是其中首批农村社会工作实务践行者。2001年，通过对项目点的多方选址，项目组选择了政府支持、民风淳朴、具有民族特色的湖南湘西自治州的凤凰和古丈两县的中寨村、九龙村、翁草村等自然村，签署实习协议，开辟了长沙民政职业技术学院的首个农村社会工作实习点。

（二）实践教学的手段

教育行动研究作为一种可持续发展的教育学研究方法，在促进课程改革、教师专业发展等方面起着重要作用，是教师提高教育教学的合理性、科学性而采取的研究范式。教育行动研究兼有行动与研究的特性，教育工作者认为，它贴近教学实践，可以实现理论与实践、教学和科研之间的无缝衔

接。因此，本研究依据教育行动研究的理念指导，有利于将作为其主体的教师从最初参与者、研究者，发展为反思实践者。

教育行动研究是循环动态过程，基本路径可归纳为“计划—行动—观察—反思”的螺旋式上升循环探究，大体分为五个步骤。第一，寻找教育行动研究的起点；第二，制订行动计划；第三，将行动方案付诸实践；第四，细化观察，注重行动研究的过程管理；第五，深入反思，保证教育行动研究的螺旋上升态势。① 基于教育行动研究，社会工作是重视实践和反思的专业。运用教育行动研究，发挥教师作为参与者、实践者、研究者、反思者的作用，让学生参与人才培养的过程，有利于探索适合农村社会工作人才培养的方式。

（三）问题的提出

高校教育培养人才基于市场化及城镇化发展的人才需求设置，人才使用集中于城镇，针对农村地区发展人才培养的专业及方向较少。大学生就业意向及流动观察显示，毕业后能够返乡就业创业的大学生数量较少。社会工作是一门注重实践教育的专业，如何培养适合农村发展的社会工作人才是本研究的主要议题。

教师的关怀和对社会工作教育的追问，即如何培育适合农村发展的社会工作人才，是研究问题的起点。项目组师生通过在湖南湘西苗族、土家族聚居地区的村寨开展长期服务，将问题放在具体的实践教育的教学场景中，通过建立实践教育基地和社区活动基地的方式，搭建社区活动平台，探索以

① 赵丹：《开展教育行动研究以促进高校教与学的良性互长》，《教育与职业》2014 年第 33 期。

能力建设为理念、以社会工作方法为手段、以传统文化为突破口的农村社会工作实践教育模式。①

三、研究方法与框架

（一）研究方法

本研究采用质性研究方法，基于长沙民政职业技术学院社会工作师生开展的湘西苗寨社会工作实践教育 20 年探索。在资料收集方面，采用参与式观察、实地调研、焦点小组、访谈等多种方法，保障了研究资料的全面性。同时，研究团队对湖南民政社会工作行业发展有着长期且稳定的观察，通过对实务文件的整理，结合对湖南社会工作发展环境的多年行业观察，深刻了解实践过程中实践教育的诸多影响因素。

（二）研究框架

通过对调研资料的多维度分析，研究者发现了湘西苗寨社会工作实践教育实务 20 年的阶段性变化，并分析了导致该实务阶段性变化的影响因素，发现既有来自外部政策环境的影响，也有来自村寨内部需求的影响。此外，研究者从实务实践和教育两个维度，开展了不同的典型工作内容的说明，社会工作者与村民的专业关系也在这个过程中发生着变化。研究者基于此形成发展进程关系图（见图 6－1），构建了实践研究发展阶段划分的研究框架。

① 史铁尔、刘静林、朱浩：《探索社会工作专业实践教学模式培养中国本土社会工作人才》，《长沙民政职业技术学院学报》2004 年第 4 期。

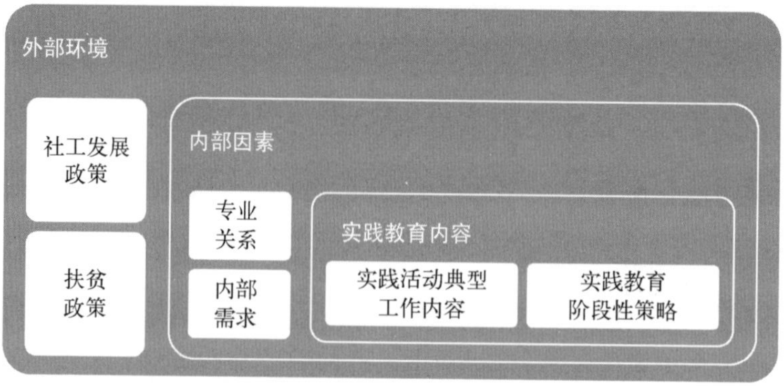

图6-1　实践研究发展阶段性影响因素框架图

四、阶段划分及影响因素

(一) 研究阶段划分

基于此思考框架，本研究团队通过对项目长达20年的稳定的参与式观察，从实务现场和教育教学现场两个维度，结合湖南本土社会工作发展政策及行业发展的现状，将湘西苗寨土家族的反贫困社会工作实践分解为文化自信提升的社会工作实践、资产为本的社会工作实践、社区为本综合服务的社会工作实践、城镇化进程中的文化保育及社会工作实践等阶段(见图6-2)。

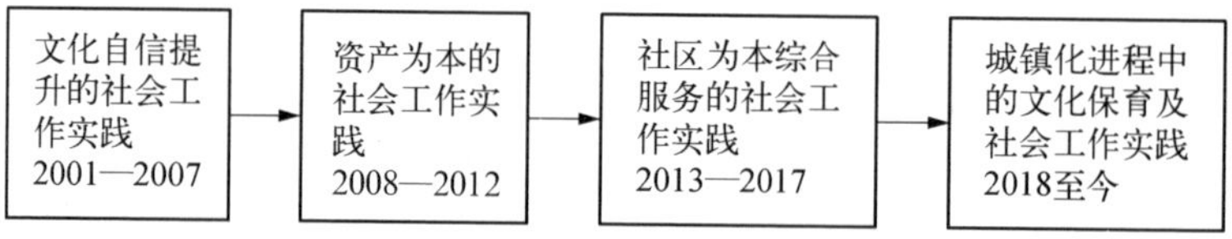

图6-2　湘西苗寨土家族反贫困社会工作实践的发展阶段

(二) 实践教育的阶段影响因素

研究者从社会工作发展的外部环境、村寨的内在需求、典型的实务工作事件、实践教育的内容等影响因素介入，分析湘西苗寨土家族反贫困社会工作实践发展的四个阶段。具体见表6-1。

表6-1　湘西苗寨土家族反贫困社会工作实践的发展阶段

实践特色	文化自信提升的社会工作实践	资产为本的社会工作实践	社区为本综合服务的社会工作实践	城镇化进程中的文化保育及社会工作实践
时间	2001—2007	2008—2012	2013—2017	2018至今
外部环境	教育先行 扶贫政策	社会工作试点 公平贸易思潮	政府购买服务 社会组织孵化	乡镇社工政府购买 城镇化推进 旅游业推进
内在需求	文化认同	生计诉求	服务需求	发展迷思
典型实务工作事件	苗鼓队 苗歌队 组织文化活动 创办社区报	养殖土猪、土鸡 制作腊肉 驻村社工	呦呦鹿儿童夏令营 鼓励青年返乡 组建社会组织	乡镇社工站建设 向往的生活——翁草村 培育当地组织
实践教育内容	进入社区 感受文化 建设实习基地 图片展 影像教学	同吃同住 身体力行 深度实践 校园售卖站 精品课程	提供服务 多元视角 寒暑假实习 三下乡教育 学生实习教育	人才输出 内生力量 学历教育 创业教育 就业教育

五、不同阶段的反贫困社会工作实践

在教育先行的社会工作发展背景下，为了探索中国农村社会工作的理论与实务模式，回应“三农”问题，从2001年3月开始，湖南长沙民政职业技术学院社会工作系以三个民族自然村——中寨、老家寨、九龙——作为实践点，开展了湘西民族地区社会工作教师行动研究。几个月后，首批社会工作系师生一行20人，深入古丈县、凤凰县三个苗寨进行农村社会工作的探索。

他们所到的村子都是苗寨，遇到的都是苗族同胞，村子里外出打工的人很多，整个村寨显得有些萧条、寂静、缺乏活力。通过调查，他们发现几个村都是类似的情况。针对这些现象，社会工作系师生们进行了深入的需求评估和基本情况走访。自此，社会工作者的身影出现在村寨任何一个需要的角落，尝试着从社会工作专业的角度对湖南湘西民族地区的农村人的真实生活状况进行“阅读”。实践者们从社会工作的视角去审视中国农村社会问题，把社会工作理念、方法应用到农村社区发展中，开展农村社会工作教育实践，为反贫困社会工作人才培养提供了经验和借鉴。

（一）文化自信提升的社会工作实践(2001—2007)

1. 服务策略的确定

中寨村是一个典型的苗族村寨，有着苗歌、苗鼓、舞狮等苗族文化瑰宝。随着市场经济的深入，外来文化对村中的苗族文化造成了很大的冲击。再加上当地很多年轻人外出打工，接受了很多城市文化，便开始对本民族的文化有些轻视，民族文化正在流失。民族文化是一个民族存在的根本，保护和加强民族文化，恢复和发展当地文化成为农村社会工作者所关注的一件十分重要的事情。

基于农村经济发展带来的市场经济冲击乡村、农民自信心低落、信任感不足的现状，社会工作师生在长期陪伴和服务中，与村庄及村民建立了关系，形成了群众基础。社会工作实践者从最初关注农村贫困问题，逐步开始关注农村社区居民的能力建设，社会工作者确立了“激发村民的文化自信的服务策略”。

2. 实务情境中的典型工作任务

(1) 成立苗鼓队、苗歌队。实务工作者走进村寨社区，感受到民风淳朴，村民的居所、生活方式、饮食习惯都保留了地方特色，村民无论老少都是能歌善舞。走进社区的社会工作者们被当地的文化感染，于是基于地方特色，鼓励当地村民发展苗歌、苗鼓，借此来提升当地人对自己文化的自信心和认同感。据了解，通过大家的努力，苗歌队已经从最初的 8 个人发展到 18 个人，成员不只是妇女，一些老年男性也加入进来。村民们不再只听流行歌曲了，而是更喜欢自己民族的音乐。苗鼓队也发展为 3 个小组，青年队、中年队、老年队齐头并进，他们还多次接受邀请参加比赛，并取得了优异的成绩。整个村寨因为苗歌队、苗鼓队而活跃起来，苗族文化也因此得到了恢复和传承。此做法活跃了社区氛围，重拾了文化自信，能鼓励当地人民发挥民族特色，传承地方文化。

（2）开展各类文化活动。“我们要自尊、自信、自立。”这是古丈县中寨村妇女主任在一次“三八”妇女节晚会上的讲话。妇女主任激情的话语鼓舞了在场的每一位女性，她们舞狮、扭秧歌、打苗鼓，在整场晚会上都表现得十分活跃。在村寨成立苗鼓队、苗歌队的基础上，实务团队还利用各种节假日举办各类文化活动，如举办“三八”妇女节庆祝活动、春节联欢晚会、西部苗歌大赛等，激发了村民参与社区活动的热情，使得社区氛围热络起来。

（3）创建社区报。村民能力的提升，社区教育很关键。村民们自己办报纸，是村民以前想都没想过的事情，现在已经成为真真切切的事情发生在湘西的农村。2005 年，《中村报》诞生了。报纸以服务村里人为宗旨，讲村里发生的事，说村里人的话。重点报道与村民生活息息相关的政治要闻、村庄发生的大事情、村民要发家的想法等。村报的出现，极大地提高了村民们的自信心。村里的老教师说：“我教了几十年的书，在村里生活了 50 多年，没有想到我们自己还可以办报纸。”除了办好报纸以外，培训外出务工人员也是社会工作者开展社区教育的一项重要工作，培训内容包括合法权益的维护与技能的传授。社区报纸的出版，外出打工者培训的实施，使村庄的凝聚力增强了，村民更愿意用自己的双手来改变自己的生活。

（二）资产为本的社会工作实践（2008—2012）

1. 服务策略确定

2007年，民政部下发《民政部关于确定社会工作人才队伍建设试点地区和单位的通知》（民发〔2007〕98号），把湖南省凤凰县、古丈县列入了全国社会工作人才队伍建设试点地区和单位名单。此时，实务团队已经在村寨驻扎了六年多，并与村民一起实施了许多以文化和教育为主题的发展项目，项目注重草根组织的发育和社区文化的保护等，目的是重建村民的社区认同感和文化自觉。因为目睹了突飞猛进的现代化运动对民族社区的传统文化和农民自信心所造成的伤害，在六年多的文化与教育实践中，实务团队跌跌撞撞，摸着石头过河。由于山区地形复杂，道路不通，至今这里仍然保存着具有民族特色的文化习俗，比如服饰、语言、生活习惯等，外界的人很少来到这里。

近年来，中寨受到现代化发展的猛烈冲击，外出务工者的往返探亲逐步打通了村落与外界的联系，增强了村民的消费欲望和对金钱的渴望，改变了村民的一些生活方式，吸引着青壮年村民不断外出打工。另外，基层政府的发展政策，诸如农业商品化、科技化和旅游开发等也不断冲击着原有的生产方式及生态环境。面对村民眼前的生存困境，实践者不得不回应生计困扰的问题。在村庄适应市场化的进程中，农村社会工作通过理解农村居民的真实需要，和他们一起磋商农村社区的发展，逐渐发展出社区资产为本的实践策略。

2. 实务情境的典型工作任务

(1) 挖掘本地资源，种植、养殖农副产品。从2008年起，教师实践团队开始深刻反省可持续发展和满足农民需要等问题。村民中外出人员逐步增多，留守村寨的大多是妇女、老人、儿童。社会工作师生坚持以社区资源为本的理念，挖掘社区中的优势资源，比如种植、养殖和销售有地方特色的农副产品，鼓励当地留守人员养殖土猪、土鸡，用健康的油菜花、茶树制作天然压榨的菜籽油、茶油等，运用当地特殊的工艺制作腊肉、腊肠、米酒。以地方农产品为特色，开发村民生计项目。开始的时候，村里愿意参与的农户不多；后来逐步变多，村民开始利用村寨空地参与农产品养殖。

(2) 在城市开展公平贸易。基于公平贸易的理念，社会工作师生开始尝试开辟城市市场，将农民的产品运到城市、校园，面向学校的教职工销售地方的特色农产品，包括腊肉、腊肠、土鸡蛋、米酒、茶油、菜籽油等。公平贸易的农产品的价格尽管高于市场价格，但是由于其品质和渠道有保障，因而常常供不应求。同时，销售农产品所得收益转给了村寨的种植和养殖者，间接支持了地方发展。

(3) 驻村社工与居民同吃、同住、同劳动。村寨引入优秀的毕业生担任项目工作员，即为学生实习提供现场督导；同时，驻村社工与村民同吃、同住、同劳动，建立了紧密关系。在长期的陪伴中，了解村民的所需、所想、所思，并在服务中建立与村民彼此信任的关系。像“农民”一样生活，驻村社工成为“走在田埂上”的社工。可以说，这批驻村社工是湖南最早的乡镇社工代表，他们用这段实践经历印证了乡镇社工推广的可行性。此阶段的推行者以驻村社工张宏贤为代表。

（三）社区为本综合服务的社会工作实践阶段（2013—2017）

1. 服务策略的确定

2012年，伴随社会工作人才队伍建设的日渐成熟，湖南长沙成立社会组织孵化基地，并逐步落实了政府购买社会组织孵化基地的财政保证政策。社会工作在社会组织的孵化和培育中发挥着越来越多的作用，湖南成立社会组织的政策条件和基础逐步成熟。

村寨的社会工作教育实践已经开展了十多年。如何将社会工作专业服务辐射到农村地区，解决三留守问题，改善农村贫困的现状是社会工作者面临的重要挑战。以社区为本，开展针对社区需要的各色服务的市场和技术已经逐步成熟。因此，在农村社区开展综合性的社会工作服务和具有品牌特色的农村留守人员服务项目成为此阶段的特色。

2. 实务情境中的典型工作任务

(1) 搭建社区居民活动平台。实务团队结合地方民族特色和地区发展特点，关心弱势群体，致力于农民和当地农村社区的能力建设。曾经先后在湘西古丈、凤凰两县的九个村庄不同程度地开展工作，积极与当地政府有关部门合作，得到了当地政府和村民的欢迎及肯定。通过几年的长期服务，建立了稳固的专业关系，搭建了社区综合服务平台。

(2) 呦呦鹿儿童夏令营品牌服务。实习村寨留守儿童问题引起了驻村社工及实习生的关注，随着村庄中外出务工人员的增多，留守村庄的儿童、老人、妇女逐步增多，爷爷奶奶成为留守孩子的主要照顾者，还有年纪稍大的孩子带着年纪小的孩子一起生活的。村里最大的孩子一般不超过15岁，因为15岁以上的孩子都外出打工去了。通过接触，社工发现孩子们特别缺乏照顾，他们会主动跟实习生和驻村社工拥抱，甚至撒娇，喜欢跟人有身体接触，体现了留守儿童缺少关爱和照顾、内心缺乏安全感的特点。村里有个深水潭，是孩子们的天堂，孩子们喜欢在暑假时到这里游泳，却也存在着安全隐患。对于村寨内实务经验丰富的驻村社工来说，回应三留守人员中的留守儿童问题成为暑假必要的服务之一。于是，让社会工作专业学生利用暑假，进入村寨开展农村社区的综合性社会工作实践服务，是此阶段非常重要的实践教学方式。因关爱留守儿童成长而开设的呦呦鹿夏令营品牌服务在此时开始扎根。

(3) 创办社会组织促进服务常态发展。村寨三留守人员需求的增多，使得志愿服务式零散服务已经无法满足当地村民的需要，常态化的村寨服务开展成为非常重要的服务形式。于是，团队经过商量，以驻村社工为服务承载，注册成立了古丈仁雨社会工作服务中心。自此，以机构的形式开展社会服务项目运作成为该服务阶段的特色。此时，社会工作实践的行业市场已经基本成熟，越来越多的社会工作者选择在社会工作机构或社会组织中工作。

(四) 城镇化进程中的文化保育及社会工作实践(2018至今)

1. 服务策略的确定

2018年，湖南省民政厅推出乡镇社工站建设项目，计划建成1 929个乡镇社工站，并大量引入政府购买服务。同时，湘西地区的社会组织培育也基本完成，开始出现社会工作机构。湘西民风淳朴、地貌特殊，其古村落有着独特的建筑风格，古丈县正毗邻凤凰这个旅游城镇。因此，各基层政府开始以大力发展旅游业作为脱贫攻坚的重要抓手，发展地方旅游业成为湘西州政府的重要战略定位。

出于发展旅游业的战略，政府开始鼓励村寨复原古村落的建筑。大量建筑获得翻新，有些被拆除，有些被恢复重建。苗寨文化中有打苗鼓、舞狮、苗族武术、农耕、打糍粑、织布等湘西独特的技术和风俗习惯，但是在城镇化发展进程中，随着老年人离世、青年人外出，文化传承逐步衰落。因此，针对村庄存在的城镇化进程中的文化保育需求开展的实践成为此阶段的重要特色。

基于此内外因素的考虑，针对村庄的服务，开始转变为扶持本土社会组织的发展。此战略定位的调整，以本土条件的成熟为基础，更符合社会工作者助人自助的理念。

2. 实务场景中的典型工作任务

(1) 乡镇社工站建设。湖南省民政厅大力推进乡镇社工站建设项目，提出“一站一社工”的发展口号，使乡镇社工站得以快速推广，同时乡镇社工的人才缺口被拉大。对当地乡镇社工站推进及政府购买服务的现状调查发现，目前乡镇社工站的社工接受过社会工作教育的比例较小，乡镇社工的教育需求比较大。

(2) 民宿与明星村。在诸多服务的村庄中，发展旅游业最为成功的是翁草村。因为《向往的生活》真人秀的录制，翁草村目前已经成为湖南乃至全国有名的旅游明星村。当时《向往的生活》节目组需要找一个村庄作为实景拍摄地，于是找到了对湘西有很多支持和了解的驻村社工贺晓纯，他帮助媒体联系了社工服务多年的几个村寨。《向往的生活》节目组先后走访了中寨村、翁草村，翁草村因其独特的地貌和保存完好的苗族村寨古村落的民居特色，吸引了节目组的注意，最后节目组选址翁草村作为取景地。这个节目的播出，一下子把翁草村打造成了当地有名的明星村，"蘑菇屋"成为网红旅游胜地。在此背景下，开民宿成为村里重要的营收方式，带动了当地的青年人就业。

（3）扶持本土社会组织发展。湘西地区目前已经建立了三家社会工作机构，政府购买社会工作服务的政策和资金也在陆续落实。实务教育以推动本土社会组织发展为主要策略点，支持本土机构的发展，鼓励村寨内生动力的生成。实务团队通过技术支持本土的社会工作机构，深入农村开展驻村实践，实现了本土资源和组织的有效对接。

六、反贫困社会工作教育行动策略

（一）文化自信提升阶段的教育行动策略

1. 建立湘西农村社区发展实践基地，开展实习教育

长沙民政职业技术学院计划将湘西农村社区发展服务基地打造成工学结合社会工作实习基地，用于社工师生的实习和顶岗训练。学院与湖南省湘西自治州古丈县默戎镇、凤凰县山江镇政府签订了合作建设农村社会工作实习基地协议，积极与当地资源结合，建立融教学、实习、社会服务于一体的湘西农村社会工作实习基地，带动吉首市社塘坡、九龙、翁草、老家寨等其他实习基地的建设，满足社会工作专业学生顶岗实习的需要，为社会提供服务①。

① 吴丽月：《高职社会工作实习教育探索——以长沙民政职业技术学院社会工作专业为例》，《长沙民政职业技术学院学报》2014 年第 4 期。

六年间，有近300人次的社会工作专业实习生到湘西农村实习，他们与村民同住、同吃、同劳动，长期在农村从事社会工作。在实习过程中，同学们首先入户访谈，了解当地农村的基本情况、农业生产情况，然后画出社区生态图和资源图，写出社区报告。根据调查了解到的情况，同学们与村民一起拟订社区发展计划，与村民建立良好的人际关系，并组织实施社会活动。在与村民们的朝夕相处中，社工系的学生们通过专业实务的锻炼，感到收获很大，并与村民建立了深厚的感情。村民身上的优秀品质，对于社工系专业学生的成长有很大的帮助。

2. 校内开展影像教学实训

为了更好地为在校社工学生营造学习氛围，社工系在学校的实训室开展了影像教学实践活动，由教师精心选择有关农村及反贫困的影片用于课堂教学。比如《那山那人那狗》《古井户》《黄土地》《暖春》《美丽的大脚》等一系列农村题材的电影得到了推介。社会工作专业的学生通过电影的影像教学得到农村及反贫困议题的熏陶，被农村的淳朴及主人公坚守农村的各类议题感染。教师通过组织影评分享和书写影片观后感，加强学生批判反思的能力及对于自我专业成长的探讨，激发学生进一步投身于农村实践的兴趣，提升了学生参与农村社会工作的动力。

3. 农村社会工作实践图片展

将实践者们在湘西实践的过程以影像的方式记录下来，是长沙民政职业技术学院的师生们开展的一次以影像影响学生价值观建立的重要活动。影像传递的不只是实践的过程，更有对当地文化的呈现、描述及情感的抒发，使得实务与教育有效结合。实践成果图片展采用图片叙事和故事叙事的手法，表达实践者在行动中的所思所想。

（二）资产为本阶段教育行动的工作策略

1. 教师顶岗实践

社会工作系推行新教师挂职制度，刚入校的专业教师实行一年挂职的方式，深入到行业一线，体验实务。教师们通过到村庄挂职和开展顶岗实践，增强了专业实践能力，了解了行业一线的情况，更加有利于课程教学；在顶岗的同时，陪伴学生实践，督导学生的实践过程。顶岗教师增进了学校与村庄的关系和情感。学生、教师与村民同吃、同住、同劳动，经历了很多难忘的事情，留下了很多动人的故事，建立了深厚的情谊。湘西村民的淳朴、善良、热情、坚强让师生们很感动，湘西的发展、村民的生活时刻牵动着很多学子的心，这也为今后的长期合作打下了坚实的基础。

2. 农村社会工作精品课程建设

为了促进课程与实践服务的融合，形成服务学习的系统化推进，农村社会工作被写进了人才培养方案，首部农村社会工作教材也同时出版。湖南省教学指导委员会积极开展精神课程建设工作，以十年磨一剑的坚韧不拔的精神，形成了民政学院的课程教学特色。

农村社会工作精品课程的建设，树立了农村社会工作实务的特色方向。同时，通过课程建设，学校获得了来自行业和政府对于多年实务开展的良好评价。

3. 校园实体店的打造

在实务前线开展社区为本实践时，校园里关于公平贸易的议题和探讨也随即开展。与此同时，农产品被运到学校售卖，服务了学校的教职工。

为了建立稳定的销售渠道和客户群，项目组在学校教职工宿舍区的小卖店建立了湘西特色农产品公平贸易销售实体店，用于销售不同季节的湘西腊肉、腊肠、土鸡蛋、米酒、茶油、菜籽油等农副产品。这一尝试，将实务场域与教育的环境联系起来。

4. 学生社团教育

为了更好地促进当地公平贸易服务的开展，学校通过筹办农村社会工作协会，在校内招募关注“三农”问题和扶贫工作的在校大学生组成社团，开展学校社团教育。社团教育有利于提升学习者的实践能力，帮助学生培养良好的行动力、执行力和团队协调力，是非常重要的学校实践方式。①

（三）社区为本综合服务阶段的教育行动策略

1. 单招学历教育

通过社会工作者对湘西苗寨地区长达十多年的服务干预，曾经在“乡村图书室”里读书的乡村孩子长大成为新一代的青年人。回应村民的学校教育问题，支持孩子读书，成为实务关注的一个议题。村里的孩子在社会工作者的感召下，逐渐了解了社会工作，他们感受到社工哥哥姐姐对于自己成长和村庄变化的影响，部分孩子树立了要成为像“哥哥姐姐”一样的社工的职业理想。

鼓励并支持孩子们通过高考、单招进入民政学院学习社会工作专业，是这个时期的一个行之有效的策略，村中先后有五名同学考入民政学院社会工作专业学习。

① 吴丽月：《“六面一体”高职社会工作实践教学模式构建与实施》，《长沙民政职业技术学院学报》2016 年第 3 期。

2. 实习教育

项目组根据村寨社区服务基地的需求，制订了社会工作实习生招募计划。面向高校社会工作专业学生进行实习招募，并对招募的信息进行广泛宣传和发布；对应聘的学生进行筛选，筛选后培训，培训合格后进行实地实践，给予实习学生支持、督导和管理，并对参加实习后的实习生进行跟踪调查。项目组还在湘西实习基地开展了实习招募、前期培训、实习支持和管理、实习结束后调查和跟进等一系列活动，以此实施实习生培养计划。基地的建设能够在该地区的社工服务领域内，形成实习与社会工作人才培养的资源中心，辐射其他院校和机构。

为培育学生"以民为本、以情为民、以苦为荣、以助为乐、以时为上"的情操，学院加强对学生的职业道德教育，同时注重实践教学和职业技能培养，在现实的社会环境中培养学生的社会工作专业理念，训练学生的实务能力，社会工作专业探索出了一条湘西农村实习的教学模式。通过实践和课程教学的严格训练，同学们对社会工作的理解、社会工作价值理念的树立、农村社会工作方法和实务的掌握，都有了很大的提升。

3. 三下乡教育

共青团长沙民政学院委员会为认真贯彻党的会议精神，引导广大青年学生在改革开放和现代化建设的伟大实践中大力弘扬和培育民族精神，继承和发扬"五四"爱国、进步、民主、科学的光荣传统，树立和落实科学发展观，把爱国热情和成长的强烈愿望转化为建设和谐社会的行动，在实践中认清中国的国情，奉献社会，提高素质。因此，民政学院每年定期组织学生队伍在湖南湘西州古丈县农村开展大学生志愿者"三下乡"社会实践活动，鼓励科技下乡、医疗下乡、服务下乡等活动，取得了很好的效果，受到当地政府、老百姓的一致好评。

（四）城镇化进程中文化保育阶段的教育行动策略

1. 鼓励青年返乡创业

在持续十年多的驻村服务中，社工活络了村民，培养了一批有想法、有思想的青年人。翁草村的村民开始陆续返乡创业：有开民宿的小马哥，专门接待慕名而来的外地游客；有种植大棚灵芝的小张哥，他种的灵芝销量好、利润高。接受学历教育学习的2016级社工同学返乡创办社工机构，扎根自己的社区开始了新一代青年人的返乡创业。村民伴随旅游业的发展开起了饭店，做起了茶油、菜籽生意，返乡青年逐步增多。

2. 推动创新创业教育，促进苗族文化产业发展

在实习过程中，督导带动实习生参与到社区发展的过程中，以基地为依托，结合湘西民族地区的优势，做好苗鼓队、刺绣、苗族文化艺术等当地农村的社区文化建设，扶持当地的社区产业建设和发展。社会工作者还推动苗族文化产业的发育，鼓励民族特色的传承和发扬，为后续项目，如生计项目的培育提供好的基础，便于获得其他方面的资源支持；同时，通过组织社区活动，激发当地村民对民族文化的兴趣，并继承下去。

3. 开展职业人士单招考试改革，推进乡镇社工人才专业化

乡镇社工站的建设是湖南省民政厅推进的重要举措，但由于社工人才的缺乏，乡镇对农村反贫困社会工作人才的需求十分紧迫。鉴于此社会现实，湖南省教育厅针对湖南籍和在湖南工作的在岗从业人员开展了职业教育的全日制社会工作教育，期望通过考试开展学历教育，促进当前在岗乡镇

社工的职业化和专业化。

七、反贫困社会工作教育行动的经验及反思

高职社会工作教育者通过对湘西民族地区反贫困社会工作开展20年的教育行动实践，依据实践点所面临的环境及政策内部和外部因素分析，将反贫困社会工作实践总结为文化自信、资产为本、社区综合为本、文化保育四个阶段。在实务中，教育者依据实务的环境、策略、工作内容，制订了不同阶段的教育行动策略和工作做法，形成了具有本土特色的社会工作人才培养模式。

教育行动以长沙民政职业技术学院的师生为主要培养对象，范围辐射到湖南农业大学、湖南女子职业大学等湖南本土开设社会工作的学校，以及北京等多地兄弟院校的专科、本科、研究生等不同层次教育的社工专业及专业群学生或“三农”实践爱好者。教育行动通过实习、参访等先后接待近500名学生，创造了让更多人有机会认识湘西农村的机会，培育2000级到2019级社会工作专业不少于300名学生完成农村社会工作毕业实习，不少于400名学生完成暑假实习，不少于3 000名学生接受社会工作价值观教育，为探索社会工作人才培养积累了丰富的本土化实务经验。

在实践过程中，教育行动首先通过建立师生反馈与评价机制，让实习生接受社会工作培训、感受当地文化、进行社区资源盘点。其次，随着服务的深入开展，教育行动在帮助和服务村寨的同时，内化了社会工作者的价值观，积累了知识，通过资源链接，逐步改善社区的环境，进一步推动了当地社区的发展，完成了教育行动研究的过程观察。最后，教育行动通过带动实践

者观察反思、整理总结,形成工学结合、产学研相结合的发展模式①。教育行动基于实践者在农村社区社会工作的实践经验,唤起了社会对农村社群的尊重,发扬了人文关怀,为促进社会对广大农村弱势群体的关注和支持做出了努力。

① 史铁尔:《社会工作实践教学探索》,《社会工作》2007 年第 4 期。

第七章　甘肃省临夏州精准扶贫的社会工作介入研究

中国共产党十九届五中全会通过的《中共中央关于制定国民经济和社会发展第十四个五年规划和二〇三五年远景目标的建议》要求，“十四五”期间要进一步巩固拓展脱贫攻坚成果，接续推动脱贫攻坚成果同乡村振兴有效衔接，加快推进脱贫地区乡村产业、人才、文化、生态、组织等全面振兴，为全面建设社会主义现代化国家开好局、起好步奠定坚实基础。据最新统计，从 2012 年年底到 2020 年年底，甘肃省 552 万建档立卡贫困人口已全部实现脱贫。甘肃省的基本省情是贫困人口多、贫困程度深、脱贫任务异常繁重。作为国家扶贫的重点省份，甘肃省在“十四五”开局之初，细密编织防返贫帮扶网，精确摸排困难群体，有效衔接乡村振兴，使前期脱贫攻坚成果具有长期的牢固性和持续性。同时，深入推进集中连片特困地区的扶贫开发，实现从过去的被动救济型扶贫向着力打造具有内生动力的主动开发型扶贫转变，从遍地开花式的全面扶贫向精耕细作式的精准帮扶转变。面对艰巨的扶贫开发任务，全省上下需要开拓进取，大胆创新扶贫开发新路径。

社会工作的基本价值理念是实现助人自助，强调尊重人、关心人。社会工作介入精准扶贫的专业优势，在于运用助人自助的理念，提升贫困者的自我脱贫能力，凸显以人为本的帮扶理念。社会工作力量参与精准扶贫，其效果与政府扶贫完全可以优势互补，前者注重社会效益，后者注重工作效率。社会工作完全可以利用其优势去淡化扶贫开发中的问题，弥补政府扶贫的"短板"，壮大脱贫攻坚的人才力量，帮助受助者获取各种社会资源，缓解党和政府在精准扶贫工作中的压力。所以，政府有必要借助社工人之手，去探索甘肃省民族地区精准扶贫的有效路径①。

一、甘肃省临夏州实施精准扶贫的现状

（一）临夏州基本情况介绍

临夏州全称临夏回族自治州，位于甘肃省中部西南面，处于黄河上游，是中国两大回族自治州之一。该州于 1956 年 11 月设立，下辖 1 个县级市（临夏市）、5 个县（临夏县、康乐县、永靖县、广河县、和政县）、2 个自治县（东乡族自治县、积石山保安族东乡族撒拉族自治县）、46 个镇、78 个乡、7 个街道办事处、1 150 个行政村。全州总人口为 216.68 万人，常住人口为 198.88 万人，农村人口为 173.29 万人（占总人口的 80%）。覆盖全州的 1 市 7 县，均被划定在国家 14 个集中连片特困地区之一的六盘山集中连片特困区范围内，其中东乡县、积石山县、永靖县属于全省深度贫困县（共 23 个），所属的 418 个自然村是全省深度贫困村。

① 张涛、季轩民：《社会工作介入民族地区精准扶贫中的困境及路径研究》，《湖北民族学院学报（哲学社会科学版）》2018 年第 5 期。

从地理上看，临夏州地处青藏高原向黄土高原、西部牧区向东部农区的过渡地带，州内山谷多、平地少，地势西南高、东北低，由西南向东北递降，呈倾斜盆地状态，平均海拔 2 000 米。高寒阴湿区、干旱山区和川塬区各占约 1/3。全州总面积为 8 169 平方千米，有耕地 2 728.29 平方千米。从人口结构来看，全州有汉、回、东乡、保安、撒拉、藏等 31 个民族成份，少数民族占总人口的 59.2%，东乡族和保安族是以临夏州为主要聚居区的两个少数民族，信仰伊斯兰教的少数民族占总人口的 57%。从基础设施建设来看，临夏州发展相对落后：没有机场，没有铁路，下辖的 8 个县市中仅有一半通了高速公路。

临夏州扶贫开发始于 1983 年，当时东乡、永靖两县被纳入国家“两西”农业建设县，以此为契机，临夏州正式拉开了扶贫开发的序幕。在 2012 年国务院扶贫办(现更名为国家乡村振兴局)公布的《国家扶贫开发工作重点县名单》中，临夏州 7 个县全部入选，占全省 43 个国家级扶贫开发重点县的 16.3%。2011 年，临夏州被划入六盘山集中连片特困区范围，是六盘山片区乃至全国扶贫攻坚难度较大的地区之一。2017 年，临夏州被中共中央办公厅、国务院办公厅确定为深度贫困地区脱贫攻坚重点支持的“三区三州”之一。

临夏州扶贫工作最突出的特点是贫困面大、贫困程度深、脱贫任务艰巨，短板是既有基础设施建设滞后，矿产资源匮乏，工业基础薄弱，产业发展起步晚、起点低，地方财力困难，群众持续稳定增收难度大等客观因素，也有文化教育落后、思想保守、人口结构不合理等主观因素。① 其贫困发生率在

① 赵超月：《甘肃省民族地区贫困人口因素深层次分析——基于 7 个自治区》，《现代交际》2018 年第 16 期。

甘肃省14个市州中位居第二。

中国共产党第十八次全国代表大会以来，临夏州党委、州政府以“两不愁三保障”为目标，紧紧抓牢贫困村和贫困户，将“一户一策”细密帮扶措施全面落实到位，划定工作重点、厘清各级责任，强弱项、补短板，有条不紊地推进脱贫攻坚各项工作。上有国家三部委专门出台支持临夏州小康建设的文件，下有省市各级领导多次深入基层，踏入田间地头，对困难群众嘘寒问暖，共同为当地把脉，探索脱贫路径。2018年，全州实现地区生产总值255.35亿元，其中第一、二、三产业增加值分别为41.49亿、46.08亿、167.78亿元，同比增长6.7%，增速居全省第三位；城镇居民人均可支配收入为20 834元，同比增长7.5%；农村居民可支配收入为6 817元，同比增长9.9%，增速居全省第一位。

(二) 临夏州精准扶贫实施概况

在2015年6月召开的甘肃省精准扶贫精准脱贫工作会议上，甘肃省委、省政府制定出台了《关于扎实推进精准扶贫工作的意见》和17个专项配套实施方案，形成了“1+17”的精准扶贫工作方案①。为抢抓这一政策红利，实现与全省、全国共同迈入小康社会的奋斗目标，临夏州委、州政府根据上述意见和方案，精心编制到乡、到村、到户的项目清单，进一步细化责任目标、任务分工、经费时限，扎实推进并落实“1236”②扶贫攻坚行动计划。基于对临夏州扶贫工作的调研，可以从精准识别对象、细密编制措施、精心搭建扶贫团队三个方面展示全州精准扶贫工作的基本概况。

① 见附录二。
② 见附录一。

1. 精准识别对象

建档立卡可以精准识别我们需要帮扶的贫困对象，因此，建档立卡是精准扶贫的基础性工作。该州有关部门与扶贫工作人员对此高度重视，通过加大精准扶贫政策的宣传力度，严格规范建档立卡工作程序，来精准识别所要帮扶的贫困户数和贫困人员数量，建立起扶贫任务台账。具体做法如下。

第一，根据精准识别、动态管理的要求，运用“农户申请、村民评议、逐级审核、张榜公示”的模式，通过村民代表大会“评”、村社干部“议”、州乡专题会议“核”，按照“一公示一公告”或“两公示一公告”的贫困户识别要求，准确识别全州贫困人口。2013 年，从全州 1 150 个行政村甄别出贫困村 560 个，从全州 9.62 万农户中识别出贫困户 6.05 万户、贫困人口 42 万人，贫困面 32.4%，全面规范建档立卡，实行动态管理，力求做到底数、问题、对策、责任和任务“五清”，让扶贫运行得更阳光、更透明，坚决避免“穷人帽子富人戴”的现象。

第二，完善基础资料，收集基本诉求。州扶贫工作队通过走访 6.05 万户贫困家庭，完善了贫困户的家庭人口结构、生产生活基础设施建设、经济收入及受教育程度等资料。同时，与贫困家庭拉家常、交朋友，收集贫困户的发展诉求。这些诉求涵盖了基础建设、产业培育、民生改善、金融支持和能力提升 5 个方面、20 大类、1.5 万余条脱贫需求。对上述信息的仔细研判和处理，为下一步细密编制措施提供了可靠的依据。

第三，坚持分类指导、分层落实的原则。第一步，根据前期摸排结果，扶贫队员将贫困户的脱贫诉求大体划分为三类，即基础设施扶贫、特色产业扶贫、金融投资扶贫；第二步，根据上述分类，工作人员将精准扶贫任务书分发、落实到各乡镇、行政村、扶贫队员三个层级，并对任务的进展及完成情况进行过程和最终结果考核，各层级扶贫人员借此展开贫困县乡、直达村户的基础设施建设、产业扶持建设、金融投资建设等工作。

2. 细密编制措施

为了减少工作的盲目性，扶贫队员通过先寻找试点，先行开展精准扶贫计划，摸索、积累工作经验，遵循以点带面、全面铺开的原则，选择了永靖县杨塔乡松树湾村、三条岘乡青和村，康乐县上湾乡马巴村、康丰乡何家沟村等典型贫困村作为全州精准扶贫的首批示范点，通过试点实施并总结问题和经验，为推进全州精准扶贫工作打下良好的基础。临夏州实施的“百企帮百村”精准扶贫行动采取的帮扶措施就有产业扶贫、电商扶贫、项目扶贫、商贸扶贫、就业扶贫、捐赠扶贫、智力扶贫等。

第一，产业扶贫。临夏州大力扶持特色产业的发展，重点培育马铃薯、蚕豆、花椒、油菜、大棚蔬菜、中药材、啤特果、育苗等种植业八大产业，鸡、牛、羊、猪等养殖业四大产业，打造“8＋4”支柱产业帮扶基地。由于临夏州大多数农户从事养殖业，因此把养殖产业扶贫作为重点，坚持绿色、生态、循环发展的帮农助农发展理念，围绕全区域实施“粮改饲”试点项目，广泛种植青贮玉米、苜蓿等牛羊饲料，将贫困村整村纳入牛羊产业提升工程，把所有贫困户纳入“粮改饲”实施范围，全面落实好入户产业项目的“种、管、收、贮、用”等关键环节，使产业扶贫工作从一开始就取得明显成效。目前，全州通过“贫困农户＋粮改饲”“养殖合作社＋贫困农户＋粮改饲”“草企＋贫困农户＋粮改饲”等方式，按照“以养定种、种养结合、草畜配套、户企结合”发展战略,完成“粮改饲”面积23.33亿平方米,对贫困户也做到应纳尽纳,普遍增加了贫困户的收入。例如,积石山县制定《积石山县建档立卡贫困户产业扶持办法》,确定了“123+N”的产业扶持思路:“123”指就业1人、养2头牛、种植中药材3亩,“N”指特色种植、草食畜牧、林果育苗、劳务输出、文化旅游。同时,实施“栽多补多、种多补多、养多补多”的激励机制,全力培育富民增收产业。

第二,基础设施建设扶贫。临夏州扶贫工作队急人民所急,想人民所想,因地制宜,灵活调配资源,通过危房改造、铺设乡村道路、修建农田等基础设施建设,改善贫困群众的生产、生活条件。此次扶贫共改造农村贫困家庭老旧危房1.04万处,易地搬迁5 381户2.96万人,新建高标准农田6.8亿平方米,改善灌溉面积3.52亿平方米,治理水土流失面积310平方千米。实施自然村村组道路硬化、油返砂道路改造971.39千米,硬化村内主巷道和入户道路817千米、庭院173万平方米,实施农村改厕1.27万户,新建美丽乡村19个、环境整洁村158个。启动实施农村电网升级改造工程,全州行政村4G网络和有线宽带覆盖率达98%。新建板桥1座,完成营造林28.47亿平方米。临夏州通过基础设施条件的改善,促进了贫困户脱贫致富。

第三,智力扶贫。联村企业定向开展实用技术培训,提高结对村群众的职业技能;激发内生动力,坚持扶贫与扶志、扶智相结合,实施“精神扶贫”工程,引导贫困群众增强主体意识,树立一批脱贫助贫先进典型,大力倡导勤劳致富、勤俭节约的文明新风。为加大对贫困学生的助学救助投入,2018年,临夏州落实贫困生助学金和寄宿生补贴5 918万元、贫困大学生助学贷款1.15亿元。根据劳动力市场的需求,临夏州注重对农村劳动力和渴望通过帮助来发展的人群组织职业技能培训，集中开展了具有一定知名度和市场占有率的“古枹罕砖雕匠”“高山手抓师”“甘康电焊工”等工种的培训，受训人员约 5 800 人，使临夏劳务品牌越擦越亮。智力扶贫可以有效提高贫困人群的专业素养、职业技能，改变临夏州部分贫困群众不思进取的保守思想和落后观念，促进贫困群众由过去“等靠要”被动地接受政府救济向主动脱贫转变，实现了由“输血”到“造血”的根本性转变。

第四，金融投资扶贫。临夏州积极开展金融投资扶贫，拓展脱贫服务渠道。临夏州扶贫工作组向省内外金融专家登门求教，并借鉴兄弟省市的前期经验，精心设计出“政策奖补＋民间资金互助＋临夏籍商人带动＋低息或无息贷款”的模式，建立村级产业发展互助合作社，试图走出一条具有当地特色的金融扶贫开发之路。其中，临夏州委、州政府发动各方力量，多方筹措资金 5 亿元，为每个试点村级产业发展互助社提供一次性补助资金 50 万元，为需要启动项目的贫困农户每户注资 1 000 元；宣传动员当地民营企业家积极注资，从 5 万元至 49 万元不等，同时吸收慈善捐助、爱心捐款等其他社会资金作为补充。

村级产业发展互助社共设四个层级，最高层级为州总社，下辖县分社、乡镇管理站、村级互助社三级。各层级之间实行纵向管理，上一级监督下一级。贫困户贷款方式，有点近似于“穷人银行家”尤努斯创设的“孟加拉乡村银行”模式，贷款人需要 1～3 户村民联保，3 天放款，使用期最高 1 年，每年需要支付借款总额的 6％作为资金占用费。尤努斯建立这种模式的初衷就是因为各家银行不愿意向贫困的、被市场排除在外的农户贷款，因而建立一个金融市场之外的“场外市场”，为农民脱贫致富提供资金“种子”。目前，互助社覆盖了全州974个行政村，覆盖率达84%，占应覆盖行政村的91%；共筹集资金8.51亿元，累计发放借款8.1亿元，惠及农户近10万户，还款率达95%以上；农户从互助社运行之初的“不敢借”，后来变成“试着借”，如今又变成了“大胆借”；借款额度一开始最高只有5 000元，后来变成了1万元，如今又增加到2万～3万元。

3. 精心搭建扶贫团队

搭建扶贫团队在精准扶贫中的核心作用是毋庸置疑的，一个优秀的扶贫团队，不仅能够精准落实扶贫开发的各项政策、措施，而且还能不断拓展扶贫空间、强化扶贫责任，使党的扶贫开发理念、精神深入人心。具体做法如下。

第一，精心搭建精准扶贫工作小组。由临夏州州委一把手担任精准扶贫工作小组组长，直接负责全州精准扶贫的战略部署、计划实施、监督协调及成果验收等全面工作。州、县市直单位主要负责人身先士卒，把亲自带队、分组展开入户走访作为推动计划落实的关键环节，这一举措强有力地保障了精准扶贫工作的快速推进。此外，组长单位更是率先垂范，主动召开扶贫情况通气会、先进典型学习会、疑难案例分析会，开展全面、深入走访，为下属各单位开展扶贫工作提供了行动指南。

第二，精心搭建精准扶贫团队。临夏州委、州政府组织部分乡镇干部精心搭建了扶贫工作团队，根据年龄层次、性别比例和专业特长等进行合理调配，负责指导、推进各乡镇的精准扶贫工作；由州扶贫办定期组织例会，开展精准扶贫工作的政策学习、成果展示及阶段性的工作总结，目的是及时把握各乡镇精准扶贫实施的真实状态，组织开展下一阶段的具体工作。

第三，建立、健全驻村干部帮扶机制。临夏州开展“结对子、认亲家”活动，成立 1 106 个扶贫联谊双联单位，选派 5 104 名州县乡机关干部，在全州 124 个乡镇组建了乡镇帮扶工作站，在 1 150 个贫困村派驻第一书记，为贫困户确定帮扶责任人；建立了双联、帮扶、党建三位一体的驻村帮扶工作队，构建州县乡村四级扶贫工作机制；实行一户一策一干部的措施，制定落实一对一、一对多的帮扶措施，真正形成“长流水、不断线”的长效机制，真心实意地帮助贫困村、贫困户脱贫致富。

（三）临夏州精准扶贫实施的效果举例

1. 变“大水漫灌”为“精准滴灌”

例如，潘阳社村民 L，家中有四口人，家庭属于一般贫困户。其致贫原因为患病，发展需求包括政府救济、扩大养牛、提供贷款，帮扶责任人为邹通祥。针对他的个人情况，为其制订帮扶计划：享受低保、培训技术、扶贫贷款。帮扶计划落实情况如下：精准扶贫贷款 5 万元、医疗报销 1.2 万元、民政救助 3 000 元、临时救助 1 500 元，人均纯收入 3 500 元。

在和政县城关镇咀头村精准扶贫计划表中，贫困户年度脱贫任务一目了然。“挂图作战”“精准滴灌”，临夏州于 2015 年在 8 县市 556 个精准扶贫精准脱贫村、20 个示范村、42 万贫困人口中，按照先难后易，倒排序列的办法，精准施策扶贫。在 20 个重点示范村中，每村均整合资金 1 000 万元以上。临夏县漠泥沟乡姬家村、康乐县八松乡纳沟村、临夏市枹罕镇王坪村，因地制宜把精准扶贫与美丽乡村建设、易地扶贫搬迁、富民产业培育等结合起来，带动基础设施、产业发展、公共服务、村容村貌发生巨变，为全州精准扶贫树立了样板，极大地提振了贫困群众脱贫致富的信心。

2. 变“输血”为“造血”

积石山县柳沟乡阳山村村民 Z 一家住进了新房，在扶贫项目的资助下发展养殖业。他说：

政府帮我建起了新房，危房改造补助 4 万元，发了 8 只羊，还发放了 5 万元精准扶贫贷款，扶持我发展养殖业。

在东乡县职业技术学校内，学习牛肉拉面、清真烹饪、电焊、民族刺绣、布鞋加工、插花编制等技能的学员大都是各乡镇剩余劳动力、农家妇女或精准扶贫户，他们通过集中、免费培训掌握本领，实现由苦力解决温饱向技能致富的转变。

广河县三甲集镇 45 岁的回族商人村民 M 通过家庭作坊加工农畜产品，从事网络销售，2014 年“双 11”这天，他的网络销售收入达 220 万元，全年产品销售收入达到 3 800 多万元。他把自己的产品加工网点辐射到部分乡镇和村社的农户家中，注重带动周边贫困户稳定增收。由此，临夏州着力构建以专项扶贫、行业扶贫、社会扶贫为主要内容的“大扶贫”格局，推进行业扶贫和社会扶贫资源向贫困地区、贫困人口倾斜。

3. 变“要我脱贫”为“我要脱贫”

永靖县对 4 个贫困片带、61 个贫困村，9 606 户、3.72 万贫困群众打出“吃读书饭、种科技田、发养殖财、挣劳务钱、往好处搬”的精准系列扶贫组合拳；充分尊重群众意愿，按照“一村一业、一户一策”的办法，实行“群众点菜、政府买单”的精准扶贫典型做法；确定供群众自主选择的到户扶持项目菜单，贫困户决定实施什么项目，政府就扶持什么项目；实现差异化扶贫，精准定向施策，确保扶贫扶到点子上、扶到根子上。

如今,临夏县韩集镇Y村一排排崭新的别墅拔地而起,村民Z心里乐开了花:

我连做梦都没敢想,能住上大别墅、看上大电视,要感谢党的好政策,让我们过上了这么好的生活。

易地扶贫搬迁、棚户区改造、美丽乡村建设……围绕着解决群众住房、吃水、行路、就医、上学、增收等问题的一大批民生项目在临夏州遍地开花,村村有致富产业、户户有致富门路、人人有致富能力的脱贫致富奔小康格局正在形成。

二、甘肃省临夏州精准扶贫实施过程中存在的问题

甘肃省临夏回族自治州精准扶贫工作虽然成效明显,目前已完成了全部脱贫的既定任务,但是离巩固脱贫成果、实现永久小康目标还有一定的差距。通过在临夏州调研访谈,从社会工作的视角来看,本研究认为临夏州在精准扶贫的实践过程中主要存在以下问题。

(一)扶贫对象的参与度不高,贫困户识别困难

"精准"是精准扶贫的关键,精准识别扶贫对象是扶贫的基础工作。精准扶贫通过建档立卡识别贫困户,针对不同贫困原因的贫困户,有针对性地提出帮扶计划。贫困户的识别一般由村委会负责,村干部负责贫困户的建档立卡工作,然后按照申请、评议、公示、检查、确定等程序,将已经确定的名单进行公示,公示无异议后上报名单。调研发现,评定人员缺少统一的量化指标,只是通过村民投票和旧有的资料来确定是否贫困,人为因素影响较大。

还有一些村民不热心建档立卡的事情，无论是贫困户还是非贫困户，他们对建档立卡的事情不去了解和咨询，也不关心把谁确定为贫困户。“打开房门晒太阳，等着政府送小康”成为当地人的口头禅。

另外，当地就业机会少之又少，贫困户即使能找到工作，获得的工资报酬也十分有限，无法满足基本生活需求。因此，当地农村年轻劳动人口纷纷外出打工，劳动力的大量流失造成很多到户的发展项目无法落实。没有农村青年的广泛参与，难以保证扶贫工作的可持续发展。

（二）精准扶贫政策的宣传力度不够，还不能深入人心

调研发现，目前当地精准扶贫过程中存在的主要问题是个别县乡扶贫政策的宣传力度不够、部分扶贫政策公开程序不规范。大多数县乡扶贫队员的宣传方式还比较单一、老套，贴标语、村民集中开会及驻村干部上门宣传是传统方式三大法宝，很少设计出具有吸引力、感召力的宣传方式，但也有部分村镇设立了“文明银行”，定期开展“读书会”等活动，效果十分显著。不同县乡村落的精准扶贫宣传工作也存在较大差异，宣传效果良莠不齐，部分队员与贫困户联系不够紧密，没有做到因人因户宣传政策，使得人们对精准扶贫政策理解比较模糊。调研发现，由于精准扶贫工作宣传不一致，导致部分村民虽然听说过精准扶贫，但由于文化水平的限制，对精准扶贫工作产生错误的理解，对扶贫的方式较为陌生，“等靠要”的思想依然严重，这会使贫困户错失获得政府帮扶的机会。因此，各级政府应该加大精准扶贫政策的宣传力度，公开贫困者申请程序。

（三）缺乏差异性，精准帮扶难“精准”

由于贫困户年龄、性别差异较大，致贫的原因也不尽相同，贫困户对帮扶有着不一样的需求。有的需要大病救助，有的需要房屋改造，还有的子女要上学、农技不足、文化低下、需要贷款担保等。所以，精准扶贫要针对贫困村、贫困户的具体情况制订相应的帮扶计划。例如，对于有技术的贫困户，应该提供资金支持；对于较为懒散或不主动的贫困户，应加大宣传力度，提升脱贫致富的内生动力。但是在调查中我们看到，因村制宜、因户制宜的帮扶措施还不到位。例如，对个别贫困户通过发放羊只扶贫，但没有考虑到这些农户缺乏养殖经验和技术。再比如对于自身动力不足的贫困户，尽量不要给现金，可根据情况给予一些生产资料的帮助，比如地膜、化肥、农具等。因此，在精准扶贫中，首先要准确掌握贫困者个体或家庭的具体特征，深入分析致贫原因，然后制定相应的帮扶措施。

（四）资金使用缺乏监督和评估体系

通过调研，我们发现有时扶贫资金的发放随机性较大，缺乏充分的调研和科学论证，可能使得一些真正渴望获得帮扶的农户反而没有得到应有的帮助。因此，精准扶贫的成效需要从一个更为长远的角度做出评价。不仅要对当下的服务质量和效率进行评估及考核，而且要注重长远效应，不断提升外溢效果和促进乡村长远发展；既要建立专业团队监督评估机制，同时要提供社会和群众监督机制。贫困不仅是一个经济问题，而且是一个文化问题和心理问题。相对经济贫困而言，文化与心理层面的贫困更难消除，而恰恰是在这两个方面，政府发挥的作用还不够充分。因此，要确保脱贫成效的稳定性与持续性，还需要多方的力量来合作完成。

（五）缺乏专业扶贫队伍

扶贫开发是一项综合性、系统性工程，需要有知识、懂市场、会技术、能服务的多方面人才共同参与。但是从全州贫困县、乡扶贫力量的构成看，绝大多数是党政机关、事业单位的工作人员。这些人员虽然大多有着良好的教育基础和知识背景，但毕竟不是专业的扶贫人员，扶贫能力有限，扶贫方法基本属于经验式的；再加上大部分干部身兼数职，经常面临着“工作做不完，不好做”的问题。此外，地区专业性社会组织参与扶贫力度不够，缺乏年轻力量和专业人才队伍，社会力量共同扶贫作用不显著。驻村干部Y表示：

这个地方太过落后，网络信息不发达，很多政策出台后落地较为缓慢。由于交通不方便，很多社会组织不愿意来这里，甚至贫困村所在的县城组织都不愿意来。我们驻村干部人员有限，每天奔跑在各家各户的话根本忙不过来。若是能有一批专业的人员长期进行扶贫数据收集和各项扶贫政策落实的话，扶贫效果会有很大的提升。

除此之外，这种由政府单一支配、行政式推进的扶贫模式还容易产生一些延伸性问题，如容易出现扶贫对象的政策依赖和政府依赖，非专业性的工作方法也容易引发村民之间、贫困户之间的矛盾，长期派驻驻村工作队也会产生大量的行政费用、增加扶贫成本等。

三、社会工作介入临夏州精准扶贫的实践分析

社会工作介入甘肃省精准扶贫实践的例子很少，本研究以甘肃省临夏州为例，通过与民政工作人员的交流访谈，并以东乡县教育扶贫、积石山县W村驻点帮扶为对象，从宏观、中观和微观三个层次，分析社会工作介入扶贫开发所发挥的具体作用，来说明这种专业介入的必要性和可行性。

（一）宏观层面设计：扶贫政策的介入

1. 政策引导者

社会工作者作为政策引导者，为贫困户宣传相关的扶贫政策，积极发挥专业优势，协助扶贫干部入户调查，确定服务对象。2015 年，甘肃省委、省政府提出对象精准、目标精准、内容精准、方式精准、考评精准和保障精准的“六个精准”要求。广大专业社工将确定扶贫对象和社会工作服务对象结合起来，积极投身于贫困人口建档立卡工作，区分因灾、因病、因学和缺项目、缺资金、缺劳力、缺技术等不同致贫原因，找准服务对象，掌握脱贫致富需求，有的放矢细化服务帮扶措施。

2. 政策倡导者

社会工作者作为政策影响者，在临夏州实施的“1236”①扶贫攻坚行动、“双联”行动和甘肃省“1＋17”精准扶贫政策②中所发挥的影响作用，可以从与精准扶贫工作人员、贫困户及普通村民的访谈中得到了解。社会工作者通过整理访谈记录，将临夏州精准扶贫的实施状况、扶贫中面临的风险和挑战，以及群众的意见和看法反馈给州政府部门，使其能够掌握第一手资料，促使政府在政策制定过程中通盘考虑村民的实际需要，制定出合理有效的扶贫政策。

3. 资源链接者

社会工作者作为社会资源链接者，为扶贫对象开展专业服务。“小康不小康，关键看老乡”，这既是全面建成小康社会的目标要求，也是社会工作助

① 见附录一。
② 见附录二。

人自助的关键所在。专业社工既要帮助困难群众脱贫致富，更要持续深入地推进“授渔工程”，不断增强他们致富奔小康的实际本领。比如，结合社区社会工作参与村“两委”班子议事协商，根据贫困村（户）实际情况，邀请专家进行种植、养殖等技能培训。特别是在产业帮扶上，跟踪培训相关技能，让贫困村（户）系统掌握相关知识，增强“造血”功能，提高致富能力，确保贫困村（户）稳步脱贫。

4. 评估与反思

（1）社会工作介入的优势

第一，社会工作的专业角色优势。社会工作介入精准扶贫具有明显的“补位意蕴”。① 首先，社会工作者作为政策倡导者，可以将利他主义专业理念融入精准扶贫行动中，通过良好的人际互动，与广大贫困家庭建立彼此的信赖关系。在此基础上，组织开展扶贫攻坚政策的宣传活动，使之春风化雨，潜移默化地带动贫困农户接受党的扶贫政策，增强脱贫致富意识。其次，社会工作者作为政策影响者，可利用自身严谨的科研能力将精准扶贫政策在基层实践的效果、存在的问题及解决问题的思路向政府部门反映，目的是帮助政府及时、高效地制定出更加适合当地特色的扶贫攻坚政策。甘肃兴邦社会工作服务中心（以下简称“甘肃兴邦”）志愿者袁子介绍说，他之前在东乡县教育扶贫之路上遇到了困惑，就利用思维导图培训工具，引导有关人员一起探讨东乡县教育扶贫的发展之路。他曾经还有一个火灾应急解决方式的假设，用参与式方法引导大家，鼓励大家用发散思维的方式来思考解

① 李迎生、徐向文：《社会工作助力精准扶贫：功能定位与实践探索》，《学海》2016 年第 4 期。

决问题的途径。校长、老师、学生和家长都积极参与到讨论中。

第二，社会工作的资源链接优势。作为专业性组织，社会工作机构的一大优势即链接与整合各方面可用资源。县、乡政府在精准扶贫中虽有着强大的资源动员能力，但会受到地域与权限范围的限制，所能动员的资源无论是规模还是类型，都很有限。相对而言，社会工作机构的视野与活动空间更为广阔。在精准扶贫中，社会工作所具备的最为明显的优势之一就是引入域外资源，这些资源不仅包括资金、物资、基础设施等硬件资源，也涵盖信息、知识、人才、服务、市场、技术等软件资源。在实践中，社会工作机构能够结合政府与贫困者之所需，有针对性地引入多方面域外资源，与政府、企业、个人等多元主体形成合力，共同推动贫困地区顺利脱贫。比如，由甘肃兴邦在东乡县大树学区开展的社工服务项目，从国内有长期合作关系的慈善基金会引进了400多万元资金，陆续开展了20多个项目，不但改善了学校的办学条件，还帮助有困难的孩子们上学，取得了良好的社会效益。其中，“东乡族女童助学计划”是在成长希望基金会的支持下，利用99众筹募集资金，通过项目运作增加女童接受教育的机会和保护性因素的助学项目。自2017年9月至2019年9月，共资助235名东乡族女童，使其得以继续在小学和初中接受教育，项目累计资助资金40余万元，在一定程度上减轻了家庭供养学生的经济负担。

第三，社会工作的增能优势。从专业属性出发，社会工作者强调以人为本，旨在恢复贫困者的社会功能，促进其个人及家庭的全面、长远发展。社会工作者使用的专业方法不仅关注贫困者当下问题的解决，更着眼于贫困者长远发展的可能。在协助地方政府推动贫困人口经济脱贫的同时，社会工作者更注重贫困者知识水平、劳动技能、文化素质、身心健康、社会融入、公民权利等方面状况的改善和提升。如果说政府扶贫的主要目标是贫困者经济、物质层面的脱贫，那么社会工作扶贫则更强调贫困者非经济、非物质层面的发展，社会工作介入精准扶贫无疑有助于巩固脱贫成果，提升脱贫质量。

(2) 宏观层面介入的困难

第一，社会工作专业人才不足。建设一支能打硬仗的社会工作人才队伍是推进社会工作介入扶贫攻坚战略的关键所在。甘肃省社会工作专业教育起步于21世纪初，虽然历经20余载，其间也培养了数量庞大的社会工作专业人才，但由于制度保障滞后、社会认同度低，人才流失现象明显，这使得社会工作人才在数量上较为短缺，很难在扶贫过程中形成规模效益。目前甘肃省精准扶贫领域的社工主要来自三类人员：其一是乡镇管理人员、救助人员，其二是隶属于社会工作机构、高校、社团组织的扶贫项目的社工和志愿者，其三是深入基层实践的社工专业大学生村官。由于专业教学水平的不足，这些人员在扶贫实践领域缺乏应有的引领能力。这导致了社会工作在介入扶贫过程中存在自身角色认知不清的情况，在不能与政府职能部门、贫困者之间很好协调的情况下，将难以发挥出专业优势。

第二，本土化程度较低。虽然目前社会工作实践已介入临夏精准扶贫领域，但不论是项目规划、推进方式、评估手段还是服务理念、督导站位，都带有浓重的教科书色彩，在活动形式上照搬照抄现象明显，没有扎根当地历史文化，没有深入贫困者的内心世界。由于缺乏对本土文化和具体有价值个案的辨识力与敏感性，社会工作在当地的专业公信力和社会信任感被削弱了，这不利于其专业化发展进程和体系建设。在东乡县的教育扶贫中，甘肃兴邦为了帮助当地孩子们了解本民族传统文化、掌握民族传统工艺，专门开设了刺绣、串珠等特色实践课。但这种项目如果不能和当地的产业开发、民族特色旅游相结合的话，其效果会大打折扣。

第三，实务模式单一。社会工作介入精准扶贫的实务模式大致可以分为两类，即“项目社工”和“建设型社工”。其中，前者开展得较多。例如，甘肃兴邦从2014年至今，通过政府购买、社会机构嵌入的方式，为东乡县开展驻校社工教育扶贫项目。该项目在启动之初就得到当地各级政府部门的积极支持，在实施过程中也获得了良好的预期效果，并为当地农村成功搭建起了教育扶贫、集资助学的社会平台。尽管如此，从长远发展的角度来看，一旦这种以社工机构为主导嵌入地方教育服务的活动结束，当地学校将极有可能因失去专业支持而造成发展链条的断裂，从而使教育扶贫项目后期的溢出效果大打折扣。“建设型社工”的介入途径主要是借鉴社会学之“共同体”的理念，致力于为贫困地区打造一套“互补共生”的整体干预策略或总体解决方案。实施路径是积极构建一个以政府为主导、本地村民为主体、当地文化为主脉、社会工作者为助力的命运共同体，汇集整合各方面优势，凝心聚力“打硬仗”“啃硬骨头”。在这种干预模式下，社会工作主要发挥专业助人的优势，以科学知识为基础，运用科学的专业方法，帮助有需要的困难群体，在此基础上为地方发展、乡村振兴建言献策。但这一模式目前在临夏州乃至甘肃省实施起来都有一定的难度，该模式对实施者的素质要求很高，同时也需要整合及调动过多资源，在实施过程中往往容易因某一环节的断裂而导致全盘计划落空。

第四，制度缺位。从目前来看，临夏州委、州政府仍缺乏将社会工作纳入本地扶贫攻坚战略的整体性规划和制度层面的安排，尤其是对社会工作者介入扶贫战略的方式、人员的专业资质、薪酬标准、后续的职业生涯发展等问题都没有给予明确的文件规定和具体的制度保障。这不仅导致社会工作者在扶贫战略中的身份难以得到认同，同时由于待遇迟迟得不到落实，社会工作专业人才在扶贫领域大量流失，该问题的严重程度甚至影响了扶贫项目的顺利执行和未来存续。

（二）中观层面设计：社区扶贫

社区扶贫主要以广大的农村社区为对象，依靠地方力量，运用社区工作方法，挖掘当地社区资源，通过社区建设、社区发展、社区服务等途径，解决社区问题，强化社区功能，从整体上改变社区的贫困现状。

本研究将以临夏州积石山县 W 村精准扶贫的实际情况为研究对象，运用社区社会工作方法，结合 W 村的资源优势，协调各方力量，对发展当地养殖基地，帮助 W 村村民脱贫致富的过程进行反思和探索。

1. 临夏州积石山县 W 村基本概况

W 村是该州典型的贫困村之一，整体经济发展水平较低。社工 M 第一次进村的时候，发现“这个地方啥都没有，电不通，水不通，路不通”。该地海拔高、光照充足、昼夜温差大、环境无污染，草场、林木茂盛，大部分村民以种植中药材和养羊为生，经济来源较为单一，收入水平低，脱贫难度大。调研发现，由于缺乏种植技术、管理经验，W 村农户的收入不高。在与村书记的沟通中得知，由于该村交通不便，信息不畅，没有形成特色产业，当地的经济发展处于被动地位。因此，该村最大的困难就是如何帮助村民争取项目、获取资金、打通销路、增加收入。社工 M 建议，由于当时该村的村委会干部及政府双联人员也有引进养殖项目的计划，可以引进獭兔生态养殖项目，来解决村民的增加收入问题。所以，社会工作者作为社区力量的动员者、资源的协调者，要协助政府和村委会建立高质量的生态养殖基地，以此来推动该村的经济发展。

2. 社工M介入的基本目标

社工M介入W村扶贫的基本目标主要包括四个方面：首先，召开村级知情会，对村干部及村民讲解什么是农村社会工作，农村社区工作方法能给村民带来什么样的经济效益和社会效益；其次，通过走访、做口述史、收集民间工艺，不断扩大农村社会工作的知晓率，并建立信任关系；再次，采取一系列的社区行动，如深度家访，做家庭档案，组织致富能手宣讲会等形式，激发村民参与项目的实施；最后，通过筹建生态养殖基地，带动W村整体脱贫致富。具体目标分为初期目标、中期目标和终期目标（见表7-1）。

表7-1　社工M介入的具体目标

初期目标	中期目标	终期目标
联系当地村干部、驻村帮扶干部，向其介绍农村社会工作的性质、特点及方法；介绍参与本期社区工作的目标和实施路径，并与他们建立合作关系。目的是赢得他们的认可和信任，携手共进，帮助W村解决乡村脱贫发展问题	运用专业方法协助村委会干部及驻村工作人员建立贫困户帮扶档案，培养社区致富能手，组织他们传授“创业史”和“致富经”；动员W村村民参与本村脱贫项目的建设；在充分尊重村民意愿的基础上，制定出W村发展的整体规划和具体行动计划	遵循W村的发展规划和具体计划安排，采取社区行动，通过讲授、示范、技术扶持，动员村民参与生态养殖基地的建设，最终达到生态养殖项目落地、生根、开花、结果，从整体上实现W村脱贫致富

3. 社工M介入的路径

首先，在项目的初始阶段，由于W村大多数村民对该生态养殖项目的相关知识比较欠缺，对该项目的经济收益也表现出将信将疑的态度，广大村民对社会工作者缺乏信任，所以大家纷纷表示不同意，甚至个别村民翻村干部的旧账，说风凉话。社工 M 意识到应该先通过生动的宣传和耐心的专业介绍打消大家的疑虑，赢得村民对社会工作者的信任。

其次，集中组织村民参加扶贫政策宣讲会、专业理念大讲堂、生态养殖通气会及致富能手经验交流会，借助广播宣传等形式，动员村民参与生态养殖种植项目。在参与式发展理论的指导下，向村民介绍该项目的特点及其优势，使村民明白自身的发展不能停留在“等靠要”的狭隘思维上，而要敢想、敢做、敢冒风险，才能实现脱贫致富。

最后，通过引进技术、资金扶持，发动全体村民投身于生态养殖基地项目的建设。该项目的实施不仅可以帮助村民发家致富，而且通过社区社会工作，能够带动 W 村向建设管理有序、生活便利、环境优美、人际关系和谐的新型文明乡村过渡。

4. 社工 M 介入的具体步骤

第一步，建立专业信赖关系。社工 M 介入脱贫工作的第一个拦路虎就是如何建立专业信赖关系。社工 M 与村委会成员反复沟通，终于成功使他们对“公司＋农户”的模式和扩大养殖规模来带动整体脱贫产生兴趣。村委会委员们普遍认为 W 村多年来经济发展之所以遇到瓶颈，就是因为对自身潜力挖掘不够、开发特色产业不足。生态养殖项目的引进，打开了大家的思路。村支书将这个想法汇报给了上级镇党委，镇领导给予了肯定和支持。这一方面得益于项目本身的适宜性，另一方面得益于州党委对各乡镇、各行政村都下达了脱贫任务，该项目的落地生根对于完成上级脱贫任务具有很好的示范效应。社工 M 与村干部、上级镇政府和驻村干部达成了广泛共识，专业信赖关系基本建立，介入工作的第一个拦路虎被成功克服。

第二步，建立扶贫档案。社工 M 为了尽可能在短时间内完成资料收集工作，前期采用了村委会以往对 W 村的统计数据，经过分类整理、个别数据的校对、统计分析，获得了 W 村的基本信息。

(1) W 村人口基本情况

根据当地村委会掌握的 W 村的户籍资料情况，W 村有村民 317 户，总计 1 429 人。2013 年，贫困建档立卡户 233 户、1 055 人，低保户 63 户，五保户 4 户，贫困发生率高达 62.8%。从性别结构看，男性 831 人，女性 598 人。从年龄结构看(见图 7－1)，村民 18 岁以下 102 人，18～30 岁 210 人，31～40 岁 332 人，41～50 岁 436 人，51～60 岁 193 人，61 岁以上 156 人。

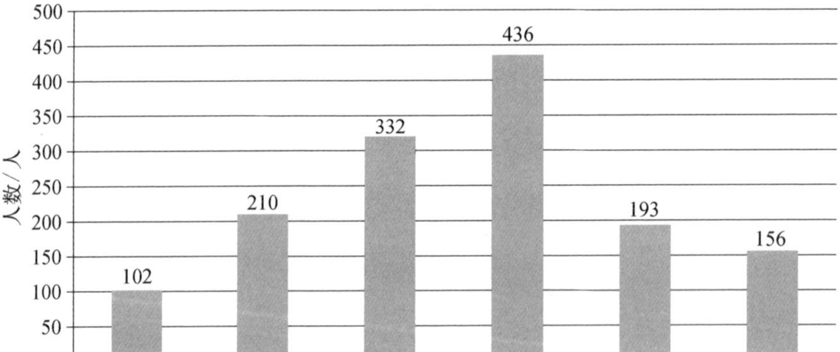

图 7－1　W 村人员基本年龄情况

长久以来，W 村以传统的政府扶贫为主要扶贫模式，政府是 W 村主要的扶贫主体。政府工作人员一人多村的扶贫指标使得近几年的扶贫成效不明显，甚至出现了越扶越穷的情况，并且因为 W 村村民整体文化程度较低，很多产业扶贫项目难以开展。社会工作介入W村精准扶贫后，就这一问题进行产业相关知识、技能的培训，为该村产业扶贫项目的开展做出基础贡献。就目前而言，在社会工作的介入帮助下，W村通过发展产业扶贫、种植经济林扶贫，贫困发生率已在30%之下。

（2）W村村民需求分析

W村地处高寒阴湿地带，整体经济发展水平较低，村民以种植玉米、小麦、油菜等作物为主要经济来源。该村在过去的生产经营过程中，存在着诸如经济结构单一、人均耕地不足、生产规模较小、种植养殖技术落后、缺乏交易场所或交易平台等问题。调查显示，村民中亟待转变经营方式的占33%，渴望学习养殖技术的占28%，渴望学习网络营销及管理经验的占21%，建议扩大交易场所、引进电商平台的占18%（见图7-2）。

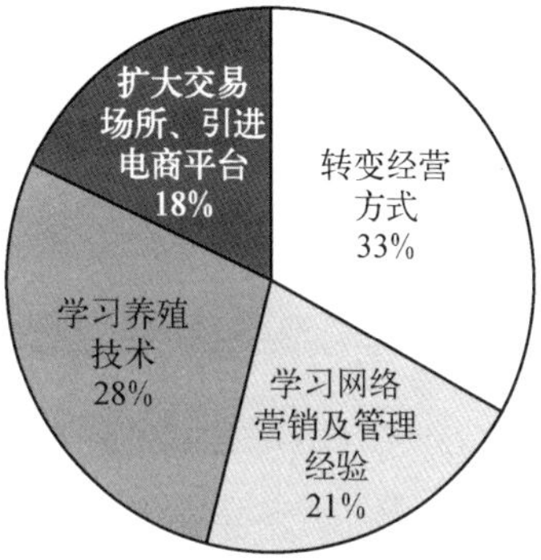

图7-2　W村村民扶贫需求分析

综合分析以上资料，不难发现，W村的村民中31～50岁的比例最高，占54%，说明W村劳动力充足，且全村男性占比较多，这一人口结构有利于该生态养殖项目的实施。从W村村民的发展需求分析来看，寻找新项目、转变经营思路和渴望学习生态养殖技术是大多数村民的需求，占61%，这一趋势正好与社工M同村干部、上级领导、驻村干部达成的共识不谋而合。因此，生态养殖项目的开发迎合了大多数村民的发展诉求。

第三步，制定W村总体发展规划和具体行动计划。社工M协助村委会领导展开大规模调查、走访，广泛听取村民意见，尤其是听取村中老人和“能人”的意见及建议。在集思广益的基础上，社工 M 制定了 W 村总体发展规划和具体行动计划。其中，具体发展计划重点思考了怎样动员村民参与项目建设的具体步骤和措施。

第四步，组织社区行动，推进生态养殖基地建设。首先，采用大规模走访与精准家访相结合的方式，广泛听取村民意见和建议。同时，有选择地与村里有威望的长者和“能人”进行深度交流，培养生态养殖带头人，鼓励他们“敢为天下先”，敢当“出头鸟”，率先垂范，引领全村村民，尤其是贫困家庭，积极参与该项目的建设。其次，通过定期（每周一次）召开村民“知情会”“通气会”“经验交流会”的方式进行动员，争取做到“不漏一户、不漏一人”，将总体规划宣传到位。同时，为村民“传经送宝”，宣传农村社区工作的目的、方法及优势，通报生态养殖基地建设的进展和成果，不断征求村民的意见和建议。最后，充分利用村委会公告栏、村委会广播站、村民微信群、QQ 群等村民喜闻乐见的平台，投放宣传信息，增强宣传力度，让村民对社区工作耳熟能详，同时也接受村民对社会工作的广泛监督。具体安排如表 7－2 所示。

表 7－2　W 村社区行动表

访谈	第一次访谈的对象是 W 村的两位德高望重的长者和三位生态养殖能手。社工 M 分别向他们介绍了社区工作的性质和方法，之后推介了生态养殖基地项目的目的及优势，尽可能地争取他们的支持，邀请他们参与该项目的宣传和建设
	第二次访谈的对象是十位普通村民，重点是贫困家庭。社工 M 广泛宣传首次家访的成果，让这些村民们摆脱“等靠要”的消极思想，积极投身产业扶贫。在此过程中，村委会及上级政府帮助他们链接周围的优势资源，解决资金困难、技术困难、经验不足的问题，让他们能够通过学习养殖知识和管理技能增加产量；社工 M 协同驻村干部积极拓展生态养殖的销售渠道，扎扎实实帮农民增加收入

续　表

会议	第一次会议的主要目的是邀请本村和邻村的三位“养殖大户”传授“致富经”，介绍生态养殖产业的投资潜力和发展前景，动员更多的村民参与生态养殖基地建设项目
	第二次会议的重点是向全体村民隆重推出 W 村总体发展规划和生态养殖基地建设项目。社工 M 运用参与式发展理论进行动员，热情欢迎他们参与到项目中来，并向广大村民介绍生态养殖基地建成后给全村人带来的好处，同时运用 SWOT 技术，分析了 W 村实施该项目的优势和不足
	第三次会议重点是双向沟通交流，一方面对该项目普遍存在的疑惑进行耐心解答，另一方面虚心听取村里各方意见和建议。通过这次沟通交流，各方收获都很大，村民们纷纷表达了自己的意见和想法，大家经过充分讨论，形成了普遍共识，就是一致支持 W 村总体发展规划及生态养殖基地建设
宣传动员	社工 M 走访田间地头、走街串户，通过拉家常、交朋友等多种方式，向村民持续宣传生态养殖项目给他们带来的好处，讲解项目实施的总体规划和具体步骤。除了利用村委会广播、公告栏外，还通过张贴海报、建微信群和 QQ 群等手段，宣传建设生态养殖基地的优势和建成后给村民带来的经济效益及社会效益
组织	在前期走访和宣传取得良好效果的基础上，W 村成立了由村委会干部、村民代表、驻村干部及大学生村官组成的“W 村生态养殖基地工作小组”，全面负责该项目的“落地、生根、开花、结果”。社工 M 不仅要负责该项目实施前期的宣传、动员工作，还要负责后期的社区志愿者招募和培养社区项目的管理人员
资金	该项目资金筹集阶段进展顺利，目前已申请到政府的多项扶贫资金，还有一小部分需要村民自筹，这部分难度较大，如果实在有困难，还需争取民间投资的介入。总体上，资金的筹集问题有望获得初步解决

5. 评估与反思

第一步，社区工作过程的评估。在初期阶段，社工 M 通过联系当地镇、村两级领导和驻村帮扶干部，向其介绍农村社会工作的性质、特点及工作方法，介绍参与本期社区工作的目标和实施路径，并与他们建立了彼此信任的专业关系。社工 M 通过对本村原有信息的整理和校对，掌握了该村的人口结构特点和村民的发展诉求。该村自然生态保存完好，虽然耕地不足，但有充足的人力资源，为生态养殖基地的建立提供了有力的保障。在中期阶段，社工 M 组织村委会干部、驻村干部制定 W 村总体发展规划和具体行动计划，为开发生态养殖项目铺平了道路。在终期阶段，社工主要是遵循 W 村的发展规划和具体计划安排，采取社区行动，通过讲授、示范、技术扶持，动员村民参与生态养殖基地的建设，最终达到生态养殖项目落地、生根、开花、结果，从整体上实现 W 村脱贫致富。目前该项目的资金筹集工作进展顺利，已申请到政府扶贫资金帮助。

第二步，社区工作效果的评估。社工 M 在社区工作过程中，与当地各级政府、广大村民、驻村干部建立了彼此的专业信任关系；为 W 村制定了村级总体发展规划和具体行动方案；通过生态养殖基地建设带动 W 村的全面发展，增加了 W 村居民的收入。生态养殖还带动了育苗、造林、生态旅游等项目。针对当地草场大、自然风景优美的特点，社工 M 将生态养殖与生态旅游相结合，为 W 村寻找更多的脱贫之路。在此过程中，社工 M 运用参与式发展理论，协助当地村委会动员 W 村居民充分参与，为建设管理有序、生活便利、环境优美、人际关系和谐的新型文明乡村献计献策。

（三）微观层面设计：为贫困户个人赋能

扶贫攻坚致力于变传统的“被动式救济”为“主动式发展”，发掘人的潜能。社工 M 通过个案工作和个案管理的方法，挖掘贫困家庭及贫困者个人的潜能，甚至为他们增能赋权来改变其贫困现状。以下我们以临夏州积石山县 W 村精准扶贫中的个案为例，通过个案社会工作方法来分析社会工作介入扶贫的优势与不足。

1. 接案与建立专业关系

(1) 接案。作为社会工作助人活动的开端,接案是社会工作者开始接触潜在服务对象的过程。社工M是在村干部为贫困家庭建档立卡时第一次接触到贫困户老唐的。老唐一家住在W村的东边,社工M迈进老唐家陈旧而破败的大门时,老唐的妻子从厨房里迎了出来。显然她已经知道社工M要来,正为他准备早饭。她引着社工M走进了院落中的正屋,老唐此时正半躺在炕上。通过与老唐两口子的交谈,社工M了解到老唐家算上夫妻俩总共五口人:老唐从小因小儿麻痹落下残疾;老唐的母亲因早年过度劳累,腰椎和肾脏出了问题,身体不适,需要长期服药;老唐的妻子除了照顾老唐和婆婆外,还要承担家里的农活;老唐有个儿子在吉林省一所大学读研究生,还有一个女儿在省城一所财经院校读本科。家里主要的经济来源是务农,这两年由于干旱,靠种庄稼几乎没有什么收入。由于家庭负担过重,老唐除了务农以外,还时不时去县上的建筑工地打点零工赚钱。老唐的家庭贫困状况十分典型,综合了因病、因学、因残致贫三种情况。老唐虽有残疾,但他头脑灵活,也能吃苦耐劳,具备自身能力建设的潜能,所以我们将老唐作为此次个案工作的介入对象。

村干部对老唐的家庭情况十分熟悉,向社工M介绍说,老唐的儿子、女儿在外上学,开销比较大,这几年家里日子过得格外艰难。老唐家前几年就已经是村里的低保户了,但低保补贴对老唐家一年的开支来说真是杯水车薪。老唐因为腿脚有残疾,心理上略有自卑。据村干部介绍,老唐平时在家是个勤快而聪明的能人,只不过话比较少。老唐的妻子对外人也很少提到老唐。

(2) 建立专业关系。社工 M 将老唐确定为案主之后,接下来就要与他建立专业关系。由于老唐话比较少,所以社工 M 首先选择老唐的妻子进行沟通,在获得了她的信任和支持的情况下,再运用社会工作人际沟通的原则和技巧,与老唐本人通过聊天的方式,慢慢走入他的内心。由此,社工与案主建立专业的信赖关系。

2. 预估

预估工作首先要对案主的相关信息进行收集。老唐的个人情况如下:W 村东乡族村民,男,45 岁,初中文化程度。从小患小儿麻痹症,落下残疾,所以不能承担过于繁重的体力活,平时除了务农,偶尔在城里建筑工地打打零工。由于案主一家人的日子过得十分窘迫,经常受到周围人的白眼和嘲讽,案主的心里十分自卑,案主的家人对其平时也缺乏关心,种种原因引发案主产生了一些负面情绪,认为别人都瞧不起他。

案主的家庭资料:老唐家里一共五口人,除老唐本人外,还有妻子、母亲、一对儿女。老唐家里有两亩地,经济来源主要靠务农。老唐母亲患有慢性病,身体状况较差,需要常年服药。儿子、女儿均在外地上学。老唐平时与家人沟通得不多,经常穿着在工地干活的衣服,由于严重脱色,已经看不出原来的颜色。老唐经常流露出对城里人的羡慕,偶尔向周围人说出自己的打算。

预估工作其次要判断服务对象的问题并提出解决建议。问题之一:需要心理辅导。社工 M 在与案主及其家人的沟通过程中发现,案主因为自己身体的残疾而陷入深深的自卑中。这种自卑心理在周围人的歧视下会被进一步放大,家人对他的关心也不够,最终导致老唐不愿表达。问题之二:个人能力建设。由于案主对自己产生了负面的认识，社工M可以依据优势视角理论开发其潜能。案主的优势是勤快、聪明、心灵手巧。此外，案主对未来的期望并未泯灭。这些条件都有利于我们帮助案主进行个人能力建设，从而增加经济收入。问题之三：社会支持系统建设。过去，家人很少关心案主的心理变化，案主也很少与家人和左邻右舍沟通，导致案主出现许多负面情绪。所以，个案工作的重心首先是帮助案主改善与家人的关系；其次是帮助案主建立社会关系支持系统，帮案主重拾价值感，修复案主的自信心。

3. 制定服务目标和计划

首先是服务目标。社工M第一步通过心理辅导，帮助案主走出自卑；第二步通过优势视角理论，挖掘案主的潜能，构建社会支持系统；第三步通过增能赋权，进一步提升案主的权利感和自信心。具体设计如表7-3。

表7-3　具体服务目标

前期目标	中期目标	后期目标
通过心理辅导，帮助案主正确看待自己、消除自卑，改变案主对残疾人就业固有的想法	运用优势视角理论，挖掘案主潜能，重塑案主的家庭关系和互动模式，构建案主的社会支持系统，目的是让案主体验到自己的存在感	通过增能赋权，发现案主自身的优势以及案主身边的资源优势，进一步提升案主的权利感和自信心

其次是服务计划。社工M根据案主的心理辅导、个人能力建设及家庭和社会关系网络建设的需求，制定了有针对性的服务计划，具体设计如表7-4。

表 7-4 服务计划表

项目安排	时间安排	内容安排
心理辅导计划	2019-6-1	第一次辅导：社工 M 首先与案主的妻子、母亲进行交流，目的是转变家人对案主长期以来缺乏关心照顾的状况；其次是与案主交流，目的是改变案主对自己的消极情绪和负面看法，使其重拾信心、振作精神
	2019-6-7	第二次辅导：首先给案主提供了一部残疾人创业的纪录片，目的是改变案主对残疾人难以就业的固有想法；其次是让案主看到自身的优势，说出对未来的憧憬
	2019-6-14	第三次辅导：社工 M 评估了案主接受两次心理辅导的真实感受，进一步鼓励案主改变看法，走出自卑
个人能力建设计划	2019-6-21	第一次见面：社工 M 首先根据案主的自身条件，挖掘出案主内心充满想法的潜能，发现了案主勤快、聪明的优势，帮助案主链接生态养殖这一优势资源，介绍案主参观生态养殖培训班，帮助案主实现个人能力建设
	2019-6-28	第二次见面：社工 M 与案主交流参观生态养殖培训班之后的想法，案主表示很想参加学习。社工 M 为案主争取到了上培训班的机会
构建社会支持网络计划	2019-7-4	第一次见面：社工 M 提醒案主的家人，希望他们平时与案主多多交流，关心案主的情绪变化。有了家人的更多关爱，案主就会逐渐走出自卑心理，消除负面情绪
	2019-7-11	第二次见面：社工 M 通过增权赋能，参加生态养殖技术培训，帮助案主提升个人能力，构建社会支持网络，增强案主的自信心。同时，案主与周围人的关系也融洽起来了

4. 介入过程记录

通过为期七周的服务，社工多次以入户访谈的方式获取了案主的基本信息。随着访谈次数的增加，案主对社工的信任度也不断加强，从当初的有所提防，到初次关系的建立，再到对社工有了极大的信任感。具体服务记录如下：

(1) 第一次访谈(时间：6 月 1 日;地点：老唐家)

社工 M 在村委会陈书记的陪同下与老唐的家人见面,告诉他们自己是驻村社工,准备针对贫困家庭制定帮扶计划。老唐的妻子、母亲认为自己家的经济来源太少,“吃的是老天赏的饭,这两年地比较旱,一年下来根本没什么收入”。

社工 M 回应老唐的妻子和母亲,老唐可以从事生态养殖,所需的前期启动资金共五万元,可以先从村级产业发展互助社得到帮助。老唐虽然身有残疾,但心灵手巧,如果缺少知识和经验,可以通过技术培训加以弥补。至于老唐的心理自卑问题,社工 M 会通过心理辅导积极改善。说到这里,老唐妻子心里的疑云才慢慢消散。趁热打铁,社工 M 开始了与老唐的深度交谈。

社工(以下简称“工”)：非常感谢您能接受我们对您的访谈,打搅了。

案主(以下简称“T”)：哪里,哪里,一点小事,不麻烦。

工：平常和同村人交流吗?

T：我没几个朋友,我也不喜欢与别人交往。

工：那您平常在家里都做什么呢?

T：干自己家农活。

工：听说您家日子过得有点紧?

T：娃在外面读书,今年吃力得很。

工：是不是平常不和嫂子沟通呢?

T：很少,很少,主要是说不到一起,光生闲气。

工：刚才我和您爱人聊得比较多,其实她还是很心疼您的,您也十分心疼嫂子吧?

T：呵呵……(之后便沉默不语)

工：咱俩到村边大柳树下聊一会咋样？晒晒太阳、呼吸呼吸新鲜空气？

T：……(笑着站了起来)

社工M总结：接案过程中，寻找突破口十分重要。老唐这个人性格内向，不善言辞，对下一步与其建立专业关系十分不利。老唐的妻子则快人快语，容易打交道。所以，选择先与老唐的妻子和母亲沟通，可以较快建立起案主及家人对社工的信任，接下来与老唐的交谈也变得顺畅起来。

(2) 第二次访谈(时间：6月7日；地点：老唐家)

社工M在手机上给老唐看了一部介绍残疾人创业的纪录片，目的是纠正老唐对残疾人难以就业的固有想法，让老唐看到自身的优点，大胆憧憬未来的美好生活。

工：老唐，您以前看过这个片子吗？

T：没有，他们干得太好了。

工：您觉得他们是不是很能干？

T：是的，他们能得很！

工：您发现他们都是残疾人，有的比您还困难，但和正常人获得的财富没什么区别。您认为怎么样呢？

T：是的。

工：您发现他们和正常人一样，可以发家致富。您同意吗？

T：同意，同意，以前我一直以为残疾人什么都做不了，但是这里的人却一点也不像残疾人，他们比正常人都厉害。

工：是啊，他们能做到，您也可以做到，我们应该像他们那样积极乐观地面对生活,您说是不是? ……

T:嗯嗯,可是说归说,我可从来没干过,万一干不成可咋办?

工:据我们了解,您的手还是很巧的。

T:对的,家里的鸡棚、兔窝都是我自己盖的。

社工 M 总结:与案主建立专业关系之后,应趁热打铁,选择案主易于接受的方式(比如观看纪录片)吸引案主,转变其看法。当案主表现出积极反应,哪怕十分细微也要多多鼓励,这种正强化有助于增强其自尊感和自信心。

(3) 第三次访谈(时间:6 月 14 日;地点:老唐家)

社工 M 询问老唐最近的身体状况,尤其是是否做了康复训练。这次服务的主要目的是评估案主的身体状况是否适合养殖创业,顺便观察一下老唐接受心理辅导以来,行为和思想上有什么变化。

工:老唐,最近身体如何?

T:还好,还好。都是老毛病,没啥大碍。

工:您是否愿意学习新技能来改变目前的生活状况?

T:我也想学,但是不知学点啥好?

工:嫂子说您勤快,脑子好,只需稍加引导就可以。这样,我下次带您参观一所生态养殖培训学校。

T:行呢。

社工 M 总结:当案主态度发生转变后,要及时提供社会支持,为实现助人自助做铺垫。

(4) 第四次访谈(时间:6 月 21 日;地点:老唐家和生态养殖基地)

社工 M 先来到老唐家里,建议他今天去参观一下生态养殖基地。老唐显得很开心,话也逐渐多了起来。路上,社工 M 与老唐聊得很热络,老唐说现在他已经不怕别人的眼光了,残疾人也是人,和正常人一样也能干好多事情。到养殖基地后,社工 M 与老唐在老板的带领下参观了奶牛场和青贮玉米林,老唐主动和老板询问他是否能从事养殖产业。

工:老唐,参观完养殖场您有什么想法吗?

T:嗯,我也想从事养殖行业。可是我不知道自己行不行。

工:只要您有决心,我会帮您争取参加培训机会的。

T:好的,太感谢你了。

工:我觉得您有很多优点,您虽然走路不方便,但您人聪明、肯吃苦,一定能做好很多事,要对自己有信心呀。

T:听你这么一说,还真是心里痒痒的,条件成熟的话,我一定做。

工:呵呵,我们真的很看好您。这里我们也只是一点粗浅的意见,给您参考就是。

T:你们确实帮了我很大的忙啊。

工:哪里,哪里。那好吧,今天就不打扰您了,祝您成功。

T:好的,你吃上些再回吧?

工:不了,不了,您太客气了。

社工 M 总结:社工要利用一切机会挖掘案主的各项潜能、捕捉案主的优势,及时增权赋能,协助案主链接周边的优势资源,以达到助人自助的效果。

(5) 第五次访谈(时间:6 月 28 日;地点:培训学校)

社工 M 带老唐去了生态养殖培训学校,在与培训部负责人的交流过程中，老唐表现得十分积极，负责人也同意让老唐免费参加他们的培训课堂。

这次服务的主要目的是给老唐争取到免费学习养殖的机会，看来这次的目的已经达到，社工 M 觉得培训学校的领导十分给力，因为之前参加培训班不仅名额紧俏，而且学费不菲。

工：老唐，这位就是我常和您提起的养殖培训学校的负责人杨主任。

杨主任（以下简称“杨”）：您好，您对加入养殖培训班有兴趣吗？

T：主任好，我也不知道自己能干什么，我也很着急，不想总这样无所事事了。

杨：您为什么想学一门手艺呢？

T：我想脱贫致富，家里太穷了。

杨：那您能做到每天按时来听课吗？

T：可以，我一定每天按时来。

杨：我觉得您跟着学，说不定哪天就发现适合自己的项目了。

T：对的（脸上泛起笑容），我会努力学，早日成为村里的致富能手。

社工 M 总结：案主能积极主动地与陌生人进行交流，说明案主的自卑心理有了明显的改善；对学习新技能的态度也非常积极，说明案主的自信心得到明显的提升。通过这五次访谈，已初步达到预期的效果。

（6）第六次访谈（时间：7 月 4 日；地点：老唐家）

社工 M 再一次拜访了老唐的妻子和母亲，了解到老唐像换了一个人，在家里喜欢说话了，常常给家里人讲他内心的创业想法。社工 M 告诉老唐家人，平时要多鼓励老唐，多与他联络感情。同时也与案主的一对儿女取得了联系，他们对父亲的转变十分惊喜，并保证以后要多和父亲沟通交流，放假回来会帮助父亲实现创业的梦想。

工：真不好意思，在您生病的时候还来打搅您。

案主母亲：没事儿。

工：老唐最近在家里有什么变化吗？

案主母亲：变化挺大的，经常主动和我们说一些他自己的想法。

工：嗯。对老唐最近的改变你们有什么想法？

案主妻子：我知道每个人都应该开心，他每次主动跟我说话的时候我心里都挺开心的，掌柜的(指老唐)好像慢慢变得自信点了。

工：我经过与老唐的沟通，了解到老唐平时在村子里比较木讷，由于身体缺陷曾受到过村民的嘲讽，从此他变得沉默寡言，非常自卑，家里人又常常忽略他，使他不愿意与人沟通。

案主母亲：他现在之所以变成这样，也怪我们老两口，从小顾不上管他，平时忙于生计，没有时间与他沟通，谢谢你们让他有了这么大的变化，我以后也会慢慢改变，多多关心他。

工：您能这么想真是很好。这样吧，时间不早了，我们得先回去，改天有时间我们再来拜访您。

案主母亲：这就走啊，今天真是太谢谢了，你们的一番话真是点醒了我。非常感谢！

社工M总结：老唐的妻子和母亲对老唐的态度已发生180度大转弯，她们已经开始了自我反思，主动关心起老唐的一切。在充满温情的家里，老唐会逐渐走出自卑，在家人的鼓励和帮助下，也能不断增加自信。这次服务的主要目的是考察案主是否建立起了家庭支持网络。

(7) 第七次访谈(时间：7 月 11 日；地点：老唐家)

社工 M 询问老唐养殖培训学习的收获及老唐与培训班师生相处的情况。

工：老唐，您觉得生态养殖技术难学吗？

T：比较难学，之前没接触过，好在杨主任打过招呼，老师对我很有耐心。

工：嗯，不错，不错，我说您是人聪明嘛，以后凡事要相信自己，只要自己勤快，肯吃苦，什么困难都难不倒您，加油！

T：谢谢大家一直陪着我。

工：老唐，您做得很好，有不懂的地方就要和大家一起交流学习。

T：好。说实在的，您真是给我帮了个大忙。

工：客气，那好吧，今天就不打扰您了，祝您学习进步。

T：好的，好的，喝些茶啊！

社工 M 总结：通过参加养殖培训班，案主开阔了眼界，丰富了知识和经验，个人能力得到增强。同时，案主在社会中的支持网络也建立起来了。

5. 结案

结案前，社工 M 对整个服务过程做了完整的梳理，发现案主在心理健康、自身能力建设、社会支持等各方面有了长足的进步。社工 M 告诉案主，他们的服务目标已经实现，助人自助的任务已经完成，也达到了预期的效果，所以决定就此结案。然而，案主却表示有点难以接受，毕竟已经相处了 40 多天，从陌生的路人到彼此信赖的朋友，怎么能说分别就分别？社工 M 告诉案主以后遇到问题，无论是心理上的，还是项目上的，都可以与他联系。

从本次服务全过程来看，案主已经完全走出了自卑的阴霾，具有自主沟通和交流的能力，而且掌握了一定的养殖知识和技能，增强了脱贫致富的信心，构建起了家庭和社会支持体系。最后，社工M告诉案主，在以后的生产生活中应该永远保持活力和信心，将学到的技术转化为财富，与家人和谐相处，多多与他人分享思想和感受，有问题了还可以来找社工。社工人，永远是值得信赖的朋友。

6. 评估与反思

(1) 个案工作评估

第一，过程评估。在整个个案工作过程中，社工M始终能够秉持助人自助的基本原则，充分运用心理辅导、潜能挖掘、优势视角、增权赋能、社会支持网络等专业理论和方法。首先，通过沟通交流与案主建立良好的专业关系；其次，采用资料分析和家庭访谈法，对案主的潜能进行挖掘；最后，通过参观、培训打开案主的心结，直到摸清案主的需求。以此为依据，社工为案主量身定制了脱贫致富的方案。通过本次服务，案主的行为和心态发生了很大的转变，案主走出了自卑心理的阴霾，消除了对自我的负面评价；在优势视角、增权赋能和社会支持等理论的指导下，社工提升了案主的发展空间，增强了案主的权利与自信，建立了案主的家庭和社会支持系统。在整个个案过程中，社工与案主及家人沟通顺利，服务计划完成得比较圆满。

第二，效果评估。社工M对案主共进行了七次访谈，其中有三次是心理辅导，案主的自卑心理较之前有很大的改变，案主自我评价变得更为积极。通过潜能开发，案主重拾了自信，主动要求参加技能培训。在七次访谈中，社工M还对案主做了两次家庭关系辅导，帮助案主恢复了家庭功能。目前，案主在家庭的支持和帮助下，正在着手进行生态养殖创业的筹备工作。本期个案工作取得了很好的成效，社工 M 还会持续跟进案主的后期发展情况。

(2) 个案工作反思

第一，社会工作介入的优势。在微观设计层面，社工 M 严格秉持了助人自助的专业理念，理论联系实际，将增能理论、优势视角及社会支持理论融会贯通，灵活运用在心理辅导、能力建设及社会支持网络建设过程中，真正体现了知识的力量。

从个案服务的全过程来看，社工 M 从消除案主自卑心理开始，通过开发案主的潜能，挖掘案主优势，加强案主个人能力建设。同时，社工协助案主构建家庭、社会支持网络，帮助案主弥补社会功能缺失，获得权力感、价值感和自信心，从而更好地融入家庭和社会。在访谈服务的过程中，社工以案主为本，积极寻找案主需求，引导案主表达心声，鼓励案主主动去拓展自己的发展空间。通过实地参观、培训，社工以润物细无声的方式，打开了案主的心扉，成功转变了案主的消极态度，并帮助案主争取到免费学习技能的机会，满足了案主潜在的发展需求。

第二，社会工作介入的不足。虽然整个个案工作的计划、实施及效果似乎达到了预期的目标，达到了社会服务的目的，但由于个案工作服务的对象十分有限，服务的周期比较长，所以面对当地众多的贫困人口，个案工作的方式在面对艰巨的扶贫任务时还不能完全满足现实的需要。此外，目前社会工作的社会认可度不高，再加上社会服务网络也不够完善，这给社会工作介入带来了比较大的难度，社会工作者开展社会服务时，还显得形单影只、孤掌难鸣。然而,“路漫漫其修远兮,吾将上下而求索”。相信在无数社工人默默的努力下,这种局面一定会改善。

附录一:甘肃省“1236”扶贫攻坚行动

在2013年9月召开的甘肃省扶贫攻坚大会上,甘肃省委、省政府制定出台了《关于深入实施“1236”扶贫攻坚行动的意见》。“1236”扶贫攻坚行动具体包括:

“一个核心”,具体目标任务是,紧扣持续增加收入这一核心,突出路、水、电、房等基础设施建设,确保扶贫对象年均纯收入增幅高于全省平均水平两个百分点,到2016年贫困地区农民人均纯收入达到7 000元以上,到2020年达到12 000元以上,进一步缩小与全国的收入差距。

“两不愁三保障”,做到不愁吃、不愁穿;落实义务教育、基本医疗和住房三个保障。

“六大突破”,推动扶贫开发工作取得更大成效。在基础设施建设、富民产业培育、易地扶贫搬迁、金融资金支撑、公共服务保障和能力素质提升等六方面实现重大突破。

附录二:甘肃省精准扶贫精准脱贫“1+17”方案

在2015年6月9日召开的甘肃省精准扶贫精准脱贫工作会议上,甘肃省委、省政府通过深化改革、顶层设计,制定出台了《关于扎实推进精准扶贫工作的意见》和17个专项配套实施方案,形成了“1+17”的精准扶贫工作方案,目的是为全省做好当前和今后一个时期的扶贫开发工作明确任务书、作战图和时间表。力争到2017年年底，甘肃实现贫困地区农村群众人均收入达到7 000元以上，到2020年消除绝对贫困，所有贫困县（市、区）实现脱贫并基本完成农村小康主要监测指标。该方案的出台，在全国探索出了一条具有甘肃理念、甘肃模式、甘肃机制、甘肃状态的精准扶贫、精准脱贫的新路子。

什么是“1＋17”？

“1”：《关于扎实推进精准扶贫工作的意见》中提出了一个目标，就是到2020年与全国一道全面建成小康社会奋斗目标。

“17”：即17个专项精准扶贫工作方案，具体如下：

1.《饮水安全支持计划的实施方案》

2.《贫困村动力电覆盖支持计划的实施方案》

3.《交通支持计划的实施方案》

4.《农村危房改造支持计划的实施方案》

5.《易地搬迁支持计划的实施方案》

6.《生态环境支持计划的实施方案》

7.《产业培育支持计划的实施方案》

8.《电商支持计划的实施方案》

9.《教育支持计划的实施方案》

10.《卫生扶贫计划的实施方案》

11.《贫困乡村文化场所建设支持计划的实施方案》

12.《社会救助支持计划的实施方案》

13.《小额信贷支持计划的实施方案》

14.《劳动力培训支持计划的实施方案》

15.《干部人才支持培训计划的实施方案》

16.《全省贫困村驻村帮扶工作队力量整合和加强管理的实施办法》

17.《全省贫困县党政领导班子和领导干部经济社会发展实绩的考核》

第八章　促进农村困境儿童保护的实践研究[①]

——以云南Y镇社会工作服务为例

一、研究背景

（一）我国儿童保护进入转型提升期，国家高度重视儿童保护工作

儿童的生存、保护和发展是人类发展的基础，是社会进步的先决条件，关系着国家的前途与命运。1990年，中国驻联合国代表中国政府签署了《儿童权利公约》，中国进入了以儿童权利理念为指导的现代儿童福利时代。2013年，中国共产党第十八届中央委员会第三次全体会议通过《中共中央关于全面深化改革若干重大问题的决定》，提出要建立困境儿童的分类保障制度。2016年，国务院发布了《国务院关于加强困境儿童保障工作的意见》。之后，各级部门陆续召开"合力监护，相伴成长"专项行动会议，开展了一系列关爱和保护农村留守儿童的专项行动。同时，在困境儿童的生活保障方

① 本章案例引自严茜的硕士学位论文《农村困境儿童心理健康服务实践研究——以云南省Y小学困境儿童为例》(2019)，收录于本书时在原文基础上进行了延伸和修改。

面出台相关文件，如《全国农村留守儿童关爱保护和困境儿童保障示范县(市、区、旗)指导标准》，实现了困境儿童的保护由经济救助向复合型救助转变。2017 年，《国务院关于加强农村留守儿童关爱保护工作的意见》(国发〔2016〕13 号)和《国务院关于加强困境儿童保障工作的意见》(国发〔2016〕36 号)要求地方政府大力推进试点建设工作，通过构建县(市、区、镇)、乡镇、村(居)三级工作网络，建立健全保护困境儿童工作体系。2017 年年底，30 个省份出台省级实施意见，要求构建三级工作网络。2019 年 4 月，民政部联合教育部、公安部、司法部、财政部等十部门制定出台了《关于进一步健全农村留守儿童和困境儿童关爱服务体系的意见》。上述政策的出台标志着我国儿童福利制度的功能定位从“保障兜底”转变为“监护兜底”，我国儿童福利事业迈向了转型提升阶段。2019 年，民政部新设儿童福利司，体现了党和国家对儿童工作的高度重视，是儿童福利工作新的里程碑。

联合国儿童基金会将儿童保护定义为“预防或保护儿童免遭暴力、剥削、虐待，包括商业性剥削、买卖儿童、童工及其他具有伤害性的行为”。中国学者主要从广义和狭义两个方面界定儿童保护：广义的儿童保护与儿童福利的概念相辅相成，主要是根据儿童成长与发展的需要，关注儿童身心健康发展，提供公平的成长发展环境，构建儿童安全健康的成长环境等方面；狭义的儿童保护的对象主要是由于家庭监护缺失或者监护不当而产生的孤残儿童、受虐儿童、流浪儿童、留守儿童等各类困境儿童。① 本章中的困境儿童保护主要是指：家庭、学校、社会、司法等主体通过立法、制度和服务等方面的措施，保护困境儿童的基本权利，促进困境儿童健康成长、全面发展。

① 赵川芳：《我国儿童保护体系建设刍议》，《社会福利(理论版)》2017 年第 9 期。

（二）困境儿童保护政策实施中面临很多挑战

最近几年，我国出台了一系列保护困境儿童的政策和意见，但在实施过程中面临很多挑战。我国目前尚未完全建立儿童法律保护体系和社会联动机制，缺乏专业的儿童保护服务，既缺乏专业人员、专业程序，又没有确定的儿童保护专业服务标准。儿童保护是一项具有专业性的社会服务，需要依赖专业人士和专业服务机构的评估、监督、核查及跟进。虽然民政、妇联等有关部门尝试在社区开展儿童保护服务，如建立社区“儿童之家”、增加硬件设施投入、安排兼职工作人员等，但由于缺乏儿童权利视角、专业化服务和社会力量的参与，这些服务难以满足儿童的需要，特别是困境儿童及其家庭的需要。

（三）西部贫困农村地区儿童保护中社会保护体系尚未建立

2019 年 4 月，民政部等有关部门发布《关于进一步健全农村留守儿童和困境儿童关爱服务体系的意见》，明确了多方力量共同参与的儿童关爱和保护服务工作格局，并提出了“加强基层儿童工作队伍建设”“通过政府委托、项目合作、重点推介、孵化扶持等多种方式，积极培育儿童服务类的社会工作服务机构、公益慈善组织和志愿服务组织”等要求，但上述措施在西部地区难以完全落实。在西部一些地区，政府对儿童保护的资源投入有限，儿童保护大多在社会组织或个人出于社会道德倡导或者文化引导下开展，服务比较零散，服务之间也缺乏整合，社会组织与政府有关部门之间的合作机制尚未建立。

2000 年以来，在国家妇女儿童工作委员会办公室、民政部的协调和支持下，云南省妇女联合会与中国发展研究基金会、联合国儿童基金会等机构合作，先后在一些农村地区以服务乡村流动、留守儿童为重点，通过“示范性儿童之家”的建设，探索多部门合作、多机构参与的社区为本的儿童保护模式。

在此背景下，本研究从社会工作视角出发，探索社会工作在农村贫困地区开展困境儿童保护的路径、方法和机制，为社会工作参与农村反贫困中的困境儿童服务、促进困境儿童健康成长提供经验借鉴。

二、Y镇儿童保护中存在的主要问题

（一）调查点简介

Y镇位于云南省楚雄彝族自治州某县城西南部，距县城28千米，全镇辖国土面积331平方千米，最高海拔2 884.5米，最低海拔1 220米，辖区内有汉、彝、傣、回四个民族，其中彝族占总人口的69%。Y镇所在县2020年年底之前是国家级贫困县，青壮年外出打工比较多。被调查的X小学是当地唯一一所一级完全小学，共有教职工70人，在校小学生815人，有17个教学班，寄宿制学生占91%，彝族学生约占70%。

（二）调查对象的基本情况

本调查采取整群抽样的方式，对X小学三到六年级的全体学生（共462人）开展实地调查。调查问卷由儿童基本信息、生活环境、儿童保护和测量问卷组成。测量问卷包括儿童心理健康、社会支持和抗逆力。从表8-1可以看出，在462名受调查的儿童中，男生有227人（占49.1%），女生有231人（占50.0%），缺失4人（占0.9%），女生人数多于男生。汉族有151人（占32.7%），少数民族（白族、傣族、彝族等）有311人（占67.3%）。在年龄分布上，小学低年级（≤10岁）有188人（占40.7%），小学高年级（≥11岁）有274人（占59.3%）。在城乡分布上，居住在城镇的儿童有18人（占3.9%），居住在农村的有422人（占91.3%），空缺22人（占4.8%）。儿童的主要照顾者是“爸爸”的占 31.6%，是“妈妈”的占 41.5%，是“爷爷或奶奶”的占 21.2%，是“兄弟姐妹”的占 2.6%，是“其他”（包括姑姑、舅舅等）的占 3.1%。寄宿制儿童人数为 439 人（占 95.0%），非寄宿制儿童人数为 23 人（占 5.0%）。

表 8-1　被调查儿童基本信息表

		人数/人	百分比/%
性别	男生	227	49.1
	女生	231	50.0
	缺失	4	0.9
民族	汉族	151	32.7
	少数民族	311	67.3
年龄	小学低年级(≤10 岁)	188	40.7
	小学高年级(≥10 岁)	274	59.3
居住地	城镇	18	3.9
	农村	422	91.3
	空缺	22	4.8
主要照顾者	爸爸	225	31.6
	妈妈	295	41.5
	爷爷奶奶	151	21.2
	兄弟姐妹	18	2.6
	其他	22	3.1
是否住校	是	439	95.0
	否	23	5.0

续 表

		人数/人	百分比/%
每周住校天数	5天	430	93.1
	≤4天	29	6.3
	空缺	3	0.6

在462名受调查儿童中，有74人为独生子女（占16.0%），其余皆为非独生子女（占84.0%）。非留守（父母都在本地务农）儿童有315人（占68.2%），父母中有一方在外打工的单留守儿童有76人（占16.5%），父母双方均在外地打工的全留守儿童有57人（占12.3%），其他情况的有9人（占1.9%），空缺5人（占1.1%）。从其父母的文化程度来看，有29名儿童（占6.3%）的父亲没上过学，小学文化程度的有110人（占23.8%），初中文化程度的有223人（占48.3%），高中或中专文化程度的有59人（占12.8%），大学或大专文化程度的有2人（占0.4%），对父亲文化程度表示不知道的儿童有37人（占8.0%），空缺2人（占0.4%）。母亲未上过学的有35人（占7.6%），小学文化程度的有116人（占25.1%），初中文化程度的有221人（占47.8%），高中或中专文化程度的有55人（占11.9%），大学或大专文化程度的有5人（占1.1%），对母亲文化程度不清楚的儿童有28人（占6.1%），空缺2人（占0.4%）。可见，被调查儿童父母的文化程度偏低，大约80%为初中及以下。

（三）当地儿童面临的主要问题

1. 大部分儿童成长中面临暴力和意外伤害

在调查中，儿童反映其生活环境中遇到的主要风险因素排在前三位的分别是精神暴力、身体暴力和意外事故，分别为 81 人（占 33.1%）、55 人（占 22.4%）和 53 人（占 21.6%），具体见表 8－2。儿童遇到危险时主要的求助对象是家人，其次是老师和同学（见表 8－3）。可见，儿童把家庭看作自己最重要的保护主体。

表 8－2　儿童生活中常见风险因素

	人数/人	百分比/%	个案百分比/%
意外事故	53	21.6	28.0
自然灾害	36	14.7	19.0
身体暴力	55	22.4	29.1
精神暴力	81	33.1	42.9
性暴力	17	6.9	9.0
其他	3	1.2	1.6
总计	245	100.0	

表 8－3　遇到危险时的求助对象

	人数/人	百分比/%	有效百分比/%	累积百分比/%
自己解决	22	4.8	4.8	4.8
家人	343	74.2	74.2	79.0
老师	75	16.2	16.2	95.2
朋友或同学	17	3.7	3.7	98.9
其他人	4	0.9	0.9	99.8
空缺	1	0.2	0.2	100.0
合计	462	100.0	100.0	

2. 儿童遭遇家庭暴力的情况比较突出，施暴者主要为其照顾者

调查结果显示，有 191 名儿童（占 41.5%）报告最近一个月被家人打过一次及以上，有 271 名儿童（占 58.5%）报告最近一个月中未被家人打过。值得注意的是，在遭受家庭暴力的儿童中，一个月内遭受暴力次数十次以上的有 6 人（占 3%）。而在进一步回答“上一次打你的人是谁”的问题时，有 308 人（占 66.6%）选择了“爸爸”或“妈妈”；选择“爷爷”或“奶奶”的有 26 人（占 5.6%）；而选择“其他人”或不填的为 128 人（占 27.3%），其中关于“其他人”的答案填写最多的前三项依次为“同学”（5 人）、“哥哥”（3 人）和“姐姐”（2 人）。

在遭遇家庭暴力时，55%的儿童的求助对象是学校老师，24%的儿童的求助对象是身边的亲戚朋友，11%的儿童选择默默忍受，只有 6%的儿童选择报警（见图 8－1）。可见，当家庭保护失灵时，儿童最期望得到学校的保护，其次是亲友的保护，国家保护尚未进入儿童的选择范畴。

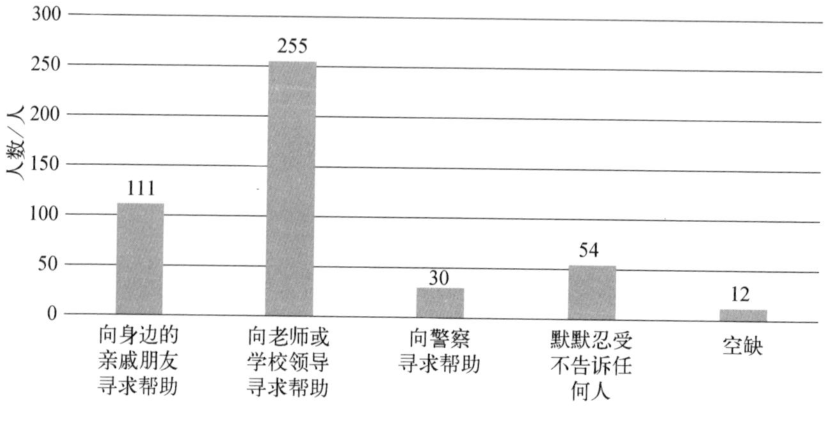

图 8－1　儿童遭受暴力时的求助对象

3. 儿童的心理问题比较突出，主要表现为抑郁和焦虑

本调查运用儿童抑郁量表筛查出抑郁（SDS）≥21 分的学生共有 86 人，占 18.6%；运用儿童焦虑量表，筛出焦虑（SAS）≥11 分的学生共有 55 人，占 11.9%。进一步分析发现，462 名学生中，抑郁（SDS）且伴有焦虑（SAS）的学生有 23 名，占 5.0%。抑郁和焦虑情绪突出是被调查儿童面临的主要心理问题。

（1）儿童抑郁。儿童抑郁的主要表现是身体差、情绪低落、对学习没有兴趣、自卑、对未来缺乏希望等。在对抑郁得分较高的儿童及其老师和同学的访谈中发现，他们经常愁眉不展、沉闷少语、价值感较低，常常感到压抑、心烦、心情低落；身体健康状况不良，吃不下饭，睡不着觉，容易生病，如发烧、感冒或者感到身体某个部位有莫名的痛感；社交退缩、不想说话、不想见人、不想上学，与人交往时行为容易冲动、易被激怒，无法控制自己的情绪，严重者还会出现自残和自杀行为。

被调查者小强说："我奶奶说我没有优点，我对任何事都不感兴趣。"小伟说："我每天都很痛苦，害怕每一天的开始，我已经好几天没有吃饭了，感觉胸口像插了一把刀，好痛。"小莫说："我每天都睡不着，就等着周末回家，回家了也不知道干啥，没有什么让我感到开心的事。"老师反映，小莫的情绪暴躁，有时候仅仅因为同学开玩笑，就会生气、摔东西、打人，情绪长时间无法平复。

（2）儿童焦虑。儿童焦虑是最常见的儿童情绪障碍，是一种以恐惧不安为主的情绪体验，主要表现是焦虑情绪、不安行为和自主神经系统功能紊乱。学龄儿童焦虑的主要表现是上课注意力不集中、学习成绩下降、不愿与

同学及老师交往，或由于焦虑、烦躁情绪与同学发生冲突，继而拒绝上学、离家出走等。①

调查中，儿童焦虑的主要表现是学习焦虑和社交焦虑。这些儿童在学习方面存在着难以集中注意力、缺乏学习动机、自我效能感较低、自信心不足等情况。有的儿童认为自己不适合学习，一两次考试失败就全盘否定自己，认为自己太笨；有的儿童因为不喜欢上课的老师，就故意不学习，考试时故意考砸；有的儿童出现记忆力减退、注意力不能集中、考试时过分紧张等问题；还有的儿童既害怕学习，又希望自己学习好，导致上课无法专心听讲，课后无法按时完成作业，责怪自己；有的儿童甚至害怕上学，哪怕在家干活也不愿意上学。有的儿童说："反正像我这种人是永远都学不好的。"

在社交焦虑方面，这些儿童在和其他同伴相处时常常会发生矛盾，但是又不太会处理，多采用语言或者肢体的暴力方式去解决，导致自己身边的朋友越来越少，很多人不愿意和他们一起玩。另外，这些儿童容易"自我标签化"，认为"学习好的不能与学习差的玩，家庭条件好的同学不会和家里穷的一起玩"，久而久之，产生自卑、无助、失落和被遗弃的感觉。小丽说："我的朋友只能和我玩，因为我也只和她玩，如果她还有别的朋友，那就是背叛。"小芬说："不管我走到哪里都有人在嘲笑我，我最怕上体育课。"小强说："我最怕和学习好的同学说话，感觉他们随时会打我。"

① 刘正奎、高文斌、王婷等：《农村留守儿童焦虑的特点及影响因素》，《中国临床心理学杂志》2007年第2期。

(四) 当地儿童保护中存在的主要问题

1. 留守儿童较多，亲子关系不良，家庭保护不足

被调查的儿童中父母长期在外打工、生活由兄弟姐妹或者爷爷奶奶照顾的留守儿童有169人。在对这些儿童的家访中了解到：一部分留守儿童和父母的关系比较差，父母不在家时，不愿主动和父母取得联系，亲子关系比较疏远；一些留守儿童在面对生活中的压力时，不会和父母进行沟通，对父母有较强的排斥，一般会倾向于用暴力来解决问题。

2. 存在校园欺凌，学校保护有待加强

校园欺凌是一个全球性的问题。联合国教育、科学及文化组织的报告(2017年)中指出，全球每年有高达2.46亿的儿童遭受着校园欺凌，所有儿童和青少年均受到校园欺凌的威胁。在西部农村地区，大部分儿童是住校生，学校对其成长的影响日益加大。调查组对Y镇X小学五年级同学调查后发现，该校五年级学生中存在校园欺凌现象，欺凌者占总人数的15.3%，而被欺凌者占36.3%，超过三分之一的学生曾遭受不同程度的校园暴力。目前衡量中小学办学质量的主要标志仍然是以升学、考试为主的成绩排名，这种客观存在的压力本身造成学校只能把更多的时间和精力放在提高学生的学习成绩上，没有意识到要主动地开展校园欺凌的治理工作，履行学校保护的职责。

3. 社区的儿童保护工作尚未有效开展

除了家庭和学校，儿童保护的另外一个主要阵地是社区。社区的儿童保护工作除了需要政府有关部门高度重视和支持外，还需要社区社会组织、专业社会工作者、社区志愿者等多种社会力量的参与。在Y镇，大多数家庭

对儿童的教养能力较弱，关爱和保护不足，一些儿童在假期无所事事，在家的时间整天看电视、玩手机，沉溺网络或电视；一些儿童卫生状况差，缺乏生活技能和未来发展规划；一些距离街镇较近的农村环境复杂，儿童面临交通安全问题。调查中发现，Y 镇目前社区儿童保护工作还没有得到重视，社区没有专门的儿童保护组织、儿童保护专职人员及专门的儿童保护和服务场所，社区儿童保护工作亟待加强。

4. 儿童的抗逆力水平偏低，面对困难时自我保护能力不足

研究表明，心理健康与儿童抗逆力存在正相关的关系，抗逆力比较强的儿童，心理健康发展程度较高。抗逆力可以帮助儿童克服消极悲观的心理，对抑郁和焦虑起到减缓作用，同时也可以促进他们心理健康状态的发展。① 学者周永红、吕催芳从社会支持、抗逆力、生活事件方面探讨其对留守儿童心理健康的影响，发现这些因素与心理健康存在正相关的关系，抗逆力对生活中不利事件可以起到很好的缓解作用，能消除不利生活事件的影响，同时对心理健康有着明显的调节作用。② 抗逆力作为中介变量，对心理健康水平的提高具有非常重要的作用和意义，同时，作为人的一种潜能，抗逆力可以通过一定方式的激发得到提升。本研究采用《青少年抗逆力量表》(胡月琴、甘怡群编制)，了解被调查儿童的抗逆力状况。该量表有 27 个题目，测量的维度包含目标专注、情绪控制、积极认知、家庭支持和人际协助五个因子。调查结果显示，被调查儿童的抗逆力水平的平均分为(86.47±10.66)，显著

① 田国秀：《抗逆力研究及对我国学校心理健康教育的启示》，《课程. 教材. 教法》2007 年第 3 期。

② 周永红、吕催芳、徐凡皓：《留守儿童心理弹性与心理健康的关系研究》，《中国特殊教育》2013 年第 10 期。

低于其他同类研究的均分(92.68±13.9)(t=−12.512，P=.000)(见表8-4)，说明该地区儿童面对困难时抗逆力水平较低，在困难面前缺乏自我保护能力。

表8-4　儿童的抗逆力水平比较

内　　容	Y小学(均值±标准差)	同类研究(均值±标准差)
目标专注	3.88±0.88	3.56±0.80
人际协助	2.66±0.63	3.11±0.69
家庭支持	2.85±0.61	3.41±0.83
情绪控制	2.68±0.74	3.35±0.82
积极认知	3.50±0.91	3.91±0.82
抗逆力水平	86.47±10.66	92.68±13.9

三、以提升抗逆力为切入点促进农村困境儿童保护的实践探索

(一) 目的

本研究以提升X小学的10名困境儿童的心理健康水平为切入点，通过提升其抗逆力，强化儿童的家庭支持、同伴支持和社区支持，并在儿童心理健康服务的基础上探索建立以社区为本的儿童保护体系的路径和方法。

这10名困境儿童经由X小学老师转介，主要心理问题是焦虑和抑郁程度较高，社会交往退缩。10名儿童中男生7人，女生3人，年龄分布在10～13岁；彝族5人，汉族5人；留守儿童6人，来自单亲家庭1人，来自贫困家

庭6人(建档立卡户)(见表8-5)。这10名儿童在前期调查中被发现存在一定心理问题,曾接受过X小学老师的心理干预,但效果不理想。

表8-5 10名困境儿童基本情况表

编号	性别	民族	年龄	主要心理问题
1	男	彝	13	高抑郁、高焦虑、自卑
2	女	彝	10	高抑郁、高焦虑、孤僻、情绪化
3	女	汉	12	高抑郁、高焦虑、自卑、敏感、孤僻
4	男	彝	11	高抑郁、高焦虑、情绪化
5	男	汉	11	高抑郁、高焦虑
6	男	汉	10	高抑郁、高焦虑、自卑、敏感
7	男	汉	10	高抑郁、高焦虑、易怒、敏感
8	女	彝	12	高抑郁、高焦虑、敏感
9	男	彝	12	高抑郁、高焦虑、有自杀行为
10	男	汉	11	高焦虑、情绪冲动、易怒

(二)服务设计

抗逆力又被称为心理弹性、韧性或复原力,是指个体的一种优势资源,是个体抵抗危机、发挥内在潜能、进行自我校正的能力,使个人处在危机或压力情境时能发展出正向的应对策略。抗逆力既是一种能力,也是一个过程,可以通过后天学习获得并且持续增强。这种特质或能力是个体内部保护因素与外部保护因素相互适应并作用的结果。在面对生活中的挫折时,抗逆力可以帮助个体在心理层面恢复到以前的状态,甚至有所提升。抗逆力由三个要素构成(见表8-6):内在优势因素(I am)、效能因素(I can)及外部支持因素(I have)。内在优势因素包括积极的自我认知和正面的生活目标。通过观察自己而得到的结论和从别人那里得到的反馈称为自我形象,儿童对自我形象的认知和期待是形成生活目标的重要前提。儿童能正确认识自己的优势和劣势,能接纳和控制自我是获得自信与自我价值感的保证,对儿童的心理健康成长非常重要。效能因素包括人际交往技巧、问题解决能力、情绪控制能力及目标制订等。人际交往技巧是指儿童学校生活及同辈交往方面的技巧,能接纳自己,接纳他人,具有同理心、幽默感及沟通能力。问题解决能力是指在遇到压力或困难的时候,总能有解决和面对问题的意识,懂得运用资源及寻求帮助的能力。情绪控制能力是指自己能够察觉并排解和处理消极或者负面情绪。目标制订是指有正确的人生观和价值观,有自己的目标,并能制订达成目标的计划。外部支持因素包括我们所生活的家庭、学校、社区或社会环境,尤其是在这个环境中对我们产生影响的那些人,与我们发生联系和互动。外部支持因素的重要组成部分是个体和周围他人的关系。

表 8-6　抗逆力结构模型

内在优势因素(I am) 乐观感	自我认知
	生活目标
效能因素(I can) 效能感	情绪管理
	人际沟通技巧
	问题解决能力
	目标制订

续　表

<table>
<tr><td rowspan="3">外部支持因素(I have)
归属感</td><td>关怀支持的环境</td></tr>
<tr><td>积极合理的期望</td></tr>
<tr><td>有意义的参与机会</td></tr>
</table>

基于抗逆力结构模型，本研究设计了一个通过提升困境儿童抗逆力，构建儿童多元保护体系，从而提升其心理健康水平的综合服务计划。具体服务计划见表 8－7。

表 8－7　提升抗逆力的综合服务计划

<table>
<tr><th colspan="2">抗逆力理论框架</th><th>服务目标</th><th>服务方式</th><th>服务内容</th></tr>
<tr><td>内在优势因素
(I am)
乐观感</td><td>情绪控制</td><td>改善消极情绪</td><td rowspan="2">个案工作</td><td>个别心理辅导</td></tr>
<tr><td rowspan="4">效能因素
(I can)
效能感</td><td>目标专注</td><td>提升学习能力</td><td>课业辅导，
提升学习能力</td></tr>
<tr><td rowspan="3">积极认知</td><td>提升自我意识</td><td rowspan="4">夏令营活动
（系列小组工作）</td><td>自我认知小组</td></tr>
<tr><td rowspan="2">改善认知及行为</td><td>成长挑战小组</td></tr>
<tr><td>生涯规划小组</td></tr>
<tr><td rowspan="2">外部支持因素
(I have)
归属感</td><td>人际协助</td><td>改善同伴关系</td><td>人际交往小组</td></tr>
<tr><td>家庭支持</td><td>改善家庭关系</td><td>教育剧场</td><td>每月家庭探访，对监护人开展亲职教育</td></tr>
</table>

（三）服务过程

1. 挖掘困境儿童内在优势，激发其改变的动力

为了避免这 10 名儿童被“标签化”为心理问题儿童，研究组采用成长向

导模式，由“10个社工专业研究生(实习生)＋10个小学生”建立一对一的“大手拉小手”结对模式，在X学校开展“个别心理辅导＋学业辅导”的个案工作服务，提升儿童的学习能力，激发其内心改变的意愿。研究组所提供的服务不是治疗性的专业服务，而是一种陪伴式的共同成长。实习社工扮演“成长伙伴”的角色，在争取孩子和家长们信任的同时，用自己的一言一行影响孩子，主动融入孩子们的生活，走进儿童生活的家庭、学校和社区，和他们成为朋友，通过大学生的正面榜样作用，激发儿童内心改变的动力。并将心理辅导和学业辅导相结合，帮助儿童解决情绪困扰。经过两个多月的课业辅导，这10名困境儿童的学业成绩明显提高，改变的动机明显增强。

2. 促进人际交往，增强困境儿童的自我效能感

对于儿童来说，稳定、和谐的人际关系既是一种情感支持资源，也会为个体带来更多的支持资源，进而对心理健康发展起到积极的作用。已有研究显示，拥有良好的人际关系的儿童通常抗逆力水平也比较高，当面对压力和困难时，能从自身、同伴和他人那里获得支持与建议。

为了增强困境儿童的同伴支持，暑假中研究组举办了夏令营活动，邀请10名困境儿童和X学校其他30名普通儿童一起参加。这30名儿童心理调查的结果是心理健康，抗逆力水平较高，且社会支持情况较好。

夏令营活动为期30天，由系列小组工作构成，主题包括儿童的自我认知、人际关系、生涯规划、成长挑战等。小组工作促使参与夏令营的儿童正确认识自我，提升自信心；协助儿童了解和发挥自身潜能，启发他们对未来生涯做规划；协助他们学习情绪管理和情绪控制的技巧，不断拓展和优化自己的人际范围，构建新的同伴支持网络，最终促进其心理健康水平的提升。

3. 开展亲职教育，提升家庭监护能力，强化家庭保护

调查发现，农村儿童家长对如何扮演好父母角色缺乏足够的认知，他们大多数迫于生计外出打工，把孩子留给爷爷奶奶照顾。很多父母认为自己的任务是赚钱养家，孩子的生活照顾是老人的事，孩子的教育是学校的事。很多父母对孩子精神上的关注较少，缺乏科学的教育孩子的方法与技能，对儿童的家庭保护意识较弱。为了改变家长的教养观念和方式，帮助家长们认识到良好的亲子关系和家庭保护对孩子成长的重要性，提升家庭儿童保护的能力，夏令营结束后社工对家长开展了亲职教育，主要包括小学生心理特征、家庭教育理念和方法、亲子沟通技巧等内容的培训。

针对农村儿童家长文化水平较低的情况，社工将教育剧场与亲职教育结合，提升亲职教育的生动性、参与性。教育剧场是从戏剧表演中延伸出来的，在社会工作的服务过程中被广泛使用，它通过对日常情景的设置来重现和反映服务对象的态度与应对方式，在模仿与观看的过程中，参与者能反思自身的行为。社工和儿童们一起设计了几个生活中常见的家长和儿童的冲突情景作为教育剧场的素材，如孩子放学回家后玩手机、看电视的时间太长、被父亲严厉打骂等。在教育剧场的表演中，社工还设计了家长和孩子交换角色的场景，让家长和儿童体会到理解对方的重要性，并学习如何表达同感，提升亲子沟通的技能。通过教育剧场活动，家长们清楚地认识到教育孩子时自己存在的不足，也学会了一些教育孩子、与孩子沟通的技能。

4. 开展儿童社会工作基础知识培训，提升社区儿童福利主任和社区工作者的服务能力

针对当前Y镇农村儿童关爱保护体系尚未建立、社区儿童福利主任和

社区工作者服务意识及能力不足的实际情况，在当地民政部门和妇联的支持下，研究组基于在X小学开展儿童服务的经验，结合儿童社会工作的基础知识，对Y镇所有行政村的儿童主任和村两委主要领导开展了为期三天的培训，加强其注重儿童保护工作的意识，提升开展儿童保护工作的能力。

5. 探索通过联席会议制度，构建多方合作的儿童保护体系

开展农村心理困境儿童心理健康服务的最终目的是构建多方参与的社区儿童保护体系。在服务过程中，研究组尝试通过每月举行一次的儿童工作联席会议制度，邀请Y镇民政部门、妇联及X小学领导、学校教师和驻村扶贫工作队员共同参与儿童保护联席会议，分享经验，提出困难，请当地政府和基层组织给予帮助。

例如，10号服务对象家住山区，从他家到学校参加夏令营活动单程需要花费三个多小时，家长无法每天接送。通过联席会议，在学校领导的帮助下，他被安排到学校附近一个亲戚家住宿，以保障其能按时参加夏令营活动。再如，社工实习生家访时发现村子里有一家人，父亲在外打工，两个孩子(一个四岁、一个两岁)因患手足口病不能去幼儿园，母亲下地干活时，两个孩子就被单独留在家里，安全堪忧。研究组在儿童保护联席会议上通报该案例后，当地村委会、妇联组织和扶贫工作队员及时和孩子母亲取得联系，在了解到她的实际困难后，帮助动员邻居在她下地干活时，到家帮忙临时照顾孩子，及时排除了儿童的安全隐患。

(四) 服务效果

1. 困境儿童的抑郁和焦虑情绪明显改善，抗逆力和社会支持水平提升

经过四个月的干预，通过对10名困境儿童心理测量结果的前后对比，研

究组发现被干预对象的焦虑和抑郁情绪明显改善，基本达到正常值，抗逆力水平和社会支持得到提升(见表 8－8)。

表 8－8 干预前后心理健康、抗逆力和社会支持对比表

指 标	前 测	后 测	服务效果
抑郁	27	17	焦虑水平降低↓
焦虑	16	13	抑郁水平降低↓
抗逆力	85	97	抗逆力提升↑
社会支持	26	43	社会支持增强↑

通过对服务对象 1 号和 10 号的访谈也发现，在接受服务后，其情绪状态、自信心有了积极转变，对未来有了明确的方向。

社工：你能说说参加活动后你有哪些变化吗？

服务对象 1：我感觉自己其实没有想象中那么差，现在上课敢于发言，也愿意和同学一起玩了。同学们对我并没有那么差，其实挺好的，我现在很开心。

社工：同学都怎么说你的？

服务对象 1：他们都说我比以前开朗了，也都愿意和我一起玩，我的数学成绩也提高了，这次考试我考了 70 多分呢。

社工：我记得你之前说你的梦想是小学毕业后创业赚钱对吗？现在呢？

服务对象 10：不是，变了。我想考大学，像你一样。我觉得自己有一些改变，以前上课无法集中注意力，觉得胸口很痛，听不进去老师说话。现在我常常想起你和我说的话，好好读书就能改变我们现在的状况，每次这样想，我就觉得舒服多了。我认真听课，老师讲的一字一句都能听进去，我觉得很轻松。以前我觉得我说什么做什么都没有资格，别人不会听我说的，我家穷，我黑，别人看不起我，可是现在你鼓励我，我发现我说的话别人会听，我喜欢给别人提意见，喜欢帮助别人，我觉得我是被需要的，我觉得我是幸福的。

2. 困境儿童的家庭和社区保护得到重视

服务之前，很多家庭中的家长不知道如何管教和关爱孩子；服务之后，家庭中发生了一些改变。比如，家长们除了关心孩子的学习和身体之外，也学会了关注孩子的心理，亲子沟通情况得到明显改善。值得一提的是，一些男性家长对子女教育的参与度明显提升，家庭保护的根基得到加强。例如，有个孩子的父亲平时除了外出打工赚钱之外，业余时间主要是玩手机游戏，对孩子的教育不管不问，孩子的妈妈很有意见，夫妻经常为此吵架。参加研究组的亲职教育活动后，孩子的妈妈对社工说：

上次聊到我家大儿子，他（孩子父亲）自己都说基本没带过，现在他会主动辅导孩子做作业，每天都提醒他要做作业，可能还是认识到他自己的不对了。这几天比较忙，我家小的这个（孩子）他虽然没时间带着读书，但是我特别忙的时候他还是会赶紧过来帮我带。现在确实花更多心思在孩子身上了，手机上的游戏 App 也卸载了。

社区保护方面，项目开始之前，Y 镇没有社区“儿童之家”，社区儿童保护工作还没有常态化开展。项目结束后，在各方的共同努力下，Y 镇建立了第一个村级的“儿童之家”，引入一个专业化的社工机构开展常态化儿童关爱和保护工作。当地村委会和驻村扶贫工作队也积极参与到儿童保护中。

截至目前，Y 镇已经有三个依托村委会建立的“儿童之家”，在周末和假期，村里的社区工作者和扶贫工作队员也会做儿童服务志愿者，为村里的儿童提供关爱和保护服务。

四、结论与建议

（一）结论

实践证明，专业社会工作者是困境儿童关爱和保护的重要社会专业力量，可以发挥专业优势，在促进农村困境儿童的心理健康与关爱保护体系建设中发挥积极作用。高校社会工作专业师生通过开展困境儿童的心理健康示范服务，推动农村学校和社区的困境儿童服务的规范化及专业化建设；通过与困境儿童开展“大手拉小手”成长陪伴服务，提供心理和学业辅导；通过对学校老师、家长和社区工作者的儿童教育培训，提升家庭、学校和社区保护困境儿童的意识与能力；通过培育儿童保护社区组织，推动农村社区儿童保护工作常态化开展。社工的服务提升了留守和困境儿童的心理健康水平，营造出良好的家庭、学校和社区保护氛围，有利于促进农村儿童保护体系建设。

（二）建议

1. 积极构建“政、校、社”多方联动的困境儿童服务体系，落实困境儿童的国家保护政策

童小军认为，我们看到的政策是针对留守儿童、困境儿童、事实孤儿等的文件，有明确的服务对象；政策文件的出台，逐渐完善了国家亲权视角的儿童保护制度建设，国家需要在儿童和家庭所在的社区环境中建立一个困

境儿童服务体系，包括明确服务对象（全体儿童）、服务主体（政府儿童保护工作人员）和服务机制（风险监测、风险干预和伤害报告）。[①] 实践证明，专业社会工作者代表社会力量参与儿童保护，能够弥补国家保护、家庭保护和学校保护的不足，助推农村困境儿童保护体系建设。建议通过建立“政府有关部门（含妇联）—学校—家庭—社区工作者（含社区志愿者）—社工机构—服务对象”参与的合作机制，整合多方资源，构建强大的农村社区儿童服务网络，确保困境儿童服务的覆盖面和可及性。

2. 加大对儿童保护政策的宣讲，强化各监护主体（家长、社区儿童工作者、学校）的责任意识

在儿童保护工作中，政策是保障，服务是桥梁。如何实现政策的落地，如何将服务惠及每一个需要被关爱和保护的儿童，需要行政体系和专业服务体系的共同协作，将视角转换到儿童本身，将儿童置身于社会环境中，走到儿童身边，深入宣讲困境儿童保护的政策法规，强化各级监护主体的责任意识，构建有益于儿童发展的儿童友好社会环境。

3. 社工机构通过驻地服务和对工作人员的专业培训，提升困境儿童保护的服务水平

通过专业服务落实困境儿童保护政策可以从两个方面努力。一是驻地服务。社会组织和高校相关专业师生可以通过承接政府购买服务，用专业性的示范服务帮助政府了解儿童生存现状，明确怎样做是好的、是有效的，怎样做才能让政策真正落地。二是专业培训。外来专业社工在服务过程中要培养和发现本土的儿童工作者，通过陪伴式的专业培训，提升本土儿童工

① 童小军：《国家监护视角和困境儿童服务》，《中国民政》2017 年第 11 期。

作者的专业能力，让这些人真正成为儿童保护的“卫士”，提高儿童服务的质量。

4. 社会工作机构和高校社工专业师生积极参与乡村振兴，构建“一核两翼”的多元农村困境儿童保护与关爱体系

社会工作机构和高校社工专业师生要积极参与到贫困农村脱贫摘帽后的巩固阶段和乡村振兴中，通过建立困境儿童保护场所和农村社工站，确保困境儿童服务能及时有效地开展。同时，培育和发展农村基层爱心社会组织，积极培养本地社工人才队伍，发挥社会工作的专业优势，积极参与农村留守和困境儿童保护体系建设，构建和完善以“预防机制”“强制报告机制”为两翼、以“‘政—校—家—社’多元保护机制”为核心，各方共同参与的农村留守儿童保护与关爱体系。

第九章　乡村儿童文化自信提升实践

——以贵州省L村社会工作实践为例

一、问题的提出

（一）国家大力实施乡村振兴战略

乡村振兴战略是中国共产党基于新的时代特征提出的一项重大战略举措。实施乡村振兴战略，是党的十九大作出的重大决策部署，是决胜全面建成小康社会、全面建设社会主义现代化国家的重大历史任务，是新时代“三农”工作的总抓手。我国正在以习近平同志为核心的党中央领导下谱写新时代乡村全面振兴的新篇章。2017年，习近平总书记在党的十九大报告中提出“实施乡村振兴战略”，深刻阐释乡村振兴的重大意义。2018年1月2日，《中共中央 国务院关于实施乡村振兴战略的意见》对乡村振兴战略进行系统部署，提出实施乡村振兴战略的总体要求。2018年9月，中共中央、国务院又印发了《乡村振兴战略规划（2018—2022年）》，对乡村振兴战略的贯彻落实做出详细而具体的指示。2021年6月1日，全面指导和促进乡村振兴的基础性、综合性法律《中华人民共和国乡村振兴促进法》开始施行。

乡村振兴是一场攻坚战和持久战，其实现离不开多领域、多专业的有效参与及合作。社会工作专业在其中发挥着独特作用。2017年，民政部、财政部与国务院扶贫办共同颁布了《关于支持社会工作专业力量参与脱贫攻坚的指导意见》。2022年，民政部、国家乡村振兴局共同印发了《关于动员引导社会组织参与乡村振兴工作的通知》。这一方面表明中央政府对社会工作在脱贫攻坚和乡村振兴中的作用认识越来越清楚，定位越来越准确，另一方面也为社会工作积极参与脱贫攻坚和乡村振兴提供了方向。社会工作从人类行为与社会环境两个维度出发，从教育入手，从儿童入手，从发展观念入手，从人的基本素质提升入手，持续探寻乡村地区社会和人的长远发展；同时整合、转化参与脱贫攻坚的经验，准确把握社会工作助力乡村振兴的方向，全面发挥社会工作服务乡村振兴的作用。

（二）重建文化自信是乡村振兴的基础

随着城市化进程的不断加快，农村传统文化在城市现代文化的冲击下逐渐衰落，特有的精神文化内涵逐步丧失魅力。在现代化发展、城市文化和市场理性等宏大历史潮流的冲击下，“某些乡村文化被贴上了‘愚昧、落后’的标签，乡村发展与乡村传统文化、历史记忆出现了断裂”①。乡村儿童受到的教育是一种城市取向的教育，造成了儿童对乡村文化和生活的片面性认识，大大削弱了他们的文化自信。在一些乡村居民的眼中，“外面的世界更精彩”，家长和老师更是以“好好学习，考出去再也不用回来吃苦了”作为教

① 何阳、王俊：《农村人民调解解纷效能变化机理及增效策略——基于“三治”环境的分析框架》，《湖南农业大学学报(社会科学版)》2022年第1期。

育乡村儿童的常用话术。与此同时，西部乡村地区一些儿童在城镇化和网络信息技术等的影响下，文化自觉意识逐渐淡化。当前，西部乡村部分居民对民族文化及文化共同体的认知存在不足之处，乡村文化自信亟待重建。

乡村振兴离不开热爱乡村的人们的持续耕耘。乡村文化自信的缺失，导致了乡村文化发展的断裂，不少优秀的传统乡村文化，尤其是西部地区的文化在逐年消失。年轻人和儿童是乡村居民的重要主体，也是乡村文化的传承者与弘扬者，部分乡村儿童对乡村文化不自信，不利于其传承与发展。乡村文化是中国文化的组成部分，经过数千年的发展，我们的祖先在乡村文化与土地互动的基础上，繁衍出各式各样的现代文化。20 世纪 20—30 年代的乡村教育运动中，涌现出陶行知、黄炎培、梁漱溟等一批杰出的教育家，他们都试图通过改造乡村教育、改造乡村社会来实现救国的目的。同时，作为乡村社会精神财富的乡村文化，深刻影响着乡村建设的方向和进程，正如梁漱溟先生所言，“中国文化的根在乡村”。简言之，建立乡村文化自信对个体的健康发展、乡村社会的发展及中国的整体发展，都具有非常重要的意义。因而，提升乡村文化自信的实践尤为重要。

（三）贵州省 L 村乡村振兴的文化实践

贵州是一个自然资源丰富、少数民族聚居的省份。与很多村落的乡村振兴思路类似，作为一个地理位置优越、苗寨特色突出的村落，L 村通过政府、基金会、企业等多方资源的投入，试图以乡村旅游和农村合作社的发展带动乡村发展。除外部资源的投入外，对乡村内部文化资源的挖掘、对村民尤其是年轻村民的动员和文化自信提升成为外部资源效益最大化的关键及重要支撑。在这一契机下，研究者所在的Y社会工作服务团队（以下简称"Y社工机构"）得以参与到L村的文化自信提升实践中。经过与友成企业家扶贫基金会、北京后生公益基金会的前期沟通及在L村的实地走访，Y社工机构决定在前期服务的经验基础上，引入"儿童发展营地"项目，一方面在深入挖掘L村内在村落各项文化资源的基础上，打造个性化的深度体验内容，带动当地村民包括儿童参与内容挖掘、活动带领、乡村文化展示等环节，以提升其内在能力，促进其对本村落文化自信的重建，增加个人及家庭的收入，培养更有能力的在地化乡村建设者；另一方面以服务学习、体验学习为基本思路，策划并招募外部家庭和儿童（尤其是5～10岁的儿童）参与"儿童发展营地"活动，走进L村，在与当地儿童及村民的互动中，发展当地儿童对乡村的多元理解，助力城乡儿童共同成长，实现城乡融合发展。

基于上述背景和实践，本研究重点以"儿童发展营地"项目为实践基础，探讨社会工作专业实践如何参与少数民族地区儿童文化自信发展，并尝试做出进一步的专业反思。

二、核心概念及理论基础

（一）关于文化自信的研究

1. 文化自信的概念

"文化"（culture）一词来源于拉丁文cultura，意思是"耕种出来的东西"，与自然存在的东西相对应。"文化"首先由英国文化人类学家泰勒（E. B. Tylor）在学术上进行定义。"文化"有多种学科界定：在社会科学中，文化是指人类所创造的物质和精神成果，包括人类创造的器物和其他物质产品、技术和知识、规范和习惯、信仰和价值等。① 其中包括经济层面的器物文化、政治层面的制度文化及精神层面的观念文化三类。人类的生活方式，小至衣食住行、婚丧嫁娶，大至宇宙观、时空观、人生观、价值观，都属于文化的范畴。②

“文化自信”的概念来源于中国共产党第十七届中央委员会第六次全体会议，会议审议通过的《中共中央关于深化文化体制改革 推动社会主义文化大发展大繁荣若干重大问题的决定》指出，要不断增强文化自觉和文化自信，推动社会主义文化大发展大繁荣，建设社会主义文化强国。自此以后，学术界就“文化自信”问题开展了广泛、深刻的讨论，从各种不同的角度持续探究文化自信的思想内涵。从民族文化角度来看，沈东珍认为，文化自信，宏观而言是指对本民族文化的一种自我认可和自豪感，具体而言是指国家的人民群众对本民族优秀的传统文化、理想的一种崇尚和坚守。③ 也有学者以马克思主义为指导来定义文化自信，如陈晋认为文化自信是要对科学阐明人类社会发展规律的马克思主义有坚定的自信，与此同时要对中华优秀传统文化有坚定的自信。④ 还有的学者从心理学的角度对文化自信进行定义，他们认为文化自信是文化主体对身处其中的作为客体的文化，通过对象性的文化认知、批判、反思、比较、认同等一系列过程，形成对自身文化价值和文化生命力的确信及肯定的稳定性心理特征。⑤

---

① 王思斌：《社会学教程》(第三版)，北京大学出版社，2012，第35页。
② 齐格蒙特·鲍曼：《作为实践的文化》，郑莉译，北京大学出版社，2009。
③ 沈东珍：《关于文化自信及其当代价值认识》，《中文信息》2016年第10期。
④ 陈晋：《我们为什么要坚持文化自信》，《党政视野》2016年第8期。
⑤ 周艳红、刘仓：《从费孝通的“文化自觉”到习近平的“文化自信”》，《广西社会科学》2016年第9期。

2. 文化自信的相关研究

乡土文化是乡村振兴发展的发动机和黏合剂，是城乡融合发展的巨大文化资本，也是中国特色文化的重要构成。[①] 乡村文化自信的重建和提升在乡村振兴中具有根本性和持久性的作用，同时在乡村振兴战略推进的过程中也必定会极大地激发乡村民众的历史使命感。[②] 文化自信的建立有效维护了文化安全，这有利于保护民族文化特色及人类文化多样性。在全球化背景下，不同文化的交流比以往任何时候都频繁与激烈，自信、成熟地看待本民族文化和外来文化，并增强文化自信是具有时代意义的。[③] 目前针对文化自信的研究，主要是从其特点及基础、问题的原因以及促进路径等方面来进行探讨。

王泽应认为，文化自信的核心和根本是人的主体精神及本质力量，正是人的精神追求及其创造产生了文化。伦理精神自信扮演着极为重要的角色。[④] 刘芳则认为，文化自信就是对自身文化内涵、价值的充分肯定，具有三个特点：一是对自身文化有自豪感，二是能够对外来文化进行吸收和改造，三是对文化发展繁荣前景有憧憬与自信。[⑤]

在文化自信基础方面，刘士林认为知识和伦理是人类一切实践活动的内在条件，是文化自信最重要的基础。[⑥] 邱柏生认为文化自信是一种基于理

① 索晓霞：《乡村振兴战略下的乡土文化价值再认识》，《贵州社会科学》2018 第 1 期。
② 倪国良、张世定：《乡村振兴中乡村文化自信的重建》，《新疆社会科学》2018 年第 3 期。
③ 李继高：《论全球化语境下的文化自觉、文化自信和文化自强》，《西北大学学报(哲学社会科学版)》2013 年第 5 期。
④ 王泽应：《伦理精神自信是文化自信的核心和根本》，《道德与文明》2011 年第 5 期。
⑤ 刘芳：《对文化自觉和文化自信的战略考量》，《思想理论教育》2012 年第 1 期。
⑥ 刘士林：《中华文化自信的主体考量与阐释》，《江海学刊》2009 年第 1 期。

性认识之上的精神成熟度的表现，需要一定的文化基础，主要是指所具有的包容力、文化抗压力和文化反思性等。[①] 中国特色社会主义的社会现实认为，文化自信的基础是坚定不移地发展社会主义先进文化，文化自信的产生有一定的规律，文化认知是文化自信发生的前提，增进文化自信的条件是文化交流，关键是文化话语权的掌握，基石是文化发展。

在文化自信问题产生的原因方面，刘芳等学者认为，在西方文明的不断冲击下，我国内部出现了变革，这导致很难对传统文化进行客观理性评价，往往会出现自卑或自大的错误心态。[②] 传统小农意识、乡村生态环境的破坏、城乡文化发展脱节以及乡村文化传承的断裂也是造成乡村文化陷入日渐凋敝的困境的根源所在。[③] 学者沈一兵从风险社会理论的角度提出，当前我国在进入新时代的同时也步入了风险社会，由此引起了乡村危机，进而消解了文化自信。[④]

关于如何提升文化自信，学者主要从时间与空间维度、文化内容角度以及中西互动层面进行路径探讨。在时间与空间维度上，周正刚指出要正确认识和处理几个最基本的关系：主流文化与多样性文化，中华文化和外来文化[⑤]。其他一些学者认为要以马克思主义为指导，取其精华，去其糟粕，将中

① 邱柏生：《论文化自觉、文化自信需要对待的若干问题》，《思想理论教育》2012 年第 1 期。

② 阳国亮：《建设社会主义文化强国必须培养高度的文化自觉和文化自信》，《广西大学学报(哲学社会科学版)》2012 年第 3 期。

③ 周炫：《乡村振兴战略视角下提升文化自信的路径探析》，《云南农业大学学报(社会科学版)》2019 年第 1 期。

④ 沈一兵：《乡村振兴中的文化危机及其文化自信的重构——基于文化社会学的视角》，《学术界》2018 年第 10 期。

⑤ 周正刚：《谈培养高度的文化自觉和文化自信》，《党建研究》2012 年第 8 期。

西文化有机结合，继承和发扬优良传统①。在文化内容角度上，沈壮海认为要以悠久辉煌的文化作为指向，将对优秀的传统文化的自信作为其重要的内容，形成和强化对先进文化的自信②；而王南湜和侯振武认为树立文化的生命意识是提升文化自信的前提③。在中西互动层面，周桂英认为要敢于打破西方文化霸权主义，处理好中华文化民族性和世界性之间的关系，增强中华民族的文化自觉。④

3. 乡村儿童的文化自信

影响乡村文化自信的因素主要包括乡村学校和邻里环境两方面。首先从乡村学校的角度看，张婵认为通过乡村学校教育理念的转变及老师的错误引导，乡村儿童对城市充满向往并希望通过升学来实现自己去城市的目的。⑤ 而江立华的研究则表明，从学校的教育内容来看，缺乏乡土性的文化教育也是影响农村儿童文化自信心的因素，城乡教育一体化的局面导致了乡村教育中课程设置、教学内容以及考核标准与城市高度一致的现象，由此带来的是教育过程中失去自主权、话语权和地方特色。⑥

其次从邻里环境来看，江立华认为邻里关系陌生化削弱了社区场域对乡村儿童的养育功能，熟悉的乡亲逐渐变成"半熟悉"的陌生人，村民之间的

---

① 云杉：《文化自觉 文化自信 文化自强——对繁荣发展中国特色社会主义文化的思考(上)》，《红旗文稿》2010 年第 15 期。

② 沈壮海：《建设文化强国的理论指引》，《刊授党校》2012 年第 6 期。

③ 王南湜、侯振武：《文化自觉、文化自信、文化自强何以可能》，《毛泽东邓小平理论研究》2011 年第 8 期。

④ 周桂英：《西学东渐对中国文化自信的冲击及其重塑》，《湖南社会科学》2012 年第 4 期。

⑤ 张婵：《乡村文化变迁视角下留守儿童问题研究——对湖北省 E 市 YJ 村的调查》，硕士学位论文，华中师范大学，2012。

⑥ 江立华：《乡村文化的衰落与留守儿童的困境》，《江海学刊》2011 年第 4 期。

交流减少和集体参与意识的弱化，都影响了儿童对农村文化的认知，并因此进一步影响儿童的文化自信程度。乡村儿童所生活的乡土社会较为封闭，人口流动性差。① 乡土社会中的熟悉关系以及情感与道义联系仍然存续②，因此乡土社会对于儿童仍有十分重要的影响，但儿童在乡村文化日渐式微的乡土社会和家庭中更难形成对于文化的自信。周艳红等学者认为，文化自信具体表现为文化主体充分肯定自身的文化生命力，对自身的文化价值有坚定的信念和情感依托，同时在与外来文化进行比较和选择时，能够保持对本民族文化的认可和信赖。③ 在城乡融合发展的背景下，提升乡村儿童文化自信的实践需要引入外来文化，这也进一步论证了“儿童发展营地”项目进入乡村、实现城乡儿童共同发展的适用性。

（二）关于学龄期儿童发展的研究

1. 关于学龄期儿童的界定

长期以来，关于“儿童”的界定并没有得到统一。童年常常被认为是一种社会性的建构，通常以年龄来加以界定，并将人的发展按阶段进行划分。基于此，6～12 岁的儿童被看作处于童年中期（middle childhood），该阶段开始的标志是儿童具有更加突出的同伴导向和自主意识。6～12 岁的儿童在经历了胎儿期、婴幼儿期和学前期后进入正规的小学教育阶段，因此学者们

---

① 罗红英、罗湘林：《大众文化挤压下的乡土游戏》，《体育世界（学术版）》2015 年第 9 期。

② 闰彩霞：《后乡土社会背景下乡村振兴的策略与路径——基于内生发展的分析视角》，《兰州学刊》2019 年第 4 期。

③ 周艳红、刘仓：《从费孝通的“文化自觉”到习近平的“文化自信”》，《广西社会科学》2016 年第 9 期。

也称该阶段为学龄期(school age)。[①] 例如,沙文(Savin)就提出将6岁作为儿童第三个发展阶段的起点,弗洛伊德的人格发展理论将6～12岁界定为潜伏期,埃里克森(Erickson)的"八阶段理论"则将该年龄段看作儿童发展的第四个阶段,并以学龄期来命名。

由于本研究的目的是在城乡儿童共同发展的基础上实现乡村儿童的文化自信提升,因此在探讨儿童发展时,我们谈论的并不仅仅是乡村儿童。在乡村儿童的概念界定上,多数学者从户籍的角度将乡村儿童界定为户口为农村的儿童。但由于本研究涉及的实践更适用于学龄期儿童的发展特征及需要且主要针对长期生活在乡村场域中的儿童,因此,乡村儿童在本研究中主要是指户籍在农村且生活在乡村场域中的学龄期儿童,即6～12岁的儿童。

2. 学龄期儿童的发展特征与需要

美国儿童发展心理学家谢弗(Shaffer)提出,"发展"是儿童发展心理学的一个概念[②],发展是与年龄相关的,是有序、渐增和定向的变化,包括质性的变化和量性的变化,如能力或性格的基本形成和量方面的增长。莫森(Mussen)和康格(Conger)等也提出,有助于个体更好成长、使个体行为变得更具适应性和组织性的变化才能被判定为发展。[③] 儿童发展的特征和需要适用于包括乡村儿童在内的所有儿童。

---

① 李欢、赵玉红:《学龄期儿童情绪能力的发展特点概述》,《黑龙江教育学院学报》2009年第1期。

② 谢弗:《发展心理学:儿童与青少年》,邹泓译,中国轻工业出版社,2009。

③ 洪秀敏:《儿童发展理论与应用》,北京师范大学出版社,2015,第3页。

学龄期儿童在诸多方面，如自我内部和人际关系的发展等方面有一些比较突出的特征。学者们普遍认为，儿童进入 5～7 岁会迎来一个“理性年龄”(age of reason)，能力得到显著提高，情绪、认知和行为等也会发生重大变化。研究者指出，学龄期的孩子是令人敬畏的，他们知道自己是谁，知道自己在更大的事情中处于什么位置，会形成对性别、民族和文化遗产以及宗教信仰等内容的复杂理解。研究发现，来到童年中期后儿童对环境的适应性逐渐增强，自我意识、道德水平和社会交往等得到进一步发展，这会和承担更大社会责任以及完成更多成人任务所需的能力相对应。[①] 赵昊根据埃里克森对儿童发展的描述，将学龄期儿童的主要特点归纳为自主性增强，社会化显著，同辈群体影响巨大。[②] 学龄期儿童的关系互动和自我认识等都在不断建构起来，体现在发展能力、兴趣、健康与自信等方面，进而他们能够获得对他人和自我的认识与理解，并逐渐开始掌控自己的生活。

从发展的需要来看，社会学习对学龄期儿童来说尤为重要，他们会经历深刻的认知和情感收获，从而影响其成长经验。埃里克森提出，在这个时期，儿童会从家庭微系统进入更为广阔的社会环境中，这将对他们的发展产生很大影响，该阶段要注重培养儿童的勤勉感(sense of industry)，引导儿童学会与同龄人和成年人合作，通过“正规的学校教育和组织活动的参与，让孩子们了解自己新的社会角色，并在这些角色中，通过自己的能力和行为获

① David F. Lancy and M. Annette Grove, “Marbles and Machiavelli: The Role of Game Play in Children’s Social Development,” *American Journal of Play* 3(2011): 489–499.

② 赵昊：《城市社区学龄期儿童志愿服务意识培育的研究——以 C 市 Z 社区为例》，硕士学位论文，吉林大学，2018。

得社会地位”;而没有掌握这些新环境中所需要的技能的孩子,则可能发展出自卑感(sense of inferiority)。简要地讲,学龄期是儿童形成良好的世界观和人生观,培养能力感和价值感的重要时期,因此在这一时期针对儿童开展的文化自信提升的服务也深具意义和价值。

3. 学龄期儿童发展的校外项目

除了家庭和学校两大主要环境,学龄期儿童还需要参与到更加多样化的社会活动中。范德尔(Vandell)和拉马南(Ramanan)发现,儿童参加校外项目活动后,可能有更多的亲社会行为,焦虑和同伴冲突的水平也会有所降低。[①] 埃克尔斯(Eccles)的研究进一步指出,校外项目可以让儿童安全地探索独立性、提升同伴关系,与家庭以外的其他成年人建立持久的关系,许多结构化的校外活动还可以为儿童提供道德学习和服务他人的机会,并增进儿童与更多同龄人和成年人联结、互动的机会。[②] 越来越多的证据表明,青少年时期参加课外或校外活动与一些短期和长期的积极发展指标有关联,但是这种关联作用的发生需要在学龄期打下基础,即让儿童从学龄期开始参与到积极的校外活动中,并通过这些项目为儿童提供一个与其他同龄人和成年人互动及建立联系的空间。当儿童参加有组织的校外活动时,他们的社交世界会不断扩大,进而发展出相应的技能和经验。桑德拉(Sandra)也提出,需要在一个更大的社会环境中,通过创造支持性条件将儿童培养成负

① D. L. Vandell and J. Ramanan, “Children of the National Longitudinal Survey of Youth: Choices in after-school care and child development,” *Developmental Psychology* 27, no. 4(1991): 637 - 643.

② J. S. Eccles, “The Development of Children Ages 6 to 14,” *The Future of Children* 9, no. 5 (1999): 30 - 44.

责任的成年人。[①]

在这些经验证据的基础上，实务界面向学龄期儿童的校外项目不断增加。在国外，各类丰富有趣的儿童发展项目常以营地活动等形式提供，将体验式学习、服务学习、自然教育等理念与儿童发展相结合。[②] 而在我国，越来越多的公益组织推出儿童发展类公益项目，面向学龄期儿童，提供公益营地活动以提升其社会能力，帮助其进行新关系的建立，促进其形成自我认知等，创造真实积极的情境和丰富的内容。这些内容中的大多数会涉及多元文化的体验，为儿童创造安全、尊重、互动良好的环境，进而促进儿童的发展。本次文化自信提升实践也是儿童校外项目的服务探索之一。

4. 对乡村儿童文化自信关注的缺乏

学龄期的行为和表现一再被发现可以预测青少年和成人的状态，并且与早期儿童指标相比，这些指标更加可靠。沙文和埃里克森在其发展理论中都曾指出，对儿童后续发展来说，学龄期的经历十分重要，埃里克森还将学龄期描述为儿童发展的“工业”时期。但是，学龄期作为一个发展期的重要性一直没有得到充分重视，关于儿童的研究大多集中于婴幼儿期和青春期。阿列莎(Aletha)和玛丽卡(Marika)提出，学龄期常被人们忽视，可能是因为人们觉得对比儿童早期和青少年期，儿童在该阶段更少受到重大伤害。

当前，针对乡村儿童的研究多侧重于营养健康、亲子关系、心理状况和

① Sandra Prunella Mason, “*Children's Rights in Education*,” *Prospects* 29 (1999): 181-190.

② 严楃：《美国夏令营的交互式小组工作模式研究——以纽约州 A 营地为例》，《社会工作》2012 年第 7 期。

早期教育等，在研究对象的选择上更多地关注困境儿童、留守儿童、流动儿童等，而对更为普遍的学龄期乡村儿童，以及该群体对乡村的认可与信赖、他们的文化自信等内容缺乏关注且研究不足。

（三）关于乡村儿童文化自信提升实践的研究

1. 儿童文化自信策略及干预

目前，针对学龄期儿童的介入服务主要面向留守儿童、流动儿童、特殊儿童等，大多围绕学业提升、兴趣拓展、技能培养、社会适应、心理健康等方面进行干预，如“心理健康干预”“城乡社区四点半课堂”“陪伴教育”等项目。[①] 但由于近年来对文化自信提升的强调和重视，逐渐有一些研究将视线投射到文化自信的策略和介入中来。儿童文化自信反映了儿童对自身文化的一种主观判断，因此对儿童的文化自信的影响因素应该从文化事实和主体条件两个方面进行考虑。文化事实是文化自信的根基，文化自信如果没有一定的文化事实就无法立足，而主体对于文化的意志力、判断力、选择力、感知力等也是影响文化自信的重要因素[②]。基于此，吴颖超提出应立足于乡村区域优秀传统文化进行有意识的文化实践，满足多样性、个性化的文化需求目标，以其独特的魅力推动文化自信的建设。[③] 倪国良和张世定则认为，应该发挥基层国家力量的保障作用、乡贤群体的示范引领作用及乡村群众

---

① 刘晨：《城市社区学龄儿童社会工作研究——以济南市 W 社区 M 项目为例》，硕士学位论文，山东大学，2017。

② 何晓琴：《书法训练对小学生文化自信的影响研究》，硕士学位论文，中南民族大学，2018。

③ 吴颖超：《文化自信与少数民族优秀传统文化研究——以鄂伦春族文化为例》，《大众文艺》2018 年第 13 期。

的主体作用，同时发展乡村学校及社会教育。[①] 而在具体的实践层面，可通过开展民族传统体育活动[②]、庆祝民族传统节日[③]、文化阅读等不同形式的活动提升文化自信。何晓琴在其硕士论文中运用观察的方法对参加书法训练的儿童进行研究，从书法训练对小学生的文化认知、情感、意志和行为的影响等方面进行了论证。

2. 社会工作介入乡村儿童文化自信的实践

社会工作作为一种改善人与环境互动状态的专业方法，其功能之一是为服务对象链接要素资源，同时还需要着力于实践介入服务对象的思维和行为习惯等方面。李文祥等人运用双向协作型模式参与社会工作团队，从乡村和村民（包括乡贤带领发起的民俗文化旅游合作社）以及外来企业（农业科技公司）两个方面来增强乡村村民的主观能动性、拓展其社会关系网络。[④] 杜尚荣和刘芳则认为，为了加深学校教育内容与乡村生活和儿童经验之间的联系，应该将乡土文化作为特色教育内容与乡村教育进行融合，而社会工作在这个方面大有可为。[⑤] 四川省成都市某县分别利用地方特产茶与雷竹，为乡村儿童创设了“茶人教育”和“竹品人生”的现代田园特色教育。目前在社会工

① 倪国良、张世定：《乡村振兴中乡村文化自信的重建》，《新疆社会科学》2018 年第 3 期。

② 王智慧：《民族传统体育文化自信何以成为可能？——基于文化自信生成理论基础与实践逻辑的分析》，《体育与科学》2019 年第 1 期。

③ 张延华：《传统节日文化在儿童德育中的价值作用与实践路径》，《当代青年研究》2018 年第 6 期。

④ 李文祥、吴征阳：《社会工作方法创新与扶贫创业模式精准化探索——基于农村扶贫创业的实践研究》，《社会科学战线》2018 年第 11 期。

⑤ 杜尚荣、刘芳：《乡村振兴战略下的乡村教育：内涵、逻辑与路径》，《现代教育管理》2019 年第 9 期。

作参与文化自信提升的实践中，针对儿童的研究大多从乡村教育的角度进行探讨，而对影响儿童文化自信的邻里家庭环境因素的探讨相对较少。

三、项目实践

（一）L村基本概况

L村是贵州省某国家级贫困县的一个苗族村落，地处苗族侗族自治州内，海拔950米。村落处于云贵高原向湖南、广西丘陵盆地过渡的斜坡地带，境内气候温和，雨量充沛，森林覆盖率达52%。L村交通便利，距高速公路口6千米，距县城13千米，距离某知名景区14千米。全村总面积8.54平方千米，村中有3个自然寨。

在自然资源方面，L村的林地以天然林地为主，形成高山灌丛、山地常绿落叶混交林、常绿阔叶林三种垂直植被形态。村中拥有丰富的自然资源，包括大片的荷花、玫瑰、菊花等花卉园地，多棵千年枫香树，村脚溪流清澈见底。村落地势较为平坦，寨子四周青山环抱，寨前寨后古树成林，耕地、农田交织，自然风光优美。

在建筑风貌方面，L村四面环山，村民依山而建的吊脚楼错落有致。村中传统建筑数量较多，保存完整，有吊脚楼200余座。吊脚楼是苗族传统建筑，楼上住人，楼下架空，顶层用于储存粮食，被认为是最佳的生态建筑形式。相关历史研究证实，苗族先民的民居为干栏式建筑，与当地潮湿的气候条件一起造就了如今充满苗族艺术意象的吊脚楼。吊脚楼内部装饰亦有许多特点，大门装有牛角以祈求一家平安，此外，大门、房门、窗户的装饰也别具一格。依山而建的村落、传统的吊脚楼与当地古朴的民风民俗共同形成了典型的苗族文化空间载体。目前村落建筑风貌基本保持完整。

在历史文化方面，L 村文化底蕴深厚，自明代起村民就居住于此，至今仍遗存有古井、古树、古粮仓、古龙塘、祈鼓山、田坝等颇具历史价值的古物。村落传承了多项具有一百多年历史的颇具特色的民俗活动，如牯藏节、扫寨、苗年节、吃新节、招龙节等，其中苗年节、牯藏节已被列为国家级非物质文化遗产。除此之外，苗族传统音乐苗族飞歌和传统舞蹈芦笙舞也已被列为国家级非物质文化遗产。

在社会经济方面，L 村地处西南山区，信息相对闭塞，经济发展落后，曾是国家一类贫困村。L 村有 9 个村民小组，285 户，1 280 人，其中苗族人口占总人口的 97.72%，村中只有一所小学。村庄目前主要运营茶叶、葡萄、蔬菜、核桃种植及茶叶初级加工厂、古藏酒厂、稻田养鱼、生态养鹅、野山鸡养殖等项目。目前村中已成立村合作社，主要发展以农林渔牧为主的第一产业。与此同时，从 2017 年起，L 村还成为某基金会的定点扶贫村，由此 L 村在乡村振兴战略上形成了一套“政府帮扶＋合作社运营＋社会组织及企业支持”的发展模式。

(二) “H 营地 · L 村苗寨亲子游学营”项目实践

“H 营地 · L 村苗寨亲子游学营”项目是 Y 社工机构推出的在 L 村开展的公益亲子游学营地项目。为了回应儿童长期发展、自我认知和对世界认知的需求，Y 社工机构已开发出一套针对 5～10 岁儿童并融合亲子、乡村、自然、民族文化等因素的营地活动内容，并且该营地活动内容在贵州省的另一个苗族村寨中已试运行一期。与此同时，在政府、基金会和企业等多方资源投入的基础上，L 村希望通过乡村旅游和农村合作社的发展来带动乡村的发展。2018 年下半年,参与 L 村乡村振兴的 A 基金会与 Y 社工机构达成了营地开发的合作意愿,经过前期的资料准备,2019 年 4 月进行了实地考察、村民座谈、合作社讨论等一系列前期准备工作。一方面,L 村风光绮丽、山清水秀,拥有优越的自然条件,同时村内别具风格的建筑风貌、丰富的物质和非物质文化、独特的民族风情也是不可多得的优势资源;另一方面,L 村原有第一、二产业的发展已不能满足该村多元的脱贫需求,因而通过挖掘当地文化,立足自身区域资源,在乡村内部资源的激活集聚的基础上整合进城市外部资源,通过开展亲子营地项目并从儿童自身、家庭、邻里社区、学校、朋辈群体等不同方面介入(见图 9-1),不仅能够促进当地经济发展、提升儿童及其社会支持网络自身发展能力、保护民族特色文化,还能在参与营地的营员与儿童互动中增进彼此的相互认识和理解,增强当地村民对本土特色文化的自信。基于此,在 Y 社工机构对 L 村进行踩点考察并与当地村民进行深度沟通协商之后,Y 社工机构的"H 营地·L 村苗寨亲子游学营"项目正式成立。

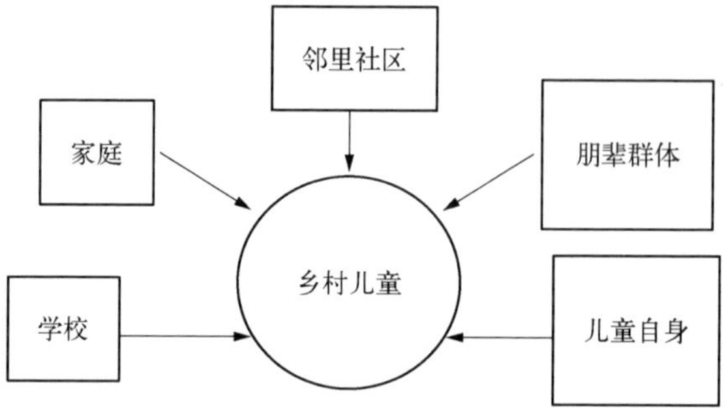

图 9-1　乡村儿童文化自信介入系统

Y 社工机构和参与 L 村乡村振兴的基金会进行了前期沟通,并在项目实践前期培训村民,对 L 村进行文化挖掘、资源梳理,进一步厘清 L 村的优势内部支持资源，分析乡村文化的载体，发现乡村价值，增进文化自觉。在此基础上，改造聚焦于L村特点的营地活动内容，并希望通过营地项目的开展使城乡儿童共同参与其中，深度体验乡村生活，并从乡村村落的农业生产、生态价值、生活空间、娱乐民俗、景观文化、风土人情、家风村规、习俗节日、乡村手艺等各个文化维度感受乡村文化的魅力，在促进城市儿童及其父母发展以及村落整体文化自信环境形成的同时，进一步增进村中儿童对于其所生活的乡村文化的感知和理解，并提升其文化自信。

1. 营地建设理念及目标

营地立足于家庭教育和社会教育，以学龄期的儿童及其家庭为服务对象，同时通过与L村物理环境、城乡儿童及其家庭的深入互动，结合社会工作、自然教育等专业理念和方法，设计具体营地活动内容，以促进儿童自我内部、人际关系、情绪认知、自我意识等方面的发展。在社会化显著且同辈群体影响巨大的学龄期，城乡儿童深度互动，共同参与营地活动，城市儿童可以体验文化多样性，接纳并尊重多元文化，进而促进自身发展；乡村儿童则可以在此过程中进一步理解乡村文化，并且在原本思维定式导致难以发现自身资源特殊价值的现实下，借助“外来人”的视角、知识等形成对于自身文化新的理解和感受。

2. L村亲子游学营的主要内容

L村亲子游学营的活动主要围绕村落自然环境、特色文化、乡村生活、乡村劳动生产、风土人情、习俗节日、乡村手艺等方面的深度体验展开，包括以下几类。一是针对城市亲子开展系列亲子活动，以增进亲子间的互动及情感交流，强调亲子平等参与营地活动，共同拥有学习和成长的机会，同时乡村儿童及其家庭观察到不同的亲子相处模式，引发其对自身的思考。二是营员与L村儿童共读图书并进行交流分享，双方思维碰撞，拓宽眼界与格局，理解并感受多元文化的影响，在多元文化的比较中，进一步增进儿童对于乡村文化的认同。三是走进乡村，营员与村民深度互动，儿童及村民进行村落导赏、文化展示等，营员体验乡村生活，从而获得对乡村文化全新的认识和理解。四是通过各种各样的自然游戏，与自然亲密接触，引导营员感受自然，进而尊重自然并激发对自然的热爱，进一步理解生态文明在乡村的重要意义。五是体验苗族特色文化，通过对苗族传统节日、手工艺及特色建筑等的具体体验，增进对不同文化的理解，进而接纳世界的多元性。六是营员与乡村儿童共同参与到乡村文化的教育之中，共同学习了解乡村文化的价值，感受乡村文化的魅力。整个过程中都有L村儿童及村民的参与。在营地活动内容开发中，组织者陪伴、鼓励和启发村民与儿童重新审视其所生活的环境、日常生活和民族文化，以增权的方式让他们意识到、展示出自身生活的独特性和优势，建立文化自信。在营地活动中，当地儿童与儿童营员的互动，以及共同参与乡村文化的相关教育，可以增进他们对不同生活方式的理解，增强儿童的文化自觉和文化自信，在增加村民经济收入的同时，提升其发展能力，为乡村振兴提供可持续的发展动力。

营地项目的特色具体如下：

(1) 体验五天四晚的村寨生活，在充满浓郁苗族特色的L村寨的村民家住宿(homestay)。营员与当地村民同吃同住，体验“不时不食”的饮食安排，时令果蔬，就地取材。营员与当地小朋友朝夕相处，深刻感受乡村文化。

(2) 参加营地项目的小朋友可带上自己喜欢的图书,与当地小朋友互动交流并分享图书。在交流分享中进一步增进彼此间的互动和思维碰撞。营地费用中的食宿费用将作为支持乡村发展的资金支付给当地村民,除行政成本支出,也将支持乡村文化建设的相关内容的进一步研发。营地将多元、平等、尊重、生态文明等理念贯穿全程活动设计中,促进不同民族、不同文化之间的接纳与融合。

(3) 有儿童教育学、心理学、社会学、社会工作等专业学科背景和丰富实践经验的专业社会工作服务团队共同开发营地课程。为使营员有更好的体验,营地配备有相关专业背景的志愿者协助活动的进行。同时,为了使营员对农耕文化和苗族文化有更好的理解和体验,邀请 L 村村民作为活动带领者,进一步发展村落本土向导,传承乡村传统文化。

3. 项目具体实施过程

在初步形成进入 L 村开展有关项目的想法之后,Y 社工机构进一步开展了一系列的工作,以实现社会工作参与儿童文化自信提升的具体实践。

(1) 文化挖掘

Y 社工机构首先派遣机构专业社会工作者前往 L 村进行实地踩点考察,对当地的文化及资源进行详细的梳理。在对 L 村进行实地走访和深度访谈后,Y 社工机构通过参与式培训的方式,组织村民对村落的自然风光、农耕文化、传统文化、建筑文化、生活方式和饮食文化等方面进行了深度梳理,协助 L 村了解吊脚楼建筑特色文化,与村民共同回顾和厘清 L 村村落的发展历史、传统节日、传统手艺、村落农事历、村中姓氏发展、能人图、村寨组织及其他特色文化。

(2) 要素创新

对城乡融合背景之下的乡村发展来说,要素引进十分重要。当已有系统运作缺乏活力时,则需要引进要素为原系统注入新的活力和生机。但除了外部资源的引入,本地资源的重新组合及创新更是重中之重。项目依托村合作社,挖掘和培训村民骨干积极参与营地活动涉及的"住、吃、体验活动、产品开发"等环节,以培训和督导的方式,协助村民发展以价格合理、深度参与互动为理念的民宿运营;打造体验"不食不时"和具有当地特色的餐饮食品项目,开发乡村儿童及其他村民介绍带领的深度体验活动,研发差异化定位的、富有人文底蕴的特色商品,同时与乡村儿童系统中的学校联合进行乡村文化教育活动。其中,村民体验活动的挖掘、设计和带领是重点,例如制作乡村资源地图,挖掘村寨中超过百年历史的村屋故事,梳理村寨中老手艺人的传统技艺,制作乡村传统游戏活动道具,梳理各时令农耕体验内容等。

(3) 项目设计及线路发展

在文化与资源挖掘的基础上,结合自身已有的营地理念及实践成果,Y社工机构与村合作社负责人以及A基金会的工作人员就项目开展的具体思路进行了探讨。

从乡村儿童的自身认知等方面的发展,以及家庭、学校和邻里社区等方面设计不同的体验活动。通过参与式学习的方式,营员全身心融入乡村环境,与村民同吃同住,在深入互动中增进营员与村民,特别是儿童营员与乡村儿童之间的联结。同时,当地儿童导赏员与活动内容相结合,能够帮助营员认识村寨,并使文化得到传承和保护。营地项目希望通过当地与城市亲子间的平等参与、互动、交流以及多种深度体验，增强双方对于乡村的理解、对自然的感知、对多元文化的包容，加强与当地人文的联结，收获更广阔的视野、更开放和包容的心态以及积极健康的成长体验。

针对L村的文化特色及现有资源，Y社工机构与L村乡村合作社一起就营地的饮食、住宿安排、村寨导赏线路、具体活动安排等进行了营地改造工作。在整体的营地发展线路上，Y社工机构进一步在营地整体设计中加入乡村小学的参与并增加营员与乡村儿童及其环境的互动。具体形成的营地活动主要内容如下：

① 举办开营仪式，向村落中的小朋友推荐图书并共读，开设安全教育体验课；

② 以小组任务地图的方式完成村寨探索（建筑、村落空间、自然生态系统、村落景观等）；

③ 以家庭和小组的方式完成特色乡村文化活动体验（组装芦笙、采茶、服饰、农耕、传统节日、民俗娱乐、特色美食等）；

④ 与乡村小学合作进行城乡儿童共同参与的乡村特色文化教育活动（茶文化、苗族文化等）。

（4）营员招募

与L村合作社沟通协商并确立好各自的分工之后，Y社工机构开始进行具体的营员招募工作，招募工作的具体开展主要包含制定招募实施计划、确定招募方式、发布招募文案及联系推广渠道等。项目计划针对城市儿童招募亲子参与，且每期营员不超过一定数量以保障营地活动质量；同时，将营地活动开展时间设置在暑假期间；此外，根据项目具体运行内容核算成本并确定营地费用。招募文案在机构微信公众号发出，其后对招募文案进行转发并联系推广渠道进行推广。

（三）项目初步互动结果

1. 资源挖掘

通过当地村民的资源整理，L村村民对当地的特色文化及资源进行了深入的挖掘和了解。基于营地活动开展的要求，Y社工机构还与村合作社及村主任一起，对村民日常生活以及村落各种可体验的活动进行了详细的梳理，进一步讨论与营地活动息息相关的具体细节，如制作豆腐、炒茶以及营会期间特色农作物种类、每日三餐菜单、住宿环境、垃圾分类等，为后期营地活动的设计奠定了坚实的基础。同时，Y社工机构充分考虑了当地独特的自然文化资源，在活动内容中决定聚焦于当地独特的自然资源、社会资源、文化资源以及标志性建筑和乡村生活。

在资源挖掘的过程中，村合作社还受到启发制作了村志，以更为详细地记录并整理L村发展的历史脉络及奇闻轶事，从而使村民能够更加深入地了解自己生活的村落并方便宣传和传播。同时，村合作社还需要发展培训村落导赏员，用文化导赏的工作方式协助村民重新认识村寨，掌握自主开展L村文化记录与资源调查的方法，并理解个人生活与L村发展之间的关系，使得营员能够更加深入地认识村寨及其文化价值，为乡村儿童的文化自信的提升创造了更有利的文化环境。

2. 确认营地发展线路

L村已有较完善的资源网络，同时村委会及村合作社对此次项目十分支持并全力配合，这为项目的开展提供了良好的基础。由村委会和村合作社牵头，项目顺利进入 L 村小学以及村民家中，在调查了解其具体需求的基础上，确定了增进营员与学校学生以及村民之间深度互动的目标。另外，营地计划在活动开始之前邀请城市亲子带上图书与村中孩子分享，共读图书，共同讨论，与此同时还拟加入当地志愿者和村民融入营地活动之中，引导营员进行更深入的文化互动，尊重多元文化，理解文化多样性，并引导乡村儿童发现乡村文化价值，进一步提升其文化自信。

3. 明晰机构角色

在整个项目推进的过程中，Y 社工机构与各方都进行了深入的沟通和交流，并在城乡融合促进发展的背景下，进一步链接其在城市的资源进行营员招募及相关推广。在 L 村的扶贫实践中，社工机构本身就是城乡融合进程中出现的新力量，在这样的前提下，Y 社工机构能够在带来外部资源的同时理解村民的切身利益及真实需求。在对贫困和助人的深度理解的基础之上，Y 社工机构不仅自始至终充当了服务提供者、资源链接者的角色，还通过营地项目使各方产生更为密切的联结，在提供乡村发展背后理念的基础上，成为村委会、村合作社、公益组织及村民和城市营员之间的协调者，协助与乡村发展有关的各方在各项工作之中相互融合，使扶贫工作能够开展得更有成效。

四、反思与建议

乡村儿童文化自信的提升为乡村文化的传承和延续提供了强有力的基础，在中国乡村传统文化日渐式微的今天，重建乡村文化自信，保护乡村文化，为中国经济和社会发展提供了前提与基础。在具体的乡村振兴工作中，社会工作者应该发挥自己的专业知识和技能，在城乡融合的路径下，助力乡村儿童文化自信的提升。

乡村发展需要从整体上保护乡村价值，这对乡村的产业兴旺、生态文明、乡风文化、村落治理和村民生活幸福具有不可替代的作用，只有保证乡村整体价值，才能在不破坏乡村的前提下进一步发展。而在乡村各个要素之中，生态理念的体现尤为显著。从生产到生活再到乡村文化，无一不体现了人与自然的和谐相处，贯彻了尊重自然、敬畏自然和顺应自然的智慧。在具体的乡村发展实践中，不能一味强调经济发展，破坏乡村生态环境及文化环境，而应理解人与自然的关系，从整体价值的角度看待乡村发展的路径。

儿童发展目标的设定也是项目实施过程中的一大难点。就儿童发展本身来讲，其包含了儿童心理、社会、情感、认知、自我意识等众多内容。而在具体的实践中，通过深度的体验、游戏、村寨导图绘制、小组任务等丰富的形式，如何在儿童发展的众多维度中突出重点，更为充分地聚焦于文化自信的提升，给予更完整和纵贯式的持续关注，形成项目完整的评估体系和提升计划，是项目目标能否不断实现的重要挑战之一。

而在具体的工作开展之中，如何寻找到更加合适的城市亲子参与营地是需要考虑的难点之一，在本项目中则表现为招募工作开展过程中遇到的困难。在现有的教育大环境之下，一定比例的父母认为来自学校和各类课外辅导培训机构传授的知识对于孩子来说是更为重要的，很难理解到深度文化体验对于孩子发展的影响，一些父母甚至忽视了儿童心理和社会情感能力方面的发展。这部分父母可能比较难理解到项目背后的价值和意义。那么在项目中如何精准定位营地适用人群范围，如何在项目招募过程中找到更有效的方式，在招募城市亲子的过程中可以运用哪些机构的资源这些问题，都成为具体操作过程中社会工作团队面临的挑战。

在脱贫攻坚新时期，需要针对多元、多层次的需求进行精准介入，而社会工作能在其中发挥的作用十分显著。社会工作立足区域自身优势资源，挖掘其发展潜能，发现并认同乡村价值，从提升乡村儿童的文化自信做起，协调多方共同贡献力量。尽管“H 营地 · L 村苗寨亲子游学营”项目的内容和设施准备还需要一定的时间加以完善，但其背后的理念及一整套运行模式已经成熟且具有可操作性。这一尝试可以为社会工作参与精准扶贫以及乡村振兴实践的模式探索提供有益借鉴。

第十章　提升西部农村地区家长教育能力的实践研究[①]

——以云南省 Y 镇亲子阅读活动为例

随着社会的发展,家长教育能力对幼儿成长发展产生的影响越来越受人们重视,其直接影响着幼儿的初始社会化。研究者通过实地调研实践发现,部分西部民族农村地区家长的教育能力处于传统与现代衔接的断层地带,具体表现为家庭教育存在忽视幼儿自主性问题,家长的教育知识不足、获取知识的途径单一,教育方法中溺爱型与干涉型教育占主体地位等。因此,本研究在社会工作理论方法指导下,尝试运用亲子阅读活动的方法提升家长的教育能力,旨在探索社会工作在提升西部农村地区家长教育能力方面的有效路径。

① 本章引自袁娥、张晓亚:《提升农村家长亲子阅读技能的社会工作实务》,《社会创新研究》2020 年第 1 辑。部分内容有修改和延伸。

一、问题的提出

家庭是幼儿生长的摇篮。国内外众多脑科学研究表明，孩子在出生时大脑有1 000亿个神经元，50亿突触，智力水平达到成人的25%；突触数量一年后能在原有基础上增加20倍；到三岁时，幼儿脑重量能达到成人脑重量的80%。[①] 0～3岁是幼儿大脑发育和智力发展最快的时期，在生命早期对幼儿进行引导和教育的投入回报率最高，所以提高家长的教育能力对促进西部地区人力资源的开发以及脱贫致富具有非常重要的现实意义。

近年来，在中国经济快速发展的同时，城乡区域发展的差距也在不断拉大。在偏远的西部农村地区，大部分家长的教育能力处于传统与现代衔接的断层地带，即当地传统文化下的家庭教育已显得不合时宜，而新的家长教育能力体系又尚未建立，传统与现代之间的断裂使得家庭育儿处于一种混沌的状态。因此，本章以云南省Y镇亲子阅读服务实践为例，探寻社会工作弥补西部农村地区家长的教育能力断层状态的途径与方法。

二、家长教育能力概念界定及Y镇家长教育能力现状

能力是一个人进行某项活动的潜力，或说是该个体在接受训练后可达到的某种特定能力水平的可能性。[②] 家长教育能力即家长在育儿过程中所具备的促进子女各方面发展的能力。

---

① 戴耀华、关宏岩：《儿童早期综合发展》，《中国儿童保健杂志》2005年第4期。
② 阿瑟·S.雷伯：《心理学学词典》，李伯黍译，上海译文出版社，1996。

（一）家长教育能力概念界定

根据中国儿童中心组在《我国家庭教育指导服务体系构建与推进策略研究》一书对家长教育能力所下的定义，本研究将家长教育能力划分为家长的教育观念、教育知识及教育方法三个层面。① 家长的教育观念即家长基于子女及其发展的认识而形成的对于子女教养的理解，包括家长的儿童观、亲子观和人才观；教育知识即家长所具有的关乎幼儿身体、心理发展的有关知识；教育方法是家长在教育活动过程中所运用的具体措施、方法和手段。

（二）Y镇家长教育能力现状

Y镇隶属于云南省楚雄彝族自治州M县（国家级贫困县），共有17个村民小组，928户，共3 707人，人口民族构成以彝族为主，约占全镇人口的70％，农业主要以种植水稻、玉米等农作物和板栗等经济作物为主。Y镇农民的收入以农业种植和外出务工为主。研究者通过深入Y镇观察与访谈发现，当地家长的教育能力处于传统与现代衔接的断层地带：传统家长教育能力沿袭的链条已出现松动，但尚未断裂；新的家长教育能力观已通过网络及外出交流等方式注入当地，但零星点点、尚未成型。其具体表现为以下三个方面。

1. 家庭教育存在忽视幼儿自主性的问题

家长教育观念包括家长所秉持的儿童观、亲子观和人才观。儿童观具体指的是家长对儿童权利、地位等观念的总体看法，亲子观即家长对亲子关

---

① 丛中笑：《我国家庭教育指导服务体系构建与推进策略研究》，中国人民大学出版社，2016。

系的基本看法，而人才观即父母对子女未来发展的价值取向。研究者在深入观察、访谈后获悉，Y镇80%以上的家长将幼儿视为自己的私有财产，用成人世界的行为规范要求幼儿，忽视幼儿的主体性。具体表现为，在日常生活中，父母会依据个人喜好剥夺幼儿选择的权利，如父母会坚定地认为自己比孩子更加了解孩子，如选购幼儿的玩具基本上按照家长的意愿进行。

美国社会心理学家海曼（Heyman）曾提出参照群体理论。他认为参照群体影响个人社会观和价值观，个人的观念及行动产生往往将参照群体作为依据。当参照群体共同的教育观念形成后，当地家长会自觉遵循这一育儿观念。

2. 家长的教育知识不足，获取知识的途径单一

科学的育儿知识是家长育儿的重要支撑，育儿知识包括作用于幼儿身心发展的生理学、心理学与教育学等相关知识。通过对当地家中育有0～3岁幼儿的40户家庭的问卷调查发现，Y镇85%以上的家长对幼儿的养育聚焦于衣食温饱，而忽视幼儿心理发展的有关知识。他们对幼儿身体与喂养的知识大多来自祖辈经验的总结，如俗话说的“三抬、四翻、六坐、七滚、八爬、九扶、立周、会走”等。当被问及育儿除了基本温饱还需要什么方面的教育知识时，家长的回答便止于幼儿对外界事物的基本认知，其余教育知识基本处于空白状态。

现代化育儿知识的获得与其传播途径息息相关，Y镇家长育儿知识的获取渠道主要包括祖辈育儿经验总结和幼儿体检时医生所普及的身体发育及喂养的有关知识。虽然网络上的育儿知识十分丰富，但很多家长不知道在哪查阅。育儿知识传播途径的单一化将现代化的育儿知识隔绝在外，再

加上西部农村地区家长受教育程度普遍较低，缺乏主动学习意识，所以当地家长育儿知识的获取途径更为局限。

3. *溺爱型与干涉型教育方法居于主体地位*

家长在教育活动过程中所运用的教育方法包括溺爱型、否定性、民主型、过分保护型、放任型和干涉型六种。Y镇家长对子女的教育多采用溺爱或干涉、否定的方法。溺爱方式具体表现为对幼儿的一味顺从与放任，如只要孩子喜欢，电子产品可从早到晚交由孩子玩耍；当幼儿表现出打人、骂人等不良行为习惯时，有些家长会采取不管不顾的态度。而干涉、否定则表现为家长对幼儿的权威专制，不会表露情感，具体表现为忽视幼儿主动权，为幼儿包揽一切，当幼儿犯错误时，多采用责骂体罚等方式。例如，社工在入户家访过程中发现，幼儿表现良好，家长不会给予表扬；当幼儿未听从家长指挥时，家长会吼骂甚至体罚幼儿。社工通过观察访谈获悉，当地家庭结构以核心家庭为主，延续着男主外、女主内的传统，女性家长（母亲、祖母）能够陪伴幼儿的时间较多，但多为低质量的陪伴，家长和孩子各玩各的，互动交流较少。一些家长也想学习育儿方法，但不知道从何学起。

没有阅读就不可能有个体心灵的成长，不可能有个体精神的完整发育。① 亲子阅读把书当作媒介，将阅读过程视为联结亲子关系的纽带。家长陪伴孩子利用多种阅读形式分享阅读带来的快乐，在此过程中还能增进与孩子之间的沟通，使得亲子关系进一步改善。本研究尝试在社会工作相关理论方法的指导下，以亲子阅读活动为媒介来提升家长的教育能力。

---

① 朱永新：《崇尚阅读让我们达到时代的精神高度》，《中国职工教育》2012年第4期。

三、Y镇农村家庭亲子阅读活动实务开展

此次家长教育能力提升实践包括两个阶段。第一阶段是为期两个月的亲子阅读服务实践阶段，主要任务是让家长了解亲子阅读的重要性，树立亲子阅读意识，转变家长“我不行”的教育无能观。第二阶段为小组服务实践阶段，主要任务是发现和总结家长在前期亲子阅读过程中存在的问题，并运用小组工作的方法搭建家长间相互讨论学习的平台，提升家长的教育技能。

（一）凸显亲子阅读的重要性，转变家长“我不行”的教育无能观

根据前期的预调查，研究者结合社会工作理论与方法，设计了前后两个阶段的服务方案。在第一阶段，笔者主要依托在Y镇开展的留守儿童亲子阅读项目，深入40户家庭，开展为期两个月的一对一亲子阅读活动。此阶段的主要目的是让家长了解亲子阅读的重要性，转变家长的教育观念，树立亲子阅读意识，让家长充分意识到自身对幼儿的教育并非无能为力。前期服务实践主要依据符号互动理论指导设计并开展。符号互动理论又称象征互动论，由美国著名社会学者布鲁默（Blumer）提出，该理论主要通过分析人们在日常生活中的互动，研究人们相互作用发生的机制与规律。[①]

符号互动理论认为，人与人之间进行交流理解的符号具有广泛性，在亲子阅读的过程中，家长和幼儿双方所运用的语言、姿态、动作、表情等都可以被称为符号。一定的社会情景也具有符号意义，家庭亲子阅读活动的开展产生于一定情景之中，借助绘本，家长与幼儿之间进行沟通交流，在此过程

① 王思斌：《社会学教程》，北京大学出版社，2003。

中，家长对符号的解读会对亲子阅读活动质量产生很大的影响。例如，研究者在入户过程中观察到，幼儿在看到《走开，绿色大怪物》绘本上的洞时会联系生活实际，跑到卫生间指着水池中的洞，家长对这一行动的解读一般为孩子不专心，这一解读结果直接影响了家长情绪，情绪又对家长陪伴阅读的行为产生影响，很多家长会因为这样的误解影响与孩子一同阅读的兴趣，误认为孩子阅读兴趣不高。所以在符号互动理论的指导下，社工在第一阶段入户过程中，除了推动家长树立亲子阅读观念外，还需要帮助家长对幼儿阅读过程中的行为给予正确解读，提高家长理解儿童心理和行为的能力，并让家长意识到自己在幼儿教育层面能够有所为，树立家长的自信心。

有关亲子阅读重要性的探讨，研究者主要从幼儿身心发展具备阅读可行性，亲子阅读能丰富幼儿词汇量、提高幼儿观察力和理解能力、培养幼儿阅读兴趣及改善亲子关系几个方面展开。突出亲子阅读在上述方面重要性的原因是家长重视，且效果可观察，能够让家长发现幼儿的进步。亲子阅读重要性的介绍是一个持续的过程，讲解过程要辅之以具体化的案例，除了初次入户给家长讲解外，当看到孩子某一方面能力提升时需要再次提出以引起家长注意，家长对亲子阅读的接受程度才会更高。这一过程协助家长对于幼儿行为进行解读，有效地推动家长“我不行”的教育无能观的转变。

幼儿早期的学习属于表征学习阶段，在此阶段幼儿会掌握一些简单符号或者对这些符号加以理解，幼儿在一岁左右开始对成人确定的表征命题进行吸收概括，由此获得领悟。所以，幼儿在学习过程中经常会将书中事物与实际进行联结并进行联想。当家长对幼儿产生的联结与联想的理解出现偏差时，会对亲子阅读活动产生消极影响。研究者在家访过程中发现，幼儿看到书中的动物则跑去找类似的动物，看到绘本中的事物便进行一些天马行空的想象，但很多家长不能理解这是幼儿联系生活实际、想象等能力得到提升的积极表现，而是简单地认为孩子不专心；当看到幼儿将书搬来搬去时，家长认为是幼儿对书不感兴趣。这样的解读使得家长用责备的语言或者表情符号回应孩子。当幼儿接收到这样一些负面的符号信息时，对书本的兴趣也会减弱，如果幼儿再以消极的语言或动作符号回应家长，整个阅读活动将会很难继续开展。所以，社工协助家长对幼儿表现出的行为进行正确理解，能够让家长清楚地看到亲子阅读给孩子带来的改变，提升家长陪伴阅读的动力。让家长正确理解幼儿行为符号，能以更积极的行为符号进行回应，促进亲子阅读活动有效进行，最终通过看到孩子的积极变化而改变“我不行”的教育无能观。

（二）通过亲子阅读小组拓展家长获取育儿知识的途径与方法

通过第一阶段家访活动的开展，家长进一步了解了亲子阅读的重要性，且家长能够观察到自己孩子的变化，对于幼儿行为符号的理解也更加准确深入。所以，在第二阶段，研究者主要采用小组工作的方法，针对家长在亲子阅读过程中面临的共性问题及需求设计服务方案。本次小组工作选择的对象主要是参加项目或有一定亲子阅读基础，有提升自身亲子阅读能力需求且有时间来参加小组活动的七位家长。

本阶段的服务设计主要依据社会学习理论。社会学习理论是20世纪60年代由班杜拉（Bandura）突破传统行为主义理论框架，从认知与行为联合作用的观点出发看待社会学习而产生的。在这一理论中，班杜拉强调行为由观察其他人或事而习得，人可以通过看、听、读获得或学习新的行为。① 班杜拉将认知过程划分为四个部分：注意过程、保持过程、运动再现过程和动机过程。以家长亲子阅读能力提升过程为例，注意是观察学习的开始，家长通过观察小组工作员示范亲子阅读技巧，结合自身实际进行学习。保持即家长将注意过程中习得的语言行为符号保存在自己的记忆中，在之后的阅读过程中可以根据这些符号进行学习。运动再现即家长将学到的行为符号进行外显练习，通过不断练习使习得的行为与自身相适应。动机过程主要强调的是个人观察到的结果及个人动机会对行为产生很大影响，如果在练习过程中家长失败的尝试能够得到及时的指导，成功的行为能够得到一定的奖励，则个人更容易将所观察到的行为内化于心，外化于行。整个学习过程受行为示范者具体表现及家长信息加工能力的影响，所以要求示范者能够熟悉掌握并抓住关键进行示范，选取家长更容易接受的方式，便于家长进行信息加工与吸收。

第一阶段结束后，研究者通过观察及访谈发现，一些家长很难独立在家庭中用正确的方法开展亲子阅读，帮助孩子健康成长。一些家长在亲子阅读上依旧存在不遵循幼儿身心发展规律，忽视阅读材料体现的主导价值观，亲子阅读核心技巧掌握不到位，忽视家庭亲子阅读环境创设等共性问题。所以，研究者采用小组工作的方式进行介入，提升家长的教育能力。

本次小组服务计划依据家长教育技能中存在的主要问题来设计，小组活动共八节，大致可分为三个阶段。第一阶段包括第一、二节，主要内容为协助家长认识幼儿不同月龄段的身心发展特点、阅读目标，并对绘本结构有

① 何雪松：《社会工作理论》，上海人民出版社，2007。

一个基本的认识。第二阶段包括第三、四、五节，服务内容是此次服务的重点，首先让家长学会提炼绘本主旨，然后根据绘本主旨进行分类，最后一起探讨不同类别绘本的阅读技巧。第三阶段包括第六、七、八节，主要内容为一起总结归纳亲子阅读过程中用到的核心技巧，一起探讨家庭阅读环境的布置，并回顾整个小组活动内容。具体的小组活动计划如表 10－1 所示。

表 10－1　“智慧妈妈”小组活动计划

活动	活动时间	活动主题	活 动 目 标
第一节	2018/09/15	相见欢	1. 组员之间相互认识 2. 介绍小组基本内容，了解组员期望
第二节	2018/09/18	“悦”读人生	1. 介绍不同月龄段的幼儿阅读目标 2. 介绍绘本结构
第三节	2018/09/22	独一无二	1. 让家长了解如何提炼绘本主旨并给绘本分类 2. 与家长一起讨论幼儿社会交往及情绪管理类书籍的讲读要点
第四节	2018/09/25	潜力无限	1. 和家长一起讨论学习如何阅读提升幼儿认知能力和语言能力发展的绘本 2. 总结归纳要点
第五节	2018/09/29	好习惯，助我“行”	1. 和家长一起探讨幼儿动作发展及行为习惯培养类绘本的阅读方法与要点 2. 和家长一起探讨如何通过绘本阅读培养幼儿行为习惯
第六节	2018/10/2	夜空中最亮的星星	1. 一起探讨社会交往类绘本的讲读要点并进行示范 2. 回顾不同类别绘本的讲读要点，并总结出绘本阅读中共性的方法技巧
第七节	2018/10/6	静待花开	1. 和家长分享如何给孩子挑选合适的书 2. 就如何给孩子营造良好的阅读氛围给家长提供一些建议

续 表

活动	活动时间	活动主题	活 动 目 标
第八次	2018/10/10	最好的未来	1. 选择一类家长觉得最难带孩子阅读的绘本,进行现场示范与讲解 2. 总结以上七节活动的基本内容,了解家长对所讨论知识的困惑,及时总结与讨论 3. 通过小组后测问卷评估家长的掌握情况

三个阶段的服务建立在家长已经树立亲子阅读观念,能主动陪伴幼儿开展阅读活动,但自身教育能力还需提高的基础之上。社会学习理论强调人的学习通过观察而习得,示范者的示范行为对观察学习者产生影响,所以在活动设计中需要考虑家长对实际信息的加工能力。研究者将活动分为三个阶段,其内在逻辑关系如下:首先,让家长对幼儿阅读目标及绘本结构进行了解;其次,依据绘本内容对绘本进行分类,了解不同类别绘本阅读时的重点和差异;再次,对整个阅读活动中存在的共性技巧进行总结,让家长有一个归纳反思的过程;最后,针对家庭阅读环境较差的问题一起探讨,并回顾整个活动过程。

整个小组活动是在社会学习理论指导下展开的,从小组开始到结束,运用了小组工作中沟通与互动的技巧以及小组讨论的技巧,通过提升家长的亲子阅读能力,改善家庭亲子阅读质量。首先,在整个服务过程中,研究者自身亲子阅读知识的掌握与传递直接影响家长的观察学习效果,所以在服务开展前,研究者需要熟练掌握活动内容并总结出一种家长最能接受的方式进行传达。其次,从小组开展形式来说,适量适合幼儿的韵律与服务主体内容交替进行,能提高家长学习的专注程度,获取信息更有效。再次,因为亲子阅读属于实践性的活动,所以在介绍完亲子阅读相关技巧后需要留更多的时间给家长进行实际练习，良好的信息输入并不代表有效的信息输出，家长在听的过程中或许非常认真，能够将知识全面记住，但是在运用过程中会出现这样或那样的问题，所以在学习后让家长能够以实际练习的形式将所学内容输出很有必要。最后，小组开展过程中要促进家长之间的交流，结合家长自身实际经验，充分围绕家长在亲子阅读方面存在的问题进行深入探讨，从而更好地提升家长的亲子阅读能力。

借助于符号意义世界开展的良好亲子互动是亲子阅读的根本价值所在，阅读习惯的养成、健全人格的养成等则是活动的派生之物。在亲子互动中，儿童感到身心舒适，体验到被爱和尊重，这就是亲子阅读的根本价值。[①]促进家长的教育能力提升是本次亲子阅读活动的最终目的。研究者首先从家长观念转变出发，让家长系统认识亲子阅读的重要性；其次，通过亲子阅读技巧的学习实践与阅读环境的创设，让家长愿意陪伴孩子阅读，并且学习如何陪伴孩子阅读；最后，从影响亲子阅读效果的环境入手进行探讨，在亲子阅读中不断提升家长的教育能力。

四、结论与建议

（一）结论

通过在 Y 镇开展幼儿亲子阅读实务，研究者发现亲子阅读有利于西部农村地区家长提升自身教育能力，主要体现在三个方面。

1. 家长育儿观念在亲子阅读的互动仪式中得到转变

美国社会学家柯林斯（Collins）曾提出互动仪式链这一概念，他认为互

① 陈婷婷：《论儿童视野中亲子阅读的价值》，《江苏教育研究》2014 年第 11 期。

动仪式存在于人与人的交往中，而情感能量又是人类交流互动的核心，主体间的交流互动会带来情感能量，加深双方之间的情感。① 在家庭这一微观社会情境中，亲子情感的加深依赖于双方的互动，互动过程中幼儿与家长不断转换于抛球者与发球者两种角色中，从而形成较为完整的互动仪式链。通过这样的互动，幼儿在阅读过程中会根据阅读内容表达自己的观点，自身独立性与主体性不断得到彰显，家长的儿童观、亲子观也同时得到改变。

家长教育观念的转变主要体现为亲子阅读互动仪式加深了家长对幼儿自主性的理解。传统育儿经验及日常生活交流使得Y镇的多数家长固守幼儿无知且只能从属和依附于家长的观念。而在亲子阅读过程中，幼儿从阅读书目选择到自我观点的表达，能够有效转变家长的幼儿无知观。例如，研究者在家访过程中带孩子阅读绘本《晚安，大猩猩》时，幼儿会观察到家长尚未发现的图画内容并进行自由联想：看到大猩猩拿钥匙开门后，气球往上飞的细节，幼儿会说小气球困了，要回家找妈妈了。阅读过程中幼儿表现出的有别于家长的关注点与想象能力，使得家长对幼儿自主性有了更加深刻的了解，学会尊重孩子。通过亲子阅读活动，家长看到幼儿的积极变化，学会用恰当的方法教育幼儿，降低了“教育无力”感。

2. 亲子阅读过程中“符号间的互动”能有效增加家长育儿的知识和方法

符号互动理论认为，人与人之间进行交流理解的符号具有广泛性，在亲子阅读过程中，家长和幼儿双方所运用的语言、姿态、动作、表情等都可以被称为符号，一定的社会情景也具有符号意义。家长正是凭借心灵与环境、个体与社会呈现出的互动不断扩充自己的育儿知识，丰富育儿方法。

---

① 兰德尔·柯林斯：《互动仪式链》，林聚任等译，商务印书馆，2009。

亲子阅读利于家长育儿知识与方法的提升主要体现在两个方面。一是家长可以从不同题材的绘本中了解更多幼儿认知及心理情绪等方面的知识。由于幼儿阅读的材料多元，家长可以选择不同主题来开展阅读互动，甚至可以根据幼儿发展的具体情况选择适合的阅读材料进行交流。如亲子阅读材料有关于幼儿情绪管理、引导幼儿想象思考、培养幼儿良好行为习惯等类别，家长通过亲子阅读能够拓展自身的育儿知识面。如《我的感觉》绘本系列丛书能协助家长识别幼儿什么时候会出现生气、难过、害怕、嫉妒、想念等情绪，并且学会处理幼儿的这类情绪。二是符号间的交流互动能够改进家长的育儿方法。亲子阅读的顺利进行需要家长学会诸多阅读技巧，如具体化鼓励、模仿、开放引导式提问等，这些技巧的学习在一定程度上能够帮助家长习得与幼儿相处的方法。如具体化鼓励能让家长知道何时何地、以何种方式对孩子进行必要的鼓励，开放引导式提问有利于家长转变与幼儿的沟通交流方式，从“是不是”“对不对”的封闭式问题教育转化为开放式的引导思考的交流。

3. 亲子阅读空间营造可为家长创设教育能力提升的场域

家庭亲子阅读空间的布置强调的是一个共同商量完成的过程，而在此过程中幼儿主动性的发挥不可或缺，家长除了充分激发并尊重幼儿主动性外，还需要掌握阅读空间布置相关知识技巧，如家长如何与幼儿一起选择合适的阅读材料、需要什么样的书架、桌椅如何摆放以及位置如何选取才能使亲子阅读的成效更为显著等。家庭亲子阅读空间的存在能够为家长提升教育能力创设实践场域，从而不断提升家长的育儿能力。

（二）未来开展服务的建议

亲子阅读活动在一定程度上能够提升西部农村地区家长的教育能力，

但在开展过程中也存在一定的局限，所以研究者结合此次开展的农村民族地区亲子阅读服务实践，提出通过亲子阅读方式有效提升西部地区农村家长教育能力的建议。

1. 服务理念：坚持“助人自助、自助助人”

家长教育能力的提升并非一蹴而就，服务实践对家长而言，更重要的是转变家长的教育观念，激发家长教育能力提升的主动性，使家长在亲子阅读实践后能够根据自身情况，创新家庭教育方法。亲子阅读犹如在家长干涸的教育河流中注入一泓清泉，使家庭教育的河流充满更多的活力，此外，还需要家长进一步拓展自身知识面，不断学习、反思和实践。因此，在亲子阅读提升家长教育能力服务实践中，我们需要将提升家长的学习主动性置于首位，将家长学习主动性的提升贯穿服务实践全过程。在服务初期，我们需要凸显家长教育能力提升对幼儿与家长自身发展的重要性，家长只有对重要性认识到位，实践过程中才会更加专注与主动。在服务实践中，重点要培养家长获取知识的能力，将输血式注入知识转变为造血式提升家长教育能力。当家长自身掌握相关知识方法后，还要鼓励其将所习得的知识方法告知身边的朋友，从而使得家长在服务身边亲友的过程中，巩固家庭教育能力，实现助人自助、自助助人。

2. 服务方法：将具体化与系统化服务有机结合

研究者通过服务发现，西部农村地区家长的教育水平普遍较低，家长在学习亲子阅读相关知识技巧时，理解领悟能力有限，所以社会工作者在指导家长时需要更加系统化与具体化。系统化主要指将亲子阅读相关知识体系化，包括亲子阅读的重要性、亲子阅读如何开展、阅读材料应通过何种渠道选择购买等方面，而在系统化过程中又需要有所侧重。具体化则指将亲子阅读过程中需要掌握的技巧通过更加细化的方式阐明，如对五个亲子阅读的核心技巧，即“摸一摸、指一指、说一说、动一动、猜一猜”的教学，社工要用具体示范和家长现场模拟演练的形式进行，具体化的展现利于家长在注意保持过程中有效吸收，从而为家长运用再现过程夯实基础。

3. 服务可持续性：整合社区资源，保障家庭服务的可持续性

此次服务发现，在西部地区农村开展亲子阅读、提升家长教育能力需要整合资源，服务才能持续。社会工作者要发挥资源链接者作用，从个案、小组服务中选出一些对亲子阅读认可、技巧掌握到位的家长作为骨干成员，通过与当地社区联系，充分运用当地“儿童之家”、农家书屋等平台，让已掌握技巧的家长开展志愿性讲解服务，让社区中更多的家庭受益，有效推动家长教育能力的提升。

五、结语

尼尔·波兹曼(Neil Postman)曾说过，儿童对世界的了解最自然的方式是通过阅读绘本和故事。亲子阅读活动使得家长自身教育观念、教育知识及方法得到提升，在为家长积累教育文化资本的同时，也为家长的继续社会化和幼儿的初始社会化注入力量，帮助西部农村地区家庭摆脱贫困文化的束缚，阻断贫困的代际传递，早日脱贫致富。

主要参考文献

一、中文文献

(一) 专著类

［1］ 马克思，恩格斯. 马克思恩格斯选集（第一卷）[M]. 2 版. 人民出版社，1995.

［2］ 习近平. 摆脱贫困[M]. 福州：福建人民出版社，2014.

［3］ 费孝通. 费孝通文集（第十一卷）[M]. 北京：群言出版社，1999.

［4］ 张和清. 农村社会工作[M]. 北京：高等教育出版社，2008.

［5］ 王思斌. 社会工作概论[M]. 3 版. 北京：高等教育出版社，2014.

［6］ 史铁尔，蒋国庆，钟涛. 农村社会工作[M]. 2 版. 北京：中国劳动社会

保障出版社，2015.

[7] 李晓凤. 社会工作督导：理论与实务及本土经验反思[M]. 北京：中国社会出版社，2016.

[8] 隋玉杰. 个案工作[M]. 北京：中国人民大学出版社，2007.

[9] 赵立雄. 农村扶贫开发新探云南曲靖“866”工程的实践与创新[M]. 北京：人民出版社，2008.

[10] 蒋国河. 中国特色农村社会工作：本土化探索与实践模式[M]. 北京：社会科学文献出版社，2017.

[11] 塞尔贝. 优势视角社会工作实践的新模式[M]. 李亚文，杜立婕，译. 上海：华东理工大学出版社，2004.

[12] 兰德尔·柯林斯. 互动仪式链[M]. 林聚任，王鹏，宋丽君，译. 北京：商务印书馆，2009.

[13] 阿尔伯特·班杜拉. 社会学习理论[M]. 陈欣银，李伯黍，译. 北京：中国人民大学出版社，2014.

[14] 何雪松. 社会工作理论[M]. 上海：上海人民出版社，2007.

[15] 赵俊臣. 易地搬迁开发扶贫：中国云南省的案例分析与研究[M]. 北京：人民出版社，2005.

[16] 林南. 社会资本：关于社会结构与行动的理论[M]. 张磊，译. 上海：上海人民出版社，2005.

[17] 彼得·M. 布劳. 社会生活中的交换与权力[M]. 李国武，译. 北京：商务印书馆，2008.

[18] 马克·格兰诺维特. 镶嵌：社会网与经济行动[M]. 罗家德，译. 北京：

社会科学文献出版社,2007.

[19] 让-皮埃尔·戈丹.何谓治理[M].钟震宇,译.北京:社会科学文献出版社,2010.

[20] 童敏.社会工作理论:历史环境下社会服务实践者的声音和智慧[M].北京:社会科学文献出版社,2019.

[21] 张丽君.中国少数民族地区扶贫进展报告 2016[M].北京:中国经济出版社,2017.

[22] 蒋国河.社会工作与农村反贫困:本土化实践与理论反思[M].北京:中国社会出版社,2017.

[23] 武汉大学中国国际扶贫中心.中国反贫困发展报告(2016)社会组织参与扶贫专题[M].武汉:华中科技大学出版社,2016.

[24] 陈向明.质的研究方法与社会科学研究[M].北京:教育科学出版社,2000。

[25] 阿马蒂亚·森.以自由看待发展[M].任赜,于真,译.北京:中国人民大学出版社. 2013.

(二)期刊类

[1] 习近平.在全国脱贫攻坚总结表彰大会上的讲话[J].共产党员,2021(6):4-8。

[2] 卫小将.精准扶贫与主体性塑造:再认识与再反思[J].中国行政管理,2018(4):39-43.

[3] 郑杭生,李棉管.中国扶贫历程中的个人与社会:社会互构论的诠释理路[J].教学与研究,2009(6):5-10.

[4] 施锦芳.国际社会的贫困理论与减贫战略研究[J].财经问题研究，2010(3)：113-120.

[5] 马新文.阿马蒂亚·森的权利贫困理论与方法述评[J].国外社会科学，2008(2)：69-74.

[6] 钱宁.农村发展中的新贫困与社区能力建设：社会工作的视角[J].思想战线，2007(1)：20-26.

[7] 钱宁，王肖静.主体性赋权策略下的少数民族地区妇女扶贫研究：以云南省三个苗族村寨为例[J].社会工作，2020(2)：10-22，108。

[8] 何得桂.中国贫困治理的三维理论认知：底色、特色和亮色[J].甘肃社会科学，2020(3)：100-107.

[9] 刘小珉.民族地区反贫困70年的实践与启示：基于民族交往交流交融视角[J].贵州民族研究，2019(11)：61-69.

[10] 王建民.扶贫开发与少数民族文化：以少数民族主体性讨论为核心[J].民族研究，2012(3)：46-54，108.

[11] 汪三贵，胡骏，徐伍达.民族地区脱贫攻坚“志智双扶”问题研究[J].华南师范大学学报(社会科学版)，2019(6)：5-11，191.

[12] 东波，颜宪源.农村社会工作介入农村反人文贫困的可能性探讨[J].西北农林科技大学学报(社会科学版)，2010(4)：109-113.

[13] 李迎生，徐向文.社会工作助力精准扶贫：功能定位与实践探索[J].学海，2016(4)：114-123.

[14] 程萍.社会工作介入农村精准扶贫：阿马蒂亚·森的赋权增能视角[J].社会工作，2016(5)：15-23，125.

[15] 靳继东,潘洪阳.贫困与赋权:基于公民身份的贫困治理制度机理探析[J].吉林大学社会科学学报,2012(2):67－72.

[16] 张和清,杨锡聪,古学斌.优势视角下的农村社会工作:以能力建设和资产建立为核心的农村社会工作实践模式[J].社会学研究,2008(6):174－193,246.

[17] 刘伟,赵秀琴.专业社工参与农村基层治理研究:基于广西实施民政部“三区计划”的思考[J].中央民族大学学报(哲学社会科学版),2015(6):66－71.

[18] 张志胜.精准扶贫领域贫困农民主体性的缺失与重塑:基于精神扶贫视角[J].西北农林科技大学学报,2018(3):72－81.

[19] 张小军,雷李洪.乡村社区自主发展的中国经验——走向共同体的乡村自治[J].江苏社会科学,2018(3):99－107.

[20] 马伟华.社会支持网构建:少数民族流动人口城市融入的实现路径分析[J].西南民族大学学报(人文社科版),2018(2):55－61.

[21] 王思斌.社会治理结构的进化与社会工作的服务型治理[J].北京大学学报(哲学社会科学版),2014(6):30－37.

[22] 胡鹏辉,高继波.新乡贤:内涵、作用与偏误规避[J].南京农业大学学报(社会科学版),2017(1):20－29.

[23] 钱宁.多方参与的社会治理创新:发展社会福利的新路径[J].山东社会科学,2014(9):73－77.

[24] 龙翠红.政府向社会组织购买服务:嵌入性视角中的困境与超越[J].南京社会科学,2018(8):90－96。

[25] 关信平.论现阶段我国贫困的复杂性及反贫困行动的长期性[J].社会科学辑刊,2018(1):15-22,209.

[26] 韩广富,辛远.农村相对贫困的特征、境遇及长效解决机制[J].福建论坛(人文社会科学版),2020(9):119-130.

[27] 向德平,罗珍珍.反贫困社会工作的发展:专业取向、价值意蕴与实践进路[J].社会工作,2020(6):4-13.

[28] 李迎生.后脱贫攻坚时代构建一体化的反贫困制度体系[J].中国特色社会主义研究,2020(3):14-20.

[29] 吴振磊,李钺霆.易地扶贫搬迁:历史演进、现实逻辑与风险防范[J].学习与探索,2020(2):131-137.

[30] 翟绍果,张星,周清旭.易地扶贫搬迁的政策演进与创新路径[J].西北农林科技大学学报(社会科学版),2019,19(1):15-22.

[31] 王思斌.社会工作要参与相对贫困治理[J].中国社会工作,2020(28):45.

[32] 袁君刚.社会工作参与农村精准扶贫的比较优势探索[J].西北农林科技大学学报(社会科学版),2017,17(1):17-22.

[33] 向德平,姚霞.社会工作介入我国反贫困实践的空间与途径[J].教学与研究,2009(6):22-26.

[34] 李红波.当前社会工作介入我国反贫困的必要性分析[J].贵州社会科学,2011(12):40-44.

[35] 卫小将."生活政治"治理:精准扶贫工作新转向[J].江海学刊,2020(4):101-107.

[36] 王思斌.民族地区的社会治理与社会工作参与研究[J].广西民族大学学报(哲学社会科学版),2017,39(5):92-98.

[37] 丁赛,佐藤宏,别雍·古斯塔夫森.西部民族地区汉族与少数民族城乡贫困的比较[J].西南民族大学学报(人文社科版),2016,37(11):154-162.

[38] 王慧娟.儿童贫困与社会排斥[J].社会工作与管理,2021(1):73-80.

[39] 韩春.中国农村贫困的新特征及反贫困对策研究[J].特区经济,2010(3):165-167.

[40] 冯贺霞,高睿,韦轲.贫困地区儿童多维贫困分析:以内蒙古、新疆、甘肃、广西、四川五省区为例[J].山西农业大学学报(社会科学版),2017,16(6):42-48.

[41] 董云芳.社会工作专业人才职业胜任力模型分析[J].华东理工大学学报(社会科学版),2011(5):41-48.

[42] 王思斌.中国社会工作的嵌入性发展[J].社会科学战线,2011(2):206-222.

[43] 张涛,季轩民.社会工作介入民族地区精准扶贫中的困境及路径研究[J].湖北民族学院学报(哲学社会科学版),2018(5):150-154.

[44] 胡阳全.社会工作介入民族地区农村社区贫困问题的思考[J].云南民族大学学报(哲学社会科学版),2013(4):55-59.

[45] 李文祥,吴征阳.社会工作方法创新与扶贫创业模式精准化探索:基于农村扶贫创业的实践研究[J].社会科学战线,2018(11):238-

246.

[46] 沈一兵.乡村振兴中的文化危机及其文化自信的重构：基于文化社会学的视角[J].学术界,2018(10)：56-66.

二、外文文献

[1] SIMON B L. The empowerment tradition in American social work: a history[M]. New York: Columbia University Press, 1994.

[2] LEE J A B. The empowerment approach to social work practice: building the beloved community[M]. 2nd ed. New York: Columbia University Press, 2001.

[3] LEE J, HUDSON R. Empowerment approach to social work treatment Francis J. Turner(6th Edition)[M]. New York: Oxford Press, 2017.

[4] SPENCER L M, SPENCER S M. Competence at work: models for superior performance[M]. New York: Wiley, 1993.

[5] BOYATZIS R E. The competent manager: a model for effective performance[M]. New York: Wiley, 1982.

[6] PAGE, N, CZUBA C E. Empowerment: what is it[J]. Journal of extension, 1999, 37(5): 3-9.

[7] ROSE S M. Advocacy/empowerment: an approach to clinical practice for social work[J]. Journal of sociology & social welfare, 1990, 17(2): 41-51.

[8] KONDRAT M E. Concept, act, and interest in professional practice: Implications of an empowerment perspective[J]. Social service review, 1995, 69(3): 405-428.

[9] ZIMMERMAN M A. Psychological empowerment: Issues and illustrations[J]. American journal of community psychology, 1995, 23(5): 581-599.

[10] MISTURELLI F, HEFFERNAN C. What is poverty? A diachronic exploration of the discourse on poverty from the 1970s to the 2000s [J]. The European journal of development research, 2008, 20(4): 666-684.

[11] NARANG U. Self help group: an effective approach to women empowerment in India[J]. International journal of social science & interdisciplinary research, 2012, 1(8).

[12] DASGUPTA A, BEARD V A. Community driven development, collective action and elite capture in Indonesia[J]. Development and change, 2007, 8(2): 229-249.

后　记

中国西部地区是我国反贫困的主战场。党的十八大以来，党中央提出并实施精准扶贫战略，2020 年年底，全国所有贫困地区整体脱贫。为响应党中央、国务院关于支持社会工作专业力量参与脱贫攻坚、打赢脱贫攻坚战，实现全面建成小康社会的号召，在中国社会工作教育协会的组织和领导下，全国 210 所高校社工专业师生积极参与到精准扶贫行动中，将社会工作的专业价值、专业理念、专业方法、专业力量运用到脱贫攻坚的工作中，发挥社会工作不可替代的专业优势和人才优势，提高了减贫工作的专业性，培养了一批减贫领域社会工作人才，构建了社会扶贫大格局。社会工作参与反贫困的重点是改变服务对象不适当的观念和行为，增强其能力，促进个人、家庭、群体及其所在地区的发展。

本书中的十个案例阐述了中国七所高校师生在西部地区开展反贫困理论研究与实践研究的成果，记录了高校师生在云南、贵州、四川、甘肃等西部地区开展反贫困的行动。本书充分体现了社会工作反贫困的特点，即帮助西部农村社区群众摆脱精神贫困、能力贫困、权利贫困，为其赋权增能。本书的实践部分重点突出了社会工作为西部地区儿童提供的早期发展服务、心理健康教育、文化教育、家庭教育和儿童社会参与等全人发展服务，彰显了社会工作在促进儿童发展、助推乡村人才振兴中的积极作用。本书从组织作者撰写到出版历经两年，在华东理工大学出版社的领导和本书编辑的指导下，作者们对文章中的数据和内容进行了多次修改与完善，增加了社会工作助推脱贫攻坚和乡村振兴有效衔接及服务易地搬迁社区的内容。本书还有很多不完善的地方，希望读者们批评指正。

本书撰写分工如下：导言，高万红、胡语嫣；第一章，尹新瑞、吴帆；第二章，陈世海、钱宁；第三章，汪榕、高万红、李艳华、李芳燕；第四章，滕燕、高万红、何垚；第五章，赵芳；第六章，吴丽月、史铁尔、蒋国庆；第七章，王立冬；第八章，高万红、严茜、严云鹤；第九章，何欣、袁静、汪径；第十章，袁娥、张晓亚。云南大学王梦虎老师协助完成了本书的文字编辑和校对工作。感谢各位的大力支持，特此致谢！

高万红

2022 年 10 月 20 于昆明